U0113134

—历史深处的成见、意见和预见—

盛唐密码

丁自生 著

中国出版集团　现代出版社

图书在版编目（CIP）数据

盛唐密码：历史深处的成见、意见和预见/丁自生
著．—北京：现代出版社，2022.5
ISBN 978-7-5143-9765-9

Ⅰ.①盛… Ⅱ.①丁… Ⅲ.①中国历史—研究—唐代
Ⅳ.①K242.07

中国版本图书馆 CIP 数据核字（2022）第037845号

盛唐密码——历史深处的成见、意见和预见

作　　者：丁自生
责任编辑：张　霆　邓　翃
出版发行：现代出版社
通信地址：北京市安定门外安华里504号
邮政编码：100011
电　　话：010-64267325　64245264（传真）
网　　址：www.1980xd.com
印　　刷：三河市宏盛印务有限公司

开　　本：710mm×1000mm　1/16
印　　张：20.75　　　　　　　字　　数：240千字
版　　次：2022年5月第1版　　印　　次：2022年5月第1次印刷
书　　号：ISBN 978-7-5143-9765-9
定　　价：52.80元

一面历史的多棱镜（代序）

梁　衡

我大学是学历史档案的，出校门后却一路干了新闻。我的学生小丁，先当央视记者，后又跟我攻读新闻，没想到他出校门十多年后却捧了一本历史书稿来向我求序。看来历史真是一座绕不开的山，一面躲不开的镜子。

说历史是一座大山，是因为它上有密林，下有宝藏，你永远也看不透、挖不完、识不尽。说它是一面镜子，是因为社会在变，有永远换不完的照镜角度，见仁见智，奥妙无穷。

这本书的名字叫《盛唐密码》。汉唐向来被称为中国史上的极盛王朝，冠以"盛"字，自然有它的道理。但随着岁月的流逝，许多经典的人和事都已被尘封垢埋。于是除了到地下去考古，还有一种考古就是到书堆里去。中国有一个好的史学传统，当朝有史官记实，后朝必为前朝修史，这样层层相叠，只就其主干部分就留下了二十五史，凡两千七百多万字，还不算野史及个人的实录笔记。如果一个人每天读三千字，要近三十年才能看完，普通人穷其一生也做不到。所以就专门有一种职业：史学家，或一些业余"好读分子"，常到史海里去打捞，帮助我们去见识

1

深海龙宫里的宝贝。史海汪洋，作者这里只选了唐朝这一小块水域，一网上来，就足够你眼花缭乱拍案称奇了。

历史是镜子，是因为它总能照见现实；而也只有从现实出发带着问题去治史才能提升我们当下的行为能力和认知水平。都说现在的新闻是明日的历史，恰恰作者学了新闻、干过新闻，又从政多年，于是两相参照，他眼里的历史便像是一把牛顿手里的多棱镜。当年牛顿在这把镜子下，第一次惊奇地发现太阳光并不是单一的白色而是七色，赤橙黄绿青蓝紫；作者也惊奇地发现这一页页史书并不是平面的，里面不但有深沟大壑，还居住着许多历史老人，他们现身说法，与我们切磋现实。

比如权力的平衡和监督，是古往今来都要面对的政治难题。一般来说，我们大小单位都是一把手说了算，你看古代是怎么解决这个问题的。皇帝的言行有实录，身后有评价（谥号），史书有论定，被罩在一张无形的大网中。不但在制度上设有"谏官"，专门挑刺，提问题，在官德上也推崇诚实敢言的风气，所谓"武死战，文死谏"，说真话死也光荣，名留青史。唐太宗算是权力至高无上、威信至高无上的人物了。一天，他忽然想看看史官对他的记录，不行，房玄龄振振有词地阻止说"史官不虚美，不隐恶"；他要打猎避暑，不行，监察御史马周立即上疏反问，连太上皇李渊都还在城里热着，你怎么敢出去凉快？他要玩个宠物，不行，被魏徵刻意拖延，酿成他的鹞子死在袖筒中的"惨剧"。更不用说贞观时期开始形成的"五花判事"机制，中书省议论军国大事，中书舍人各执所见，分别署名，许多国策大事都要多次讨论听取不同意见才能拍板。

如人才使用也是个共性问题。李世民是"不合法"地夺太子位后称帝的，却能团结众多来自敌垒、曾反对过他的人。诤臣魏徵，此前跟随太子建成时曾劝早除李世民，后来又当面顶撞新皇上，经常自作主张解读政策，但他的官位却不断升迁；能臣王珪，玄武门事件后被流放，又很快召回担任谏议大夫，出任黄门侍郎，配合房玄龄考核选拔官员。李世民只用一个凌烟阁上画像的小动作，就调动了每个人心灵深处的荣誉感；又随时严厉地斥责小人。有一次他在宫中的一棵树下散步，说了句：好树！在一旁的大臣宇文士及马上对这棵树大加称赞。他板起脸斥责道："魏徵常劝我远离佞人，我一直不知道所指是谁，原来就是你啊。"

当我们随着作者一页一页地解读史书里的密码，你就会感到这个盛唐真不是十年八年即可造就的。特别是作者善用现代视角观察历史，用现代语言翻译历史，如"危机公关"、"战争动员"和"预期引导"等这些现代概念，都可以和一千多年前的史实严丝合缝。历史真是惊人地相似。

当年朱熹到一个新地方上任，地方乡绅跪迎道旁，他一下轿说的第一句是："你们带县志来没有？"留下了成语"下轿问志"。可见史书是从政者须臾不可离开的一面镜子。就像现代女人爱美，手包里离不开的照面镜。当然，一般人看书也不必总是那样正襟危坐、兴亡有责，本书随意当作故事来读也是一次有趣的在历史密林中的穿行。

是为序。

2022年清明日

3

前言：看见另一个唐朝

公元229年，江东"二张"之一的张纮在病重之际，写了封信让儿子张靖带给刚刚称帝的孙权，借《左传》"从善如登，从恶如崩"的道理，说明善政之难。他提出"人情惮难而趋易，好同而恶异，与治道相反"，谏言孙权应该"求贤如饥渴，受谏而不厌"。张纮的这番话充满哲学内涵，一语道尽治理国家的艰难，满溢着一位臣子的忠诚，饱含了一位读书人对盛世的渴盼和希冀。孙权读罢，泪流满面。

明明是写唐朝的事情，却不由自主地从三国时期并不起眼的一个人物、一件小事说起，是因为一部《资治通鉴》，类似的哲理俯拾皆是，短短的一两行字，背后饱含着中国式的政治智慧。有时候，寥寥数笔，风起云涌；有时候，笔锋转处，柳暗花明；有时候，一个无名氏的举动，让人击节而叹。《资治通鉴》极具价值的治国理政思想和一些大家熟悉的历史事件，以编年的形式如水般流淌，每每读到精彩处，心潮澎湃意难平，感觉不只是在读一本大部头的历史书，而是在看一张张生动的脸孔，一个个精彩的故事。"人生如逆旅，我亦是行人"，一年又一年，时间无情地前行，那些看似遥远的巧合和悬疑，每个人都可能在现实中与之相遇，这正是我想从一千多年前的历史中寻找的东西。

公元626年，二十多岁的李世民在争议中接手这个当时世界最大的王朝，他就已经处在千万目光聚焦的中心。这是一条人心汇聚交错形成的河流，看似平静的水面下波涛汹涌。李世民只手推开贞观王朝的大门，百废待兴，怎样做到不让方方面面的质疑和挑战裂变成舆情事件、政治危机？他将自己的船置于人民大众汇成的河流中，在意见旋涡中找平衡，在险滩危机处显身手，在如水奔腾的民意中稳定前行。从做秦王起就喜欢和学士们坐而论道的李世民，一定深谙人心治道的辩证关系。他携十几年戎马生涯中积累的兵法精要，在王朝的治理中将矛头反手对准了自身，开启了与自我作战的更长生涯，并取得了非凡的成就。从战胜敌人到战胜自我，这个过程有多精彩，我想在历史记录的蛛丝马迹中找寻一鳞半爪。

武则天从十四岁进宫起，就敏锐地感受着皇宫中的云谲波诡。她制造巧合，横生事故；应对变化，制造舆情；算尽机关，步步惊心，无时无地不在和现实观念对抗，最终还是在大家的目光中松开了紧握的绣拳。武则天身份感很脆弱，与天斗、与地斗、与人斗，斗争一生，什么都不在乎，什么都敢挑战，甚至到了不破不立的哲学高度，终究触不可及，左右她最后决定的还是世间那若隐若现的目光。武则天身后和高宗葬在一起，留下难以解读的无字碑，如她的时代般让人难以琢磨。

李隆基自小看惯风云变幻，目睹了王朝变故中的诸多大事。作为并不起眼的相王府三王子，面对一时间泥沙俱下、清浊难分的局面，直觉也好，远见也罢，年轻的他把握住了时势发展的脉动，在纷繁复杂中手起刀落，闪亮登场。一肩挑起李家王朝中兴重任时，是一双善于"弹钢琴"的手，帮助李隆基牵引着台前幕后的各种角色，唱念做打，写就了开元盛世的辉煌。李隆基展现的身份感颇为戏剧，他带领一个豪华治理团队纵横半个多世纪，大起大落，留下的却是《霓裳羽衣曲》，华丽中隐藏着腐朽的气息。

书法中讲究每个转折点都是新的发力处。这些人，各领风骚数十年，都曾让一个时代起飞，都曾让历史拐弯，以特殊的方式接力创造了大唐盛世。难怪他们在创造历史的同时，还在关注着历史对自己的评价；难怪司马光可以用一行字交代某一个皇帝的全部，却难以自持地用只是看起来还显得理性的文字大段大段地讲述着他们；难怪我一而再，再而三地流连在这大唐盛世的格局中，看他们的决策，看他们的应对，看他们的情感。一个国家的治理，一个时代的变迁，一个盛世的辉煌，都在这简明扼要的叙述中闪现。

在一个时代的光环下，他们遭遇的真正难题又是什么呢？如果我们也像张纮一样做一个事关人性的归纳，他们非同一般的人生历程中遇到的极限挑战，我觉得应该是成见、意见和预见。胸无成见，难免随波逐流，成见是一个人认识和感知世界的基础素材，是生存成本最低的一种自动化思维方式。没有成见，一个人要理解和适应每天全新的世界，很快就会累趴下。可是，当很多人的成见被集合到一起时，本来就充满主观气息的成见很容易化身为我们常常需要面对的偏见。意见是成见的表达，背后是立场与价值观，意见之意，实为不同，怎么面对和处理不同意见，克服"好同而恶异"是关键。预见来源于成见，生长于意见，是对未来的推理，是对事物发展方向的判断，是对规律的把握。谁都渴望表现出远见卓识，做出准确的预见，可面对看不见摸不着的未来，假如有机会回头看那些大胆的预见，很容易让人一身冷汗。

面对既有的成见和不同的意见，要做出大胆的预见，是千年前的王朝治理者同样需要面对的难题。一个人如果有舞台经验，就会明白面对一千人、一万人时，是在面对一堵墙，能不能在这看不见摸不着的"墙"

上打开一扇门和窗，与台下无数的目光相遇，考验的正是台下十年功的成色。书中的主人公如何在千万人的成见、意见中突围，各显身手？有的办法让人叹为观止，有的手段让人不寒而栗，跨越这道沟壑，难度并不亚于突破千军万马。他们怎么说，怎么做，怎样受到周边意见的影响？一个重要的决策，如何形成，如何发展？他们以什么方式应对别人的成见，表达自己的意见，做出超前的预见，成就着一个大写或小写的他或她？

　　本书所有引用的史料均来自《资治通鉴》。突然有一天，我决心一个字一个字地读这部伟大的历史巨著，并没有一定要从书中汲取多少国家治理经验和人生成长智慧的功利目的，读着读着，偶然回望，已经深陷其中难以自拔，很有"下士晚闻道，聊以拙自修"的遗憾和欣喜。一个普通人从一本书中阅读一个又一个时代，自然充满了不知出处的成见和不请自来的意见。不是每一个人都有回望千年的机遇和幸运，外达于物，内求于心，从年过不惑开始，每天清晨都走进不同的历史场景中，从身心安放的视角注视一个王朝的治理，触碰历史脉动，感受家国天下，总是在太阳升起的时刻让自己的人生豪情万丈。我在读书，书也在读我。每个人都可以是自己的王者，都应该做自己的王者。斗胆用"密码"命名，除了有吸引眼球的意思，实际是想表达一层上下求索的道理。朱熹在晚年给吕子约的信中谈道："日用工夫，比复何如？文字虽不可废，然涵养本原，而察于天理人欲之判，此是日用动静之间，不可顷刻间断底事。若于此处见得分明，自然不到得流入世俗功利权谋里去矣。"

目录 / Contents

1

示之以正：李世民的工作方法

意见：开局之难

《易经·系辞》："天地之道，贞观者也。"

李世民，这个中国历史上极具影响力的人物，怎样应对政治、经济、军事、文化方面的诸多挑战，怎样带领一个国家从百废待兴走向贞观之治？千百年来，对李世民多如山积的研究和观点，总是与时代的进步和局限联系在一起。我想，李世民能如此久远地影响中国历史，他一定有一套不随时代变迁而改变的方法论，他听到什么、看到什么、想到什么，他的信息获取和决策支撑系统如何建立和运转，他真的就是传说中的他吗？

自古英雄出少年。在今天有些人主动唱老、选择躺平的年纪，未及而立之年的李世民已经纵横疆场十来个年头，并且奋力推开了一个王朝的大门。据《通典》记载，经隋炀帝的消耗以及之后的连年战乱，唐初武德年间登记在册的居民仅200余万户，是个遭受严重破坏的烂摊子；平叛战争并没有完全结束，玄武门事件的影响还在朝野发酵，北边突厥一直在虎视眈眈，内外威胁都未解除。如此种种情形之下，他的工作着力点在哪里？他会选择怎样的方式引导一个国家走入正轨？

李世民对当皇帝的难处，有一段推心置腹的话，不仅动人，还闪耀着理性的光辉。他说："人主惟有一心，而攻之者甚众。或以勇力，或以辩口，或以诡谀，或以奸诈，或以嗜欲，辐辏攻之，各求自售，以取宠禄。人主少懈，而受其一，则危亡随之，此其所以难也。"从李世民谈做皇帝的感受中，我看到了一个政治家一举一动都关乎大局时的真实艰难。表达意见和应对意见，是政治家的一切日常；怎么看或被怎么看，是施政者首先考虑的问题。没有人愿意总是被人怼，何况是皇帝。可李世民愿意，我想并不是他天生如此，只是他必须这么做。他甚至把李建成曾经的嫡系幕僚魏徵，变成了最能给自己提意见的人。我们熟知的纳谏成为李世民最重要最有成效的工作方法，虽然他曾经多次发牢骚，恨不得要杀了魏徵这个"田舍翁"。他在人心的争夺中展现了宏大的政治气魄和高超的政治手腕，他一定在各种质疑和非难背后，看到了大众渴求安定和发展的目光。

　　总有人在追求被更多人关注，却又发现很多明星在抱怨没有自己的生活，没有私人空间。这些明星凡尔赛式的抱怨，带着掩饰不住的傲骄，既要享受聚光灯的温度，又不想出汗。政治家没有这个福利，作秀的官员们纷纷退出了历史舞台。李世民想去九成宫休假避暑，监察御史马周马上进谏，你到郊区凉快去了，太上皇李渊会怎么想，大家会怎么想？出现罕见的蝗灾，大家都认为是上天派蝗虫来捣乱，只好眼睁睁看着蝗虫蚕食青苗，李世民走进上林苑，捡起蝗虫就生吞，只为打消大家的疑惑，阻止自然灾害蔓延，防止天灾被政治对手利用。

　　小时候总以为唐太宗是唐朝的开国君主，后来才知道还有个唐高祖；小时候总以为唐宗宋祖大手一挥，山呼海应，盖世功业一挥而就，后来才知道，天上不掉馅饼；小时候总以为，打仗是最难的事，后来才知道，江湖路远，处处坎坷，人心如水，把握最难。李世民当皇帝二十三年，只用了贞观一个年号，足以说明他对正道的重视和追求。李世民身份感

4

很强，曾经要求看看史官对自己的历史记录，他关心未来的人怎么看自己和自己创造的时代。作为历史长河中评说他的众多后来人之一，我们该从何说起，能像现在某些媒体那样靠想象力发表观点吗？还是让我们从探究他眼中的世界和世界眼中的他开始吧。

一　畏民言：畅通民意上达渠道

从十六岁在塞北参与营救隋炀帝杨广算起，十几年的仗打下来，李世民对自己的军事能力充满了自信。一天，他对着跟随自己征战多年的十几张弯弓陷入了沉思。自以为都是一弓难求的极品，此时却被制弓大师全盘否定，居然被说成"皆非良材。木心不直，则脉理皆邪，弓虽劲而发矢不直"。这大大震动了自以为精通弓矢的李世民。他想自己"以弓矢定四方，识之犹未能尽，况天下之务，其能遍知乎"！

马背上打下的天下，得在朝堂上治理。受此启发，他迅速建立了一个值班机制，要求在京五品以上官员轮流住到中书内省值班，随叫随到，问以民间疾苦，政事得失。他意识到，了解真实情况，听到不同意见，对自己的决策有多重要。治国初期，百废待兴，李世民满脑子都是怎么掌握情况，解决问题。我想，这是他以民意为镜鉴的肇始。由此，魏徵得以走向历史的前台，君臣二人上演了一段谏官和皇帝互相成就的佳话。

谏议大夫

横吹曲辞·出关

魏徵

中原还逐鹿，投笔事戎轩。纵横计不就，慷慨志犹存。

策杖谒天子，驱马出关门。请缨羁南越，凭轼下东藩。

郁纡陟高岫，出没望平原。古木吟寒鸟，空山啼夜猿。

既伤千里目，还惊九折魂。岂不惮艰险，深怀国士恩。

季布无二诺，侯嬴重一言。人生感意气，功名谁复论。

我们常说的谏官，不止是谏议大夫一个职务。唐代进谏使命由门下省和中书省共担。门下省设给事中四名及辅员若干，并设左谏议大夫四名、左散骑常侍四名。中书省则设右谏议大夫四名、右散骑常侍四名。唐代还创设了补阙和拾遗两个官职，分置左右，左隶门下省，右隶中书省。补阙和拾遗均为谏官，负责看管供其他谏官呈递奏折所用的四只匣子。谏官的主要工作就是提出意见，是专业的意见表达者。他们引导、纠正甚至对抗皇帝的目光，不断完善皇帝眼中的世界，不断校正王朝伸展的触角、前进的航向。其实，每一个有治国平天下理想和责任的官员，都是谏官，他们是家国天下的代言人。真正的谏官游走在家国天下的利益冲突中，以天下苍生为己任，他们总在提不同意见，以各种方式坚持自己的立场。不同意见背后的命运沉浮，令人唏嘘。

谏议大夫并不是一直就位高权重，比如唐朝开国初期，敌方阵营的人才多被引为谏议大夫，来自不同阵营，会有新的信息和不同角度，也说明这个职务当时并没有实权。玄武门事变后，秦王府属多任要职实职。如以高士廉为侍中，房玄龄为中书令，萧瑀为左仆射，长孙无忌为吏部尚书，杜如晦为兵部尚书。如果这几个人居然出任谏议大夫，那除了他们自己实在喜欢干这个外，别无他解。于皇帝而言，从民间搜罗得来，敌方阵营挖掘得来，这类人需要从谏议大夫做起，不但可以多一个看问题的角度，还可以观察考验一个人的态度和能力。于谏议大夫而言，则需要在重大政策判断和皇帝随时而来的问询中证明自己，表现自己，通过进谏稳固地位，一步步将权力做实。

　　李渊部队拿下东都洛阳后，流亡在外的王世充旧部、行台王弘烈和王泰、左仆射豆卢行褒、右仆射苏世长以襄州为见面礼来降。这些人曾经同朝为官，人缘不错的李渊与豆卢行褒、苏世长交情还不错。先前李渊曾多次派人带信给这两人，以书招降，没想到，豆卢行褒对李渊的使者，来一个杀一个。到了长安，李渊见到这两个不念旧情的人，气不打一处来，直接将豆卢行褒问斩。还好是好脾气的李渊，对没有杀使者的苏世长，只是训斥了一顿。全唐诗中收录了李渊仅存的一首打油诗，居然是为此人此事所写，名为《嘲苏世长》："名长意短，口正心邪。弃忠贞于郑国，忘信义于吾家。"意思就是，苏世长你口是心非，表现很差，左右不是人。被骂一顿总比被砍头好，苏世长有些见识，说了一段魏徵在类似情境下会对太宗说的话："隋失其鹿，天下共逐之。陛下既得之矣，岂可复怨同猎之徒，问争肉之罪乎！"李渊本来也不打算大开杀戒，笑而释之。

　　可能一时间也没想好怎么处置这不讲义气还不争气的老哥们儿，李渊任命苏世长为谏议大夫。谏议大夫这个职位是个筐，类似于政务参议，有部分监察职能。苏世长此人与李渊有交情，应该是互相了解的。李渊本来是想训他一顿，如果他伏地求放过自己过去的"作恶"，也就算了，没想到他还振振有词说出一番道理来，化解了尴尬的处境，求得了一个意外的前途。苏世长被任命，无疑和他的这一段话有关。这段话虽是为自己辩护，却堂而皇之，显得很有道理。这说明，谏议大夫的另一个任职要素是能提出像模像样的意见。

　　李渊用人一向得当。苏世长也是聪明人，熟谙讽喻的艺术，有模有样地履行谏议大夫的职责。他有一次跟随李渊校猎高陵，大获禽兽。李渊对群臣感叹："今日畋，乐乎？"在一片"太爽了"的附和声中，苏世长突然借势感慨："陛下游猎，薄废万机，不满十旬，未足为乐！"李渊变色，既而笑："狂态复发邪？"苏世长已有算计，答道："于臣则狂，于陛下甚忠。"看来，苏世长此人经常狂态显露，李渊较为熟悉，但这次他借狂讽喻，甚为高明。当然，苏世长更高明地提出意见，《资治通鉴》记录中还有一次。苏世长侍宴披香殿，酒酣，斗胆对皇上说："此殿炀帝之所为邪？"李渊："卿谏似直而实多诈，岂不知此殿朕所为，而谓之炀帝乎？"苏世长："臣实不知，但见其华侈如倾宫、鹿台，非兴王之所为故也。若陛下为之，诚非所宜。臣昔侍陛下于武功，见所居宅仅庇风雨，当时亦以为足。今因隋之宫室，已极侈矣，而又增之，将何以矫其失乎？"李渊批示：此意见中肯，要大力提倡节俭之风。虽然苏世长是借酒撒疯，佯狂进言，但效果不错。

同样担任过谏议大夫这个闲职的还有后来的名臣王珪。这位前太子的干臣向李世民报了一个舆情："前太子建成、齐王元吉之党散亡在民间，虽再三颁布赦令，犹不自安，徼幸者争告捕以邀赏。"大部分人会认为李世民的特赦令是做给世人看的，其真正的想法一定是斩草除根，所以，检举揭发李建成、李元吉的旧部依然是进身之阶，至少该得到一笔奖赏吧。将权力斗争失败的一方斩草除根，似乎政治正确，但李世民显然考虑得更多一些。怎么处理这个情况事关两点，一是牵连甚广，你死我活，循环难止，难免出现公报私仇等现象；二是前太子和齐王是自己的亲兄弟，继续清除他们的势力，实际也是自剪羽翼，况且太上皇李渊还在，他的感受更需要照顾。

这是一个重要情况，也是一个重大事件。意思很明确，情况很严峻，您看该怎么办吧。出乎很多人意料，李世民很快下令："六月四日以前事连东宫及齐王，十七日前连李瑗者，并不得相告言，违者反坐。"王珪这道折子上得高明，实际上是曲里拐弯提了个意见。那些散亡在民间的人，很多可能就是他的老部下。他不好直接表态说他们很委屈吧。于是，客观报告情况，已经是提这个意见最大胆的方式了，假如大家对李世民的心情理解没错，他的处境就会很尴尬，甚至危险。明白人都只能看在眼里，这么敏感的事情，得有合适身份的人才可能说出来。王珪的身份地位，使他成为为大家说话的最佳人选。王珪此举，于公是作为谏议大夫履职，于私是保下了一批曾经的故旧同僚，立意却是在维护李世民的形象，背后是满满的胆识。此后他的仕途一直平稳顺利。后来李隆基清理太平公主势力时，身份处境相似的陆象先也做了类似的工作，保全了很多可有罪可无罪的人。

魏徵和王珪地位相当，身份特殊，都有点尴尬。但他出面的方式角度总是和别人不一样，而且他通过此事把自己谏议大夫的职能又向前推进了一步。他这个谏议大夫不但能说出大家想说的话，还能做皇上想做的事。还是为前太子旧部该怎么处置这件事，魏徵出了趟差。"谏议大夫魏徵宣慰山东，听以便宜从事。"魏徵刚过黄河到磁州地界，路遇州县押送前太子千牛李志安、齐王护军李师前往京师。魏徵将其拦下，宣布："吾受命之日，前宫、齐府左右皆赦不问；今复送师行等，则谁不自疑！虽遣使者，人谁信之！吾不可以顾身嫌，不为国虑。且既蒙国士之遇，敢不以国士报之乎！"当场解掉捆绑，直接放人。魏徵的做法很大胆，这些人都是他过去的同僚或部下，以他的身份，放掉这些人，担的风险比王珪更大。毕竟，他们曾经是和李世民你死我活地干过仗的一拨人。出人意料，李世民听说了，甚喜，批示：今后类似情况应参照魏徵的做法处理。

这实际上是一个政令执行中的舆论引导问题。为什么这项政令需要引导舆论。因为这项政令有质疑，有议论，有反对的声音，有怀疑的理由。人们更愿意相信现太子李世民斩草除根的选择，至少认为这是他的需要，而所谓特赦，不过是做给人看的。说一千道一万，不如一次现身说法来得有用。魏徵把握住了这么一次机会，引导了舆论，推动了政令实施，达成了现任太子的政治意图。他在刀尖上赢得信任的举动第一次获得成功。当然，这仅仅是个开始。

不同意见

赐萧瑀

李世民

疾风知劲草，板荡识诚臣。勇夫安识义，智者必怀仁。

魏徵总能提出不同意见，他的意见从哪里来？他是怎么分析舆情，判断形势，解读政策，提出观点，说服权力，影响决策，推动落实的呢？一个内参报送机构能不能代替魏徵个人的功能？他的信息获取渠道在哪里？他怎么通过意见冲突中的考验？在权力的交锋中，不同意见者身处险境，难道他不怕死？"岂不惮艰险，深怀国士恩"，不同意见的背后屹立着立场和价值观。

魏徵少孤贫，好读书，有大志，落拓不事生业。既不会耕田，更不会打鱼。这样的人，就如包裹过厚的玉石，先得翻过一道道山谷，千磨万击，才有机会显出宝玉的光芒。"始为道士，宝藏召典书记。"从出世的道士到枭雄元宝藏的文书，魏徵走的是一条当时清苦读书人常见的路。由于当时科举制度刚刚开始，很不规范，穷苦文人出道，靠的是名声和有名声的人举荐。各种博取名声的做法，或离经叛道，或故弄玄虚，或归隐山林，或落寇草野，都是路径。至于前途，唯有撞大运听天命一途。

当文书还是比当道人强，能出作品。跟随元宝藏投降李密后，他因起草的文书被李密赏识，成了李密的幕僚。文辞能被眼高于顶的李密赏识，非常不容易。有意思的是，魏徵的每一次进步，都是因为他服务的主子投降了更强大的主子，而他作为职业官员，一次次随之被重用。

东都群臣投降李密后，魏徵的职位来了一位强有力的竞争者许敬宗——隋朝名相许善心的儿子，此人世家子弟，工于心计，文辞敏捷，亦为一代名臣，可惜后来与李义府狼狈为奸，算是文人无行的代言人之一。此时开始与魏徵"共掌文翰"，很快就有取代之势。隋朝大臣的不断加入义军，使魏徵在这些"正规军"面前显得有些老土，在李密处的话语分量一天不如一天。

李密从瓦岗寨一路浩浩荡荡，不久即围住东都，将王世充困于孤城洛阳。新近投靠的儒生裴仁基提议先围困再攻城，诸将哗然，欲战者十之七八，李密正在胜利的兴头上，惑于众议，选择相信大多数即真理，试图秋风扫落叶，一击成功。裴仁基苦争不得，击地叹息："公后必悔之！"此时，作为文官的魏徵甚至没有直接谏言李密的地位和机会，只好对长史郑颋说："魏公（李密）虽骤胜，而骁将锐卒多死，战士心怠，此二者难以应敌。且世充乏食，志在死战，难与争锋，未若深沟高垒以拒之，不过旬月，世充粮尽，必自退，追而击之，蔑不胜矣。"郑颋说："此老生之常谈耳。"魏徵急了："此乃奇策，何谓常谈！"拂衣而起。拂衣而起对魏徵来说，只是他表达意见的起步动作。此番言论说明，魏徵不仅仅是一介书生，两三年后，李世民就是按照这个策略，彻底击垮王世充，拿下东都洛阳。他的谏言能成为历史上闪耀光芒的瑰宝，是因为

12

他担得起言语背后的分量。

魏徵服务过元宝藏、李密、窦建德，此后是前太子李建成，算是有丰富的基层斗争经验，已经被锤炼成高明的职业政客。当然，一直到玄武门事件后，才开启他从政生涯的巅峰。李密、元宝藏、窦建德都觉得他文笔不错，这是大王们需要的技能。显然，魏徵志不在此。文笔于他而言，不过雕虫小技。魏徵此人，考虑的都是大事。所虑者大，却不迂腐，才能一次次在生死关头化险为夷。

魏徵与李建成的缘分是高祖给的，内心桀骜并不妨碍忠心事主，这是他的饭碗。作为洗马，魏徵已经是太子李建成身边的红人，以他的个性，不会与太子李建成太过亲近，所以排名尚在王珪之后。考虑到当时最大的事就是李家兄弟的大位之争，他常劝太子李建成早除秦王。及李建成败，李世民召见魏徵，对他要除掉自己的言论当然耿耿于怀，责问："汝何为离间我兄弟！"大家的心为之一紧，魏徵举止自若，答："先太子早从徵言，必无今日之祸。"这个回答实在刚硬至极，偏偏打中了李世民的内心。就如当时李建成对秦府的了解一样，李世民当然早就掌握魏徵的情况，本来也敬重他的才华，面对毫不掩饰的魏徵，由怒转笑，请他出任詹事主簿。魏徵服务过的领导多，对不同领导个性当有自己的独到领悟，他并不是什么时候都逞勇冒进之人，不好想象如果面对的不是李世民，而是杨广，他会说出什么样的话。此时一句话，或保全性命，或命丧当场，或飞黄腾达。他这个话分量很重，属火中取栗，刀下余生，正所谓置之死地而后生，有没有对太宗个性和处事特点的揣摩，不得而知。此时，李世民还把流落在嶲州的王珪、韦挺召回，任命为谏议大夫。

意见提出者，有这么几种人值得注意。一是专提领导需要的意见，包括直接赞美或以各种形式包装好的赞美，被视为阿谀奉承，算不上高明，但千穿万穿马屁不穿，这种意见大行其道，只为需求常在、"疗效显著"。二是专提各种不同意见，包括反对意见和看似新颖的创意式意见，其中可能包含新的思路和价值，但不排除一种职业不同意见者，为博取名声，哗众取宠，看起来忠心耿耿、铁骨铮铮，实则用心险恶、老调新弹。三是人云亦云式缄默，提出意见虽是这些人职责所在，但他们却善于通过重复多数人意见保持实际沉默，每次都能在三缄其口、沉默是金或是千篇一律的重复规律中悄然过关。如此看来，多数意见都是穿着衣服来的。这些意见脱光了要么难看，要么有毒。好听的意见，当时舒服；难听的意见，后来舒服。好的意见，总是打中事实的靶心，只产生在谏议者和倾听者你来我往的互动中。对牛弹琴，责任亦在牛。

偏听则暗

赐魏徵诗

李世民

醽醁胜兰生，翠涛过玉薤。千日醉不醒，十年味不败。

魏徵对下情上达有大家熟悉的经典论述。太宗问：人主何为而明，何为而暗？魏徵对：兼听则明，偏信则暗。这是一个重大的判断，也是一个专业的判断，还是一个片面的判断。太宗自始至终对自己是不是一个好皇帝耿耿于怀，甚至后来一度要看史官对自己的记载。判断一个皇帝是昏君还是明君，标准是什么？魏徵没有正面回答，他说的是怎样做明君和如何成昏君，区别就在兼听（全听、采信）和偏信（偏见、偏心）。简单说，你打算听大家的意见，还是某个人的意见；你愿意听难听的话，承受不同意见的冲击，还是只信亲信，听好听的话？

"昔尧清问下民，故有苗之恶得以上闻；舜明四目，达四聪，故共、鲧、欢兜不能蔽也。秦二世偏信赵高，以成望夷之祸；梁武帝偏信朱异，以取台城之辱；隋炀帝偏信虞世基，以致彭城阁之变。"魏徵由此总结："是故人君兼听广纳，则贵臣不得拥蔽，而下情得以上通也。"这段话，魏徵为自己的不同意见者身份提供了理论支撑，极具政治价值。太宗借题发挥，总结更上层楼，对侍臣讲："人言天子至尊，无所畏惮。朕则不然，上畏皇天之监临，下惮群臣之瞻仰，兢兢业业，犹恐不合天意，未副人望。"听到这番话，估计魏徵心里舒服。作为一个专业的不同意见者，他要与意见不同的势力斗争，他要与皇上的情绪、识见斗争，他要与传统观念和人性之恶斗争，更难的是，他要坚定地挑战自己的人性。谁是天生的斗士？即使坚硬如魏徵，也需要一直战胜自己，战胜人性的畏缩、功利与恐惧。听到太宗的话，魏徵赶紧说："此诚致治之要，愿陛下慎终如始，则善矣。"

老部下，自己人，往往是偏见和偏心最容易滋生的领域。为了维护李世民作为皇帝的威信，建立太宗公正无私的形象，魏徵力主不能一味使用秦府老部下，并要求对老部下的过错绝不能纵容。濮州刺史庞相寿事连贪污被解任，找到老领导即当朝皇帝，说了许多在秦王幕府的旧事；太宗念旧，准备让他官复原职。魏徵谏："秦府左右，中外甚多，恐人人皆恃恩私，是使为善者惧。"不知太宗是在等这个台阶还是确实受到触动，欣然同意，对庞相寿解释："我昔为秦王，乃一府之主；今居大位，乃四海之主，不得独私故人。大臣所执如是，朕何敢违！"赐帛遣散，庞相寿流涕而去。要御众，尤其是于己有私之众，预期引导很重要。有了这个典型示范，其他人心里有了数，行动就会有所顾忌，太宗就少了很多麻烦，事情就多了几分公正。

太宗的形象需要维护，大臣们的权威同样需要维护。房玄龄、王珪掌内外官考，也就是负责组织人事工作。治书侍御史权万纪奏称他俩用人不公平，两位负责组织人事的宰相用人不公，事情不小。太宗命侯君集调查这件事。此时的唐太宗，逐渐走向权力的巅峰，渴望内外清明，太平盛世，正是关注大臣们尤其是开国功臣们所作所为的时期，对各种不同声音极为敏感。这个权万纪察言观色，投其所好，用心险恶，自谓得计，并不顾忌这么做可能造成的严重后果。假如诬奏得逞，初唐两位名相可能就遭遇阴沟里翻船的悲剧。大家知道，房玄龄和王珪分别成长于李世民和李建成两大集团，两人同时被诉，各方人等一时间倒不知道该怎么同时为这两个人说话。

面对疯狗式的乱咬，又是魏徵不管不顾站了出来，谏："玄龄、珪皆朝廷旧臣，素以忠直为陛下所委，所考既多，其间能无一二人不当！察其情，终非阿私。若推得其事，则皆不可信，岂得复当重任！且万纪比来恒在考堂，曾无驳正；及身不得考，乃始陈论。此正欲激陛下之怒，非竭诚徇国也。使推之得实，未足裨益朝廷；若其本虚，徒失陛下委任大臣之意。臣所爱者治体，非敢苟私二臣。"这个判断真的很牛，考察任用干部，个个都好，那是不可能的事，是否出自公心才是关键，这权万纪公报私仇，大家都看得见，还特地声明我可不是为房玄龄和王珪说情。细想却也不过是常识，难在一个谏官能够为两个宰相开脱，有理有据有担当，不由人不佩服。太宗当然能明白过来，孰轻孰重，不言自明，不再提这个事，也不追究举报者责任。

权万纪与侍御史李仁发，都因为举报这个举报那个，一时间得到太宗的重视和鼓励，导致多位大臣被训斥甚至降职。这两个人，也是一种意见提供者的代表，以忠心耿耿的外衣包装着挑拨是非的言论，很有蛊惑力，极具迷惑性，真假难辨。但小人行径难免惹起众怒，魏徵对这种败坏谏言品格的人拍案而起，难得一次直接针对人而不是针对事进谏："万纪等小人，不识大体，以讦为直，以谗为忠。陛下非不知其无堪，盖取其无所避忌，欲以警策群臣耳。而万纪等挟恩依势，逞其奸谋，凡所弹射，皆非有罪。陛下纵未能举善以厉俗，奈何昵奸以自损乎！"太宗默然，没有批示，但赐绢五百匹。可见，太宗作为领导，并非糊涂，而是难得糊涂。在他的潜意识中，这是一种重要的舆情通道，更是一种驭下之术。

这就提出了一个重要的命题，什么样的谏言是所谓忠直而可靠的，什么样的谏言是相互攻讦的，这两种或其他谏言都会穿上华丽的外衣，看起来义正词严。而且，有些看起来很美的话语，犹如盛开的罂粟，鲜艳背后才是恶毒。靠什么分辨呢，靠时间吗？在太宗这里，时间还是有效的。"万纪等奸状自露，皆得罪。"这也算此等宵小"生不逢时"，如果他们晚生几十年，也许会权倾一时。这就是魏徵的价值，他在表达意见时体现了极高的权力平衡感。这正是太宗，或者说任何一个皇帝都需要的制衡。权者，衡之分也。

魏徵意见不断，得罪人当然也无数。有人告发右丞魏徵私其亲戚，太宗派御史大夫温彦博调查，结果属无中生有。温彦博报告："徵不存形迹，远避嫌疑，心虽无私，亦有可责。"这个调查者有点水平，调查结果为魏徵没有偏私亲戚的嫌疑，但有刻意避嫌的嫌疑。太宗于是令温彦博对魏徵进行诫谈。太宗还提醒："自今宜存形迹。"桀骜如魏徵，一时无语。有一天觐见时突然说："臣闻君臣同体，宜相与尽诚；若上下但存形迹，则国之兴丧尚未可知，臣不敢奉诏。"太宗瞿然："吾已悔之。"魏徵再拜："臣幸得奉事陛下，愿使臣为良臣，勿为忠臣。"太宗问："忠、良有以异乎？"魏徵对："稷、契、皋陶，君臣协心，俱享尊荣，所谓良臣。龙逄、比干，面折廷争，身诛国亡，所谓忠臣。"太宗点赞，赐绢五百匹。过一段时间再说，可以看出魏徵自我保护意识还挺强，这可是多年的斗争经验磨砺出来的政治智慧。

长乐公主将出嫁，因为公主是长孙皇后所生，皇上并不掩饰自己的偏爱，让有关部门安排的嫁妆数目远高于永嘉长公主（李渊的女儿）。魏徵谏："昔汉明帝欲封皇子，曰：'我子岂得与先帝子比！'皆令半楚、淮阳。今资送公主，倍于长主，得无异于明帝之意乎！"太宗倒也同意，但这个事不是一般的政事，还要和皇后商量下。长孙皇后感叹："妾尝闻陛下称重魏徵，不知其故，今观其引礼义以抑人主之情，乃知真社稷之臣也！妾与陛下结发为夫妇，曲承恩礼，每言必先候颜色，不敢轻犯威严；况以人臣之疏远，乃能抗言如是，陛下不可不从也。"这个事，完全说的是皇后的贤德，但指出一个重要事实，给皇上提意见有多难。

其实，很多时候，太宗自己也受不了魏徵的不同意见。有一天，太宗罢朝怒气冲冲走入后宫，骂道："会须杀此田舍翁。"长孙皇后问为谁生这么大气，太宗难得一次像个孩子诉苦："魏徵每廷辱我。"没想到，皇后听后，回屋穿戴朝服出来立于庭中，太宗惊问，这是为何？皇后解释："妾闻主明臣直；今魏徵直，由陛下之明故也，妾敢不贺！"如此看，长孙皇后算得上是潜水极深的谏议大夫。她演绎了身处特殊位置、对特殊关系人提出不同意见的经典范本。

谏官制度

采诗官——监前王乱亡之由也

白居易

采诗官，采诗听歌导人言。

言者无罪闻者诫，下流上通上下泰。

周灭秦兴至隋氏，十代采诗官不置。

郊庙登歌赞君美，乐府艳词悦君意。

若求兴谕规刺言，万句千章无一字。

不是章句无规刺，渐及朝廷绝讽议。

诤臣杜口为冗员，谏鼓高悬作虚器。

一人负扆常端默，百辟入门两自媚。

夕郎所贺皆德音，春官每奏唯祥瑞。

君之堂兮千里远，君之门兮九重闷。

君耳唯闻堂上言，君眼不见门前事。

贪吏害民无所忌，奸臣蔽君无所畏。

君不见厉王胡亥之末年，群臣有利君无利。

君兮君兮愿听此，欲开壅蔽达人情，先向歌诗求讽刺。

唐太宗怒火攻心时，连魏徵都想一刀砍了而后快，他必然是意识到作为皇帝善于纳谏是一件难之又难的事情，不能仅仅依靠自己个人的清醒和理性来支撑。谏官制度，是贞观之治得以实现的一个重要制度支撑。贞观元年（公元627年），"中书、门下及三品官入奏事，必使谏官、史官随之，有失则匡正，美恶必记之；诸司皆于正牙奏事，御史弹百官，服豸冠，对仗读弹文；故大臣不得专君而小臣不得为谗慝"。这种制度强调了公开，引入了监督，有效平衡了权力的专横特质。谏官和史官相当于一个摄像头，让权力头顶多了一双眼睛。毕竟，此时的权力拥有者，害怕失去权力，清醒地在找寻平衡点。

为什么谏官能在这个时候成为一种制度？与太宗的过人之处有关，

也与唐朝作为一个统一的国家重新屹立于东方有关。隋唐在制度上有诸多创新，有的甚至就是现代政治制度的萌芽。如太宗就提出："国家本置中书、门下以相检察，中书诏敕或有差失，则门下当行驳正。人心所见，互有不同，苟论难往来，务求至当，舍己从人，亦复何伤。比来或护己之短，遂成怨隙，或苟避私怨，知非不正，顺一人之颜情，为兆民之深患，此乃亡国之政也。"就在贞观时期，有了大家耳熟的"五花判事"。所谓五花判事，是一个常务会议般的会商签署机制，这说明当时的决策，尤其是日常政务有集体决策的色彩。这样还不够，谏官也要参与进来，提出意见，有赞同的，有反对的，形成一种制衡。意见背后，可能是利益集团的声音，也可能是以天下为己任的书生意见，还可能是谏官本人迎合上意的谄媚。

在这个制度安排下，更重要的是，意见的汇集机制本身就是一种程序正义。魏徵开始展示他作为一名久经历练高明政客的智慧，并由此步步高升，贞观三年（公元629年）即以右丞的身份参与朝政，入阁中枢。职位一变再变，真正支撑他的能力，还是谏议大夫四字。他的核心竞争力是见地，意见，说服。他的不同之处在于，研判情况，提出意见。更牛的是，他在说服决策者时能考虑事件可能造成的影响，事件的影响往往比事件本身更能说服皇帝。魏徵的参政实践，是舆论分析进入战略决策层面的生动案例。

"岭南酋长冯盎、谈殿等迭相攻击，久未入朝。"岭南各部和朝廷间一向往来不密，虽然称臣，但以自治为主，几个酋长间打来打去，也就无暇顾及朝廷的感受。由此，周边几个州郡和巡视的官员都奏称冯盎反叛，前后十数次。虽然这种反叛并不会威胁到朝廷的存亡，但事关一方平安和天朝脸面，太宗命将军蔺謩等调动江南、岭南数十州兵力，集结部署，准备讨伐平叛。

大家都说冯盎要反，出现意见一边倒的情况。唯有魏徵说：反状未成。一介书生，身为文臣，力排众议要否决皇上的一项重大军事决策。他的判断依据是什么，他的政治目的是什么，是不是哗众取宠？在质疑声中，魏徵摆出了对形势的清醒分析和客观判断："中国初定，岭南瘴疠险远，不可以宿大兵。且盎反状未成，未宜动众。"

这短短的一句话中，包含了四层意思：中国初定，战乱经久初息，人民并不愿意重启战火，如果贸然大举征讨，不符合人民对来之不易安定生活的盼望，稍有不慎，或致全盘皆乱；岭南险远，此时并无余力顾及，这和魏徵向来对待边境和外族的思路一致，修文偃武，安抚是他的主要思路；不可以宿大兵，即不适合大兵团作战，这是战术层面的判断，也是对战略判断的支撑，就算要打，也要想别的办法，否则可能被拖入游击战争的泥潭；反状未成，是一道主观题，作为治下边区，说你反你就是反，说你不反也自有理由，支撑魏徵这一个观点的实际上是前面三条理由，不应该把冯盎的行为明确为谋反，这不是我们要的结果。既然定性的权力在我们这里，为什么一定要把模棱两可的行为定为谋反，把这么一个难以解决的麻烦推向一场难以结束的战争呢？和则两利，斗则两伤，拉一把如何？

大家的意见被否定，皇上的权威受到挑战。太宗反问："告者道路不绝，何云反状未成？"通过给一代明君上课讲道理看来解决不了问题，魏徵直接提出解决办法，回答道："盎若反，必分兵据险，攻掠州县。今告者已数年，而兵不出境，此不反明矣。诸州既疑其反，陛下又不遣使镇抚，彼畏死，故不敢入朝。若遣信臣示以至诚，彼喜于免祸，可不烦兵而服。"意思是，空口无凭，大家毕竟都是在分析判断，那么，先派使者去，先礼后兵总可以吧，反正岭南这种情况出现也不是一时半会儿了。

太宗是明白人，罢兵，派出员外散骑侍郎李公掩持节慰谕。果然，冯盎随即安排其子冯智戴随使者入朝。这是他在朝廷释放善意后，及时表明态度：说我谋反，那是谣言。太宗未必没有自己的判断，但他把功劳都记在魏徵头上，宣布："魏徵令我发一介之使，而岭表遂安，胜十万之师，不可不赏。"赐魏徵绢五百匹。

这就是魏徵，当得起太宗的赏赐。他何以能力排众议？三方面因素和形势，不但看得清，难为的是敢担当。一是大家为什么说冯盎反？完成任务，推卸责任。既然他不来朝拜，说他反总没错，没有人此时此刻还站在冯盎的立场和角度来说话，风险太大。二是冯盎为什么不说明？朝廷并没有宣布说自己反，怎么说，本身双方已经陷入猜忌中，在原则问题面前，辩解，恐怕没人愿意相信了。三是当朝者自身情况，中国初定，如果出兵，可能陷入一个局部长期战争的泥潭，对当前以发展为中心的贞观王朝形成拖累。

谏议大夫的价值在于他经常要和大多数人对着干。家国天下的担当至为重要，有胆有识，才能干好这项看起来可有可无的工作。"上厉精求治，数引魏徵入卧内，访以得失；徵知无不言，上皆欣然嘉纳。"魏徵担负的是将民意融入决策的重任，他的工作重心无疑在体察民情民意，在研判分析形势。

另外一次有意思的观点交锋发生在贞观五年（公元631年）。太宗遣使点兵，可是各地报上来的情况显示，兵源不足。善于提出领导需要意见的三朝元老封德彝进奏：青年男子中未满十八岁，但身强力壮高度达标的，也应纳入兵役范围。太宗觉得也只有如此，同意了。可敕令发出前，得经过中书、门下会签，魏徵坚决不同意，四次找他都不肯签字。

这也是唐朝的决策特点，即皇上的敕令只能算是皇上批了，要变成有法律效果的文件，需要三省会签后才能发出执行。太宗怒了，找来魏徵理论："中男壮大者，乃奸民诈妄以避征役，取之何害，而卿固执至此！"魏徵抗言："夫兵在御之得其道，不在众多。陛下取其壮健，以道御之，足以无敌于天下，何必多取细弱以增虚数乎！"

初始议题是未满十八岁的壮硕男子也可以纳入兵役。太宗同意的理由是封德彝的说法，即壮硕男子称未满十八岁，多数为逃避征役而说谎，可以借此治理流弊。但没想到，魏徵反驳的理由居然是兵不在多，在统兵得法。如果魏徵遇上的是一般皇帝，争论还没有开始就可以结束了，他的反驳听起来简直是逻辑混乱。接着，他继续弯弯绕，引用太宗说过的话佐证自己的观点。魏徵认为，太宗曾说过"吾以诚信御天下，欲使臣民皆无欺诈"，现在即位没多久，已经多次失信于民了。太宗愕然，反问："朕何为失信？"再者说，这件事跟失信有什么关系？魏徵接着开始翻旧账："陛下初即位，下诏云：'逋负官物，悉令蠲免。'有司以为负秦府国司者，非官物，征督如故。陛下以秦王升为天子，国司之物，非官物而何！又曰：'关中免二年租调，关外给复一年。'既而继有敕云：'已役已输者，以来年为始。'散还之后，方复更征，百姓固已不能无怪。今既征得物，复点为兵，何谓以来年为始乎！"总之就是，这些都是你失信的事。

为什么这么说呢，终于绕回来了："陛下所与共治天下者在于守宰，居常简阅，咸以委之；至于点兵，独疑其诈，岂所谓以诚信为治乎！"这句话确实狠。意思是你别的事情都信官，就这件事却怀疑他们。太宗可能被绕晕了一会儿，但马上体会到魏徵的本意，正色道："向者朕以卿固执，疑卿不达政事，今卿论国家大体，诚尽其精要。夫号令不信，则民不知所从，天下何由而治乎？朕过深矣！"于是不点中男，赐魏徵金瓮一座。

从"兵不在多"到"失信于民"到不信任自己的各级官员，这件事，确实不是小事，施政不能因为要达到某个目标因小失大。要说服决策者，魏徵不可谓套路不深！身高和年龄的非对称问题，多处多年存在，并不简单。可以想象这项政策一旦出台，必致议论纷纭。在今天，就是舆情爆发。比如非议颇多的儿童以身高标准购买火车票或公园门票问题，是否应该反思当年制定标准就比较武断，或出发点仅在个别部门利益。就算考虑不到全民身高的变化，以身高作为标准也是不科学的，操作上不好掌握，随意性很大，因为孩子不买票的冲突随处可见，一项政策激发出人性的"恶"，就很难说是一项好的政策。当然，20世纪80年代没有身份证件统一的前提，年龄标准不好实施。可见一个政策的制定和出台，是多么知易行难。

魏徵能十几年如一日地面折太宗，自然是有他的本事。刚才这段辩论，看起来就是逻辑混乱，可说到最后，却又觉得很深，很有些道理。这里就有个出发点问题，魏徵是站在人民的立场说话。这项政策能否出台，封德彝站在为皇上办事的立场，只要结果。太宗站在统治者立场，认为既能纠偏，治治百姓虚报年龄躲避兵役的毛病，还能解决兵源不足的问题，有何不可。魏徵采取的策略是，站在统治者的立场为人民说话，站得高看得远自然说得服。

这项政策的舆情被魏徵掐死在萌芽之中。就如治未病，他的施政水平就是扁鹊哥哥的医术水平。一项政策如果造成了舆情，一般有三种情况，一是触动了大多数人的利益，二是动了利益集团的奶酪，三是伤害了弱势群体授人以口舌。这次进谏很有里程碑意义，让太宗接受了谏官魏徵治国理政的能力。

　　为什么魏徵关于兼听和偏信的判断一千多年来都被认可和推崇？这是因为兼听和偏信的确打在了统治艺术和技术的七寸上了。能否兼听，有三个阶段或层次。心中是否有人民群众，装没装着世间的芸芸众生，这是价值观层面。心中有人，耳中才会有音，倾听人民的心声。在那个时候，民意民心多数时候被解读为上天的暗示，对皇帝而言，你敬畏皇天后土，就是敬畏人民。你重视不同意见了吗？你愿意听不同意见吗？你打击不同意见吗？舆论是人心的浪花，朵朵浪花在波涛汹涌之际四处飞溅，在静水流深之际死水微澜。不同意见是科学决策的基础，在分歧中找到共同利益，达成共识，才能在冲突的黄金比例处下刀，做出决断。人的身体，上下通气不咳嗽。一个企业，内外通达能兴旺。一个国家，上情不壅蔽，下情能上达，才能政通人和。

二 安民心：推动社会阶层流动

到了唐代，魏晋南北朝以来的士族们代代相传的政治特权已经所剩无几；而经济上，经过了隋末唐初的战乱，很多士族"名虽著于州闾"，但也"身未免于贫贱"。唐代世家大族的特征是着重郡望，世官世禄世婚。李世民致力于削弱门阀，用温和的政策改革削弱士族，科举取士，修《氏族志》，压抑正在衰退中的旧门阀士族势力，有力推动了一定层面阶层流动。

若个书生万户侯

南园十三首（其五）

李贺

男儿何不带吴钩，收取关山五十州。

请君暂上凌烟阁，若个书生万户侯。

因秦王李世民功劳太大，高祖李渊认为前代留下的官都配不上他的功劳，特别设立天策上将一职，位置高于王公，并兼任司徒、陕东道大行台尚书令，封邑增到二万户，开天策府，自置官属。按惯例，除太子东宫有自己所属的官僚体系外，其他亲王一般不能依法形成自己的官员体系。特置天策府官属，即天策府官员属于秦王体系，完全由秦王节制，类似于封建，有人身依附关系。当然，这些官属由秦王开工资。

李世民为秦王时，以海内浸平（此二字极妙，浸入是一个缓慢的过程，却是一个很难逆转的过程，一旦浸入，事几成），开馆于宫西，延请四方文学之士，以教（皇上诏令为敕，秦王令称教）令组建了一支属于自己的人才队伍，如杜如晦、记室房玄龄、虞世南、文学褚亮、姚思廉、主簿李玄道、参军蔡允恭、薛元敬、颜相时、咨议典签苏勖、天策府从事中郎于志宁、军咨祭酒苏世长、记室薛收、仓曹李守素、国子助教陆德明、孔颖达、信都盖文达、宋州总管府户曹许敬宗，均以本官兼文学馆学士。这些人日夜值宿，供给珍膳，恩礼优厚。李世民上朝回来，往往迫不及待地来到馆中，带领诸位学士讨论文籍，不舍昼夜。又安排库直阎立本现场画图记录，褚亮负责出简报。这就是历史上有名的秦王府十八学士，后来多数得以出将入相。

十八学士是值得载入史册的事情。这些人当时多数不是位高权重的大臣，也多不出身名门望族，反倒多数出身平民，但他们都是意见领袖，是思想者，引领一时之风潮。士大夫得预其选者，时人谓之"登瀛洲"。在李建成盯着后宫和世家大族，李元吉盯着军中武将时，秦王李世民在攻城略地之后，留意人心和观念的高地，通过对儒学人才的重视，让自己站在了时代的风口。他尊儒重学的行为做法，给了这些书生莫大的荣誉感。其实，十八学士中的相当部分人，不但能文，对军事和大势的判断，更在武将之上，房、杜不用说，薛收、盖文达等一批书生，都经历战火的淬炼，文韬武略见地不俗。

历史上褒贬不一的玄武门事件终于发生。李世民成为皇太子，军国大事小情一并接管。一干人等的身份，随即改变，宇文士及为太子詹事，长孙无忌、杜如晦为左庶子，高士廉、房玄龄为右庶子，尉迟敬德为左卫率，程知节为右卫率，虞世南为中舍人，褚亮为舍人，姚思廉为洗马。

李世民没等到登基，就把齐王府的一批金帛什器赐给尉迟敬德，以补偿他此前没有收受齐王那一车金银的壮举。这些人的身份，还只是个过渡。李世民追求政令简肃，鼓励百官表达治国意见方略，放归禁苑用来娱乐的鹰犬，大大减免各地上供，得到中外一片赞扬之声。

随着太宗继位登上皇座，权力的回赠，成为一个令登顶者感到棘手的问题。授勋论赏，是开国之际的大事。功勋卓著而能主动功成身退者，历史上也就张良、范蠡、李泌数人而已。对外的斗争需要硬实力和软实力双管齐下，对内的矛盾，则只能是杀鸡给猴看，做好预期引导。十几年征战，开国功臣一大片。可勋赏总有个三六九等，这件事往往是不患寡而患不均，文臣武将最关注的不只是自己的职级，还极为关心其和某某的高下。从太宗的角度，不辜负有功者，是一个层次；论功行赏，笼络人心，以示皇恩，是一个层次。更为复杂的是，功臣们都跟随李家打天下，部分人过去战功赫赫，被李建成和李元吉或外放或贬斥，阴错阳差没有参与玄武门事件；部分人正好在某个立功的位置，在秦王成为太子的斗争中立下大功；还有部分人一直在秦府，或一直担任其他职务。

李世民准备进行唐王朝后最大的一次论功行赏。这些功臣，有太原举事以来的无数战绩，也有玄武门事件中的特殊功劳，还有秦府将领的这层附属关系。如何摆布，须得以理服人。这件事，关系到朝中每一个人，关系权力分配和利益集团的存亡；这件事，还是全国人民都关注的焦点。虽然不是给自己授勋，说上两句，却是每一个人的内心冲动。可以说，这是举国关注的大事，是最敏感的舆情爆发点。

有些事需要在桌下操作，有些事则要放到台面上操办。太宗选择了当众集中宣布授勋结果，确定勋臣长孙无忌等爵邑，命德高望重的老臣陈叔达于殿下唱名示众。这和发榜不一样，不是简单的中了或不中，科举考试士子们关注点在公开，舆论大概率会质疑可能存在的暗箱操作。论功行赏，关注点在公允，舆论一定在谁高谁低上起争议。不出所料，宣示完毕，太宗道："朕叙卿等勋赏或未当，宜各自言。"话音未落，诸将争功，纷纭不已。征战十余年，哪个将领的功劳没有一箩筐呢。

淮安王李神通代表一众武将开口叫屈："臣举兵关西，首应义旗，今房玄龄、杜如晦等专弄刀笔，功居臣上，臣窃不服。"神通大叔的态度，不仅代表他自己。别人不好出这个头，他是皇帝的亲叔叔，又确有大功，自然推举他出面代言。太宗早有准备，已经拟好了答问口径，就等他跳出来，当即予以回应："义旗初起，叔父虽首唱举兵，盖亦自营脱祸。及窦建德吞噬山东，叔父全军覆没；刘黑闼再合余烬，叔父望风奔北。玄龄等运筹帷幄，坐安社稷，论功行赏，固宜居叔父之先。叔父，国之至亲，朕诚无所爱，但不可以私恩滥与勋臣同赏耳！"

这位皇帝叔父，其实功高识远。不但在李渊晋阳起事之际，于关中举旗响应，拉出一支数万人的队伍，据传还在李世民差点被李建成毒酒毒死的当晚，奋不顾身地从太子宫中背着秦王回到府中。当时危急，非这个叔父出面不能做到，其他人职位再高也不过是下属，这个举动等同宣示和太子李建成决裂，那时那刻，太子与秦王对自己孰轻孰重，无须多言，能如此选择，实属不易。于淮安王李神通而言，这次授勋受点委屈，之后也不会吃亏。但他身后的一众武将，将无可奈何地要腾出一席之地来给各位读书人，毕竟，马背长枪逐渐远去，治国理政的担子得有人来挑。诸将面面相觑，服气的不服气的，排前的排后的都只好相互开解："陛下至公，虽淮安王尚无所私，吾侪何敢不安其分。"遂皆悦服。

这是件大喜事，一不小心就容易搞成闹剧。好事办好了才是好事。这次授勋，堪称传统舆论引导范例。符合好几个道理，如枪打出头鸟，杀鸡给猴看，擒贼先擒王等。作为反向引导，应该也是最实用的一招。太宗抓住了这件事的核心，以公心代替简单的公平。无私，则公。对亲叔父尚且不予照顾，充分说明朝廷出于一片公心。是否公允，又在其次了。

论功行赏这件事，事关权力格局的走向。横看成岭侧成峰，怎么看就会怎么想，不可能大家都满意。最简单也最有效的办法是，作出示范，由他们自己说服自己。当然，对房、杜的抬举，也宣示了重用治国能臣的导向。此时此刻，太宗既要让大家有成就感，更要有能力的人站出来治理国家。连年战乱，百废待兴，如果赏功以官，这个朝廷就成了山寨，打一场秋风吃一次酒肉，何来贞观之治。所以，太宗深思熟虑之后，才启动这件关联人心和国运的大事。书生做官，武将受勋，意料之外，情理之中，太宗对功臣的态度和方式让人服气。

百家姓排排坐

雒县舆人诵

我有圣帝抚令君，遭暴昏椽茕寡纷。

民户流散日月曛，君去来兮惠我仁，百姓苏矣见阳春。

吏部尚书高士廉、黄门侍郎韦挺、礼部侍郎令狐德棻、中书侍郎岑文本撰成《氏族志》，呈报皇上。中书、门下两省，吏部、礼部及相关部门主要负责人领衔编撰《氏族志》，是一个改变社会结构的动作，是引导社会阶层发展流动的重要指标。在以姓氏宗族为纽带维系的社会结构中，姓氏排序简直就是一件天大的事，这里面关联着多少人的命运，多少财富的转移，难以统计。这是一次重大的社会结构升级，也是一项需要重点做好舆论引导的政策。

太宗为什么看重这件事？有一个重要背景。贞观以前数百年间，太行山以东，河北、河南一带，崔、卢、李、郑几大氏族，是传统的豪门望族，好自矜地望，虽然在多年的战争中已经衰落凋零，还是拿着出身当令牌。其他姓氏要与这些传统望族通婚，尤其是娶妇，没有钱是万万做不到的，更糟糕的是，还发生了很多欺凌事件，以自己身份高贵为由虐待媳妇。

太宗痛恶这些事，所以让高士廉等遍责天下谱牒，质诸史籍，考其真伪，辨其昭穆，第其甲乙，褒进忠贤，贬退奸逆，分为九等。当然，推动这件事的背后，有新近通过战功崛起的初唐功臣和关中大族的需求，这些人在朝廷的地位上去了，可是，在他们的家乡和族人那里，本姓的人还是不如原来的世家大姓那么吃香，他们需要为自己的宗族谋取利益和地位，他们的意见必然直接影响到太宗的观点。

没想到高士廉等编撰的《氏族志》，还是以黄门侍郎崔民幹为第一。就是说，他们的排名因循守旧，只描述了现实和过去，未把握趋势和将来，没有真正理解太宗的意图。太宗无奈，只好亲自作出批示："汉高祖与萧、曹、樊、灌皆起间阎布衣，卿辈至今推仰，以为英贤，岂在世禄乎！高氏偏据山东，梁、陈僻在江南，虽有人物，盖何足言？况其子孙才行衰薄，官爵陵替，而犹印然以门地自负，贩鬻松槚，依托富贵，弃廉忘耻，不知世人何为贵之！今三品以上，或以德行，或以勋劳，或以文学，致位贵显。彼衰世旧门，诚何足慕！而求与为昏，虽多输金帛，犹为彼所偃蹇，我不知其解何也！今欲厘正讹谬，舍名取实，而卿曹犹以崔民干为第一，是轻我官爵而徇流俗之情也。"太宗导向很明确，德行、功勋、学问是确定名门望族的重要标准。"乃更命刊定，专以今朝品秩为高下。"于是以皇族为首，外戚次之。降崔民干为第三。凡二百九十三姓，千六百五十一家，颁于天下。

需要确定排名的事很多，这次的姓氏排名活动，从根本上撬动了两晋南北朝的门阀势力。托关中大族要往前挤的福，也为普通人改变阶层拓展了一些空间，加上隋朝以来逐渐完善的科举制，为社会的底层向上流动打开更大的缺口。这是唐太宗要修书搞定这件事的重要原因。通过这次改变，改积习、矫流俗，扬抑之间，体现了社会发展导向。后来武则天也试图从姓氏排名上为武氏晋阶，间接带动了一些小姓的排名往前靠，也为社会阶层流动打开了一定空间，算是副产品，虽然并非其本意。当然，李氏一千多年均为显姓，大概这是关键的一个阶段。

今天的排名依然是一项重要的学问。见过了太多因为座次"大闹天宫"的事例。在没有特殊指代或更好办法时，按姓氏笔画排名是一种较为客观的方式。这是因为姓氏在时代的变迁中，成为一种大范围的随机选择，是一种认命的公平。而且，以姓氏笔画排名的场合，多数不涉及利益和地位。其实，不管是农村正式请客吃饭座位怎么坐，还是到外交场合名签怎么摆，有过经历的人就能深刻体会到，排排坐，吃果果，可不是那么好玩的。

姓氏排名，事关社会结构的重组，是一次进展缓慢而影响长久的社会变革，这次编撰《氏族志》，给整个经济社会发展带来了活力，是唐朝得以兴盛的重要内在原因。光耀门楣，在中国的传承中是多么重要。

若无天命"胜"文何为

淮西席上醉歌

卢群

祥瑞不在凤凰麒麟，太平须得边将忠臣。

卫霍真诚奉主，貔虎十万一身。

江河潜注息浪，蛮貊款塞无尘。

但得百寮师长肝胆，不用三军罗绮金银。

祥瑞环绕和望梅止渴是差不多的道理。四海升平，祥云送瑞，既是理想，也是梦想。任何国家、组织、家庭、个人，都愿意有好兆头，这也是最易被传播的内容。所谓异化，在这里就是祥瑞被想象为现实或即将发生的事实。当然，有祥瑞，就有凶兆。所谓血光之灾，据说瞎子阿炳摸都能给摸出来，就看你信不信。

太宗即位，对很多能影响人思想的做法进行了规范，很有见地。比如，诏令："民间不得妄立妖祠。自非卜筮正术，其余杂占，悉从禁绝。"这是正本清源的重要手段，妖祠杂占，无非惑群众、毁人心，带来的是混乱和盲从。最近新闻报道，公安机关查获一批网络星象占命大师，多数是年纪不大的无业游民，借星座、塔罗等神秘的事物，兜售商品，诱人钱财，带坏社会风气，已经和科学预测、自然规律离得十万八千里。

太宗高明，亦在不信邪："尝有白鹊构巢于寝殿槐上，合欢如腰鼓，左右称贺。"太宗说道："我常笑隋炀帝好祥瑞。瑞在得贤，此何足贺！"命毁其巢，纵鹊于野外。这个做法虽然极端，却反映出当时太宗心思完全在治理国家上，无暇顾及身边的鸟叫。看着桌上越堆越高的大臣贺表，尽是各种吉兆祥瑞，太宗有点烦，说："比见群臣屡上表贺祥瑞，夫家给人足而无瑞，不害为尧、舜；百姓愁怨而多瑞，不害为桀、纣。后魏之世，吏焚连理木，煮白雉而食之，岂足为至治乎！"光说还不管用，没办法，太宗只好下令："自今大瑞听表闻，自外诸瑞，申所司而已。"你们要贺喜就贺吧，毕竟大家多数还是好意，让礼部处理就行了。

太宗查看狱中在押案犯卷宗，看到一件令他啼笑皆非的案子。有个叫刘恭的人，颈部纹路隐约有个"胜"字。脖子上的异象给了他莫名的勇气，他觉得自己天赋异禀，不是凡人，于是到处宣扬自己"当胜天下"。此人父母为他取名意在恭敬谨慎，他的性格却和名字中的寓意南辕北辙。如此不知天高地厚的言辞，让他被作为要犯投入狱中，准备重判。因事涉圣上，一并呈报上来，太宗一笑了之，解释道："若天将兴之，非朕所能除；若无天命，'胜'文何为！"这么个小人物，太宗没放在心上。毕竟，这个刘恭的行为，类似精神错乱，不可能闹出什么大的乱子。可后来传言"女主武王代有天下"时，太宗还是紧张的，武氏传言涉及子孙的未来和王朝的命运。天下父母心，太宗也未能例外。

这年，天旱少雨，中书舍人李百药上言："往年虽出宫人，窃闻太上皇宫及掖庭宫人，无用者尚多，岂惟虚费衣食，且阴气郁积，亦足致旱。"这个逻辑怎么样，也只能放到当时的情境中去理解体会。但有一点不能回避，这个话题触及宫闱忌讳，要论他个妖言惑众的罪名，也不算重。又一次出人意料的是，太宗居然同意这个说法，说："妇人幽闭深宫，诚为可愍。洒扫之余，亦何所用，宜皆出之，任求伉俪。"于是派尚书左丞戴胄、给事中杜正伦负责遣散工作，前后达三千余人。此事有意思，为什么唐朝前期妇人干政严重，而之后宦官干政严重？也许是因为从这以后，后宫缺乏劳动力，换成宦官干妇人的活。还有一个原因可能是太宗对高祖太过绚烂的后宫有点意见，加上当年后宫妃嫔们的那些谗言咒语差点坏了大事，趁机换掉一批，也在情理之中。

这一道道祥瑞，一件件提议，一条条谶言，是一个国家治理者必须面对的。一个政治家，首先是公众人物，他必须对各种声音表态，他的每一个动作，都是在表态，却会有后果。

清本源：激发思想正能量

咏饮马

李世民

骏骨饮长泾，奔流洒络缨。细纹连喷聚，乱荇绕蹄萦。

水光鞍上侧，马影溜中横。翻似天池里，腾波龙种生。

太宗问王珪："近世为国者益不及前古，何也？"王珪的回答可能会引发很多不同看法，他说："汉世尚儒术，宰相多用经术士，故风俗淳厚；近世重文轻儒，参以法律，此治化之所以益衰也。"太宗认可他的观点，重儒亦重文，读书才能做官这件事，大大改变了唐朝和中国历史。授勋擢拔，罢黜贬谪，对于大臣官员而言，可以充分调动他们的工作积极性，也可以降低他们的人生预期。但要得到田野耕夫、市井百姓的认同，只有从思想上、制度上着力，才是根本路径，治理也才算成功。太宗驾驭战争、战局、战场，展现了一代帅才之风；驾驭人的思想，他面临一场复杂的斗争。善于驭势的他从需求入手，从热点入手，果断出手，取得了思想对思想斗争的多方面胜利。

史官不虚美不隐恶

李世民为秦王时，常年征战在外，有事一般都派房玄龄入朝报告，李渊曾感叹："玄龄为吾儿陈事，虽隔千里，皆如面谈。"可见房玄龄的领悟表达能力。李世民为皇上，让房玄龄监修国史。自己的宰相到底会怎么写自己呢？老规矩是，皇上不能知道。太宗忍不住想看看史官怎么记录自己，又不好直说，就找来房相，假意探讨："前世史官所记，皆不令人主见之，何也？"房玄龄听出弦外之音，试图阻止他这种念头，徐徐道出千古名句："史官不虚美，不隐恶，若人主见之必怒，故不敢献也。"

史官代表谁在记录呢？国史的存在和王朝的存在是两条线，一虚一实，这是一条虚线，藏在一切发生的事实之后，历史记录只是呈现历史，并不用来直接规诫权力。既然史官的记录如此神秘而重要，无疑同样是皇天后土赋予的权力之一，它相当于高悬于朗朗星空的一双眼睛，注视着权力的拥有者。这种监督，是一种类似于宗教一样深入人心的监督，是对上天的敬畏。不让权力的拥有者看到，是出于对手无寸铁的史官的保护，更是这双眼睛存在的理由。

太宗说："朕之为心，异于前世帝王。欲自观国史，知前日之恶，为后来之戒，公可撰次以闻。"人之本性，都会认为自己可以异于别人。同样，对智力能力超群的人来说，一定会认为自己高于常人。太宗也不例外，他试图突破人性的局限。皇上要看自己的历史记录，这可是件大事，当然少不了谏议大夫参与意见。谏议大夫朱子奢上言："陛下圣德在躬，举无过事，史官所述，义归尽善。陛下独览《起居》，于事无失，若以此法传示子孙，窃恐曾、玄之后或非上智，饰非护短，史官必不免刑诛。如此，则莫不希风顺旨，全身远害，悠悠千载，何所信乎！所以前代不观，盖为此也。"

太宗坚持要看。房玄龄只好安排给事中许敬宗等人搞了一个删减版的《高祖》《今上实录》呈上。房玄龄高明正在此处，变通事实，顺承旨意，非许敬宗此人不可。太宗看得很仔细，见其中记录六月初四日事（玄武门事件），语多微隐，似乎想一笔带过，就对房玄龄说："昔周公诛管、蔡以安周，季友鸩叔牙以存鲁。朕之所以，亦类是耳，史官何讳焉！"于是命削去浮词，直书其事。这是从好的方面解读太宗的行为。实际上，这也干涉到了历史记录的客观性。好在事实上他看的是一个特供版。后来，开元时期名相张说也监修国史，私下找史官吴兢，想改几个字，被吴兢拒绝。可以想象这些史官承受的压力，这些人，都是当时最为优秀的读书人。今天的新闻就是明天的历史。当时的史官，今天的新闻工作者，都是时代和人生的叙述者。

太宗说："朕每临朝，欲发一言，未尝不三思。恐为民害，是以不多言。"给事中知起居事杜正伦赶紧表态申明："臣职在记言，陛下之言失，臣必书之，岂徒有害于今，亦恐贻讥于后。"太宗为鼓励这种精神，赐帛二百段。太宗虽然偶尔管不住自己，但还是一个清醒的人。不虚美不隐恶，成为理想主义者的理想。

四书五经正本清源

奉和袭美二游诗·徐诗（摘录）

陆龟蒙

尝闻四书曰：经史子集焉。苟非天禄中，此事无由全。

自从秦火来，历代逢迍邅。汉祖入关日，萧何为政年。

尽力取图籍，遂持天下权。

……

近者隋后主，搜罗势骈阗。

宝函映玉轴，彩翠明霞鲜。伊唐受命初，载史声连延。

砥柱不我助，惊波涌沧涟。遂令因去书，半在余浮泉。

贞观购亡逸，蓬瀛渐周旋。炅然东壁光，与月争流天。

伟矣开元中，王道真平平。八万五千卷，一一皆涂铅。

人间盛传写，海内奔穷研。

陆龟蒙的这首长诗，详细叙述了经史子集对一个又一个王朝兴起与亡去的重要意义。萧何入关中，直奔国史藏书；玄龄入东都，寻觅隋朝典籍而不得。贞观年间，采取多种措施从民间搜寻各种前朝典章制度的书籍，散落民间的文化宝典得以整理传播，蓬瀛现光芒。

一天，太宗巡幸国子监，观看了祭酒演绎祭奠的礼仪，听取了祭酒孔颖达讲《孝经》，觉得受益良多，当场赐祭酒以下直至成绩优异的诸生数量不等的帛。此时，太宗不用像做秦王时小打小闹，自己垫钱招揽饱学之士。作为皇帝，他大征天下名儒为学官，自己多次到国子监听课，安排这些名士授课，学生能明一大经以上皆得补官。增筑学舍千二百间，增学生满三千二百六十员，哪怕出身于屯营飞骑，亦给博士，使授以经，有能通经者，听得贡举。太宗不但自己学习，对热爱学习有成就的人，任官授职毫不吝啬。于是四方学者云集京师，乃至高丽、百济、新罗、高昌、吐蕃诸酋长亦遣子弟请入国学，升讲筵者至八千余人。

太宗以师说多门，章句繁杂，命孔颖达与诸儒撰定《五经》疏，谓之《正义》，令学者研习。这即是影响千年的孔氏《五经正义》。主要作者孔颖达为秦府十八学士之一，孔子的三十一世孙，当之无愧的著名经学家。此人深具家国情怀，经学博通不迂腐，于唐朝学术水平提升贡献很大。

太宗认为市面流传的阴阳杂书，讹伪太多，内容多不靠谱，命太常博士吕才与诸术士以经史为根据，刊定可发行的内容，集成四十七卷。

诸如：

其叙《宅经》，以为："近世巫觋妄分五姓，如张、王为商，武、庾为羽，似取谐韵；至于以柳为宫，以赵为角，又复不类。或同出一姓，分属宫商；或复姓数字，莫辨徵羽。此则事不稽古，义理乖僻者也。"大约的意思是，什么姓氏应该居住何种方位，等等。唐朝传播的《宅经》反驳了一些流行的谬论，试图通过传播权威信息，让大家在安宅时更多考虑现实条件，更加顾及与周边人群和环境的和谐共处。

叙《禄命》，以为："禄命之书，多言或中，人乃信之。然长平坑卒，未闻共犯三刑；南阳贵士，何必俱当六合！今亦有同年同禄而贵贱悬殊，共命共胎而寿夭更异。按鲁庄公法应贫贱，又尪弱短陋，惟得长寿；秦始皇法无官爵，纵得禄，少奴婢，为人无始有终；汉武帝、后魏孝文帝皆法无官爵；宋武帝禄与命并当空亡，惟宜长子，虽有次子，法当早夭；此皆禄命不验之著明者也。"整理后的《禄命》关于命运的阐述，极具科学精神。它反驳术士算命很多应验的论据是一个简单的逻辑，有很多没有应验。现在看来，这是一个概率问题。可是在这件事上要说服一个人，也许反面的事例比科学的理论管用。

其叙《葬》，以为："《孝经》云：'卜其宅兆而安厝之。'盖以窀穸既终，永安体魄，而朝市迁变，泉石交侵，不可前知，故谋之龟筮。近代或选年月，或相墓田，以为一事失所，祸及死生。按《礼》，天子、诸侯、大夫葬皆有月数。是古人不择年月也。《春秋》：'九月丁巳，葬定公，雨，不克葬，戊午，日下昃，乃克葬。'是不择日也。郑葬简公，司墓之室当路，毁之则朝而窆，不毁则日中而窆，子产不毁，是不择时也。古之葬者皆于国都之北，兆域有常处，是不择地也。今葬书以为子孙富贵、贫贱、寿夭，皆因卜葬所致。夫子文为令尹而三已，柳下惠为士师而三黜，计其丘陇，未尝改移。而野俗无识，妖巫妄言，遂于擗踊之际，择葬地而希官爵；荼毒之秋，选葬时而规财利。或云辰日不可哭泣，遂莞尔而对吊客；或云同属忌于临圹，遂吉服不送其亲。伤教败礼，莫斯为甚！"

这简直就是砸那些跑江湖的算命先生和风水先生饭碗的几本书。江湖术士简直恨透了这些书籍，而有识者大多认为找到了一些科学的根据。命运、住宅风水、墓葬凶吉，这几种民间传播最为流行的内容，口口相传往往导致内容庞杂、观念离奇。在多个未知和神秘的领域作出判断，需要强大的三观支撑。这是一件了不起的事，传播当时最先进的居住、命运、风水理念，破除一些江湖伎俩，引导符合现实的生活、生存理念，倡导一种生活方式，是极为重要的思想改变和预期引导。

太宗发起的这次清理整顿出版物，根据经史来厘定正谬，集成了当时最权威的观点，蕴含着深厚的传统哲学理念，正本清源，影响极大。使用什么样的国文教材，教材的内容如何厘定，太宗亲自过问，甚至参与。教材在各个时期的重大历史进程中占有一席之地。毫无疑问，在一个较长的时间轴上，教化的力量远远大过权力、武力甚至神力。经者，方也；道者，术也。经是用来遵循的理念，道是拿来使用的方法。一个国家的治理，难莫过于此。贞观之治的内涵，可不只是纳谏这么简单。

太史令傅奕的历史观

送灵师

韩愈

佛法入中国，尔来六百年。齐民逃赋役，高士著幽禅。

官吏不之制，纷纷听其然。耕桑日失隶，朝署时遗贤。

大家都知道唐朝有个神奇的太史令袁天罡。其实在他之前还有一个太史令傅奕，此人也一生传奇。玄武门事件前"太白见秦分"的重要判断，就是他密奏唐高祖李渊的。太宗召见傅奕，往往以师礼相待。

一日，太宗又找他聊天，赐美食，边吃边聊。太宗从容道："听了你上次所奏的观点，几为吾祸，但是，不要紧，凡有天变，你还是要言无不尽，不要为上次失误担心。只是有个问题还要听听你的高见，佛之为教，玄妙可师，你为何独不悟其理？"

边吃边谈，傅奕自然心情大好。对这件事，他自有思考，回答道："佛乃胡中桀黠，诳耀彼土。中国邪僻之人，取庄、老玄谈，饰以妖幻之语，用欺愚俗。无益于民，有害于国，臣非不悟，鄙不学也。"这意思，对佛不是不懂，是看不上市面上对佛的庸俗解读和利用。太宗似乎被他说服了。其实，从太宗此前的一些作为看，也许，这本也是他的观点。总体来讲，当时佛学还是个外来学说，怎么看怎么信怎么论，个体观点差异很大，而太宗一定是从政治和佛教的关系来思考的，他怎么可能把对民众的教化全盘依托于外来的宗教呢。

在高祖时期，傅奕就上疏请求禁止佛法传播，理由是："佛在西域，言妖路远；汉译胡书，恣其假托。使不忠不孝削发而揖君亲，游手游食易服以逃租赋。伪启三涂，谬张六道，恐愒愚夫，诈欺庸品。乃追忏既往之罪，虚规将来之福；布施万钱，希万倍之报，持斋一日，冀百日之粮。遂使愚迷，妄求功德，不惮科禁，轻犯宪章；有造为恶逆，身坠刑网，方乃狱中礼佛，规免其罪。且生死寿夭，由于自然；刑德威福，关之人主；贫富贵贱，功业所招；而愚僧矫诈，皆云由佛。窃人主之权，擅造化之力，其为害政，良可悲矣！降自羲、农，至于有汉，皆无佛法，君明臣忠，祚长年久。汉明帝始立胡神，西域桑门自传其法。西晋以上，国有严科，不许中国之人辄行髡发之事。洎于苻、石，羌、胡乱华，主庸臣佞，政虐祚短，梁武、齐襄，足为明镜。今天下僧尼，数盈十万，剪刻缯彩，装束泥人，竞为厌魅，迷惑万姓。请令匹配，即成十成余户，产育男女，十年长养，一纪教训，可以足兵。四海免蚕食之殃，百姓知威福所在，则妖惑之风自革，淳朴之化还兴。窃见齐朝章仇子佗表言：'僧尼徒众，糜损国家，寺塔奢侈，虚费金帛。'为诸僧附会宰相，对朝谗毁，诸尼依托妃、主，潜行谤讟，子佗竟被囚执，刑于都市。及周武平齐，制封其墓。臣虽不敏，窃慕其踪。"

所谓此佛非彼佛，指的是佛法东进，路途遥远，传播损耗，以讹传讹，危害甚广。这么一段话，切中时弊，有理有据地论述了当时宗教和政治的关系。流传甚广的教义并不正宗，被人利用而已，结果是影响到了百姓盲从、司法公正、国家兵源，说得严重点，甚至已经在勾连权力干扰朝廷施政。兹事体大。高祖当时即诏百官议其事，这么多人，唯有太仆卿张道源称傅奕的观点合理，足见魏晋南北朝时期，佛入中原，影响之深。一心礼佛的萧瑀挑头站出来反对："佛，圣人也，而奕非之；非圣人者无法，当治其罪。"傅奕反驳："人之大伦，莫如君父。佛以世嫡而叛其父，以匹夫而抗天子。萧瑀不生于空桑，乃遵无父之教。非孝者无亲，瑀之谓矣！"瑀不能对，但合手曰："地狱之设，正为是人！"这个萧瑀，就是太宗赐诗"疾风知劲草"的萧瑀，有才且桀骜，和脾气极好的房玄龄都搞不好关系。

关于佛教的争议，后来有一段有名的故事。凌烟阁二十四功臣之一张亮也笃信佛教，太宗有一次半真半假地对张亮说："卿既事佛，何不出家？"张亮还没答复，萧瑀来劲了，趁机自请出家。太宗对他老是搞事正有点烦，趁势道："亦知公雅好桑门，今不违公意。"直接批示同意，你去吧。没多大工夫，萧瑀回来再次上奏："臣适思之，不能出家。"萧瑀这是在朝堂之上，公开场合，对群臣发言反复，要知君无戏言，这不是拿皇上的话当儿戏吗？太宗更不爽了，气不能平。面对盛怒的太宗，萧瑀也无所适从，只好称足疾不朝，或至朝堂而不入见。

太宗知道萧瑀意终快快，决心快刀斩乱麻，了却这段有些剪不断理还乱的君臣龃龉，手诏数其罪，并就佛教再次阐述了自己的观点："朕于佛教，非意所遵。求其道者未验福于将来，修其教者翻受辜于既往。至若梁武穷心于释氏，简文锐意于法门，倾帑藏以给僧祇，殚人力以供塔庙。及乎三淮沸浪，五岭腾烟，假余息于熊蹯，引残魂于雀彀，子孙覆亡而不暇，社稷俄顷而为墟，报施之征，何其谬也！瑀践覆车之余轨，袭亡国之遗风；弃公就私，未明隐显之际；身俗口道，莫辨邪正之心。修累叶之殃源，祈一躬之福本，上以违忤君主，下则扇习浮华。自请出家，寻复违异。一回一惑，在乎瞬息之间；自可自否，变于帷扆之所。乖栋梁之体，岂具瞻之量乎！朕隐忍至今，瑀全无悛改。可商州刺史，仍除其封。"当然，贬撤萧瑀并非全是因为宗教观点，没办法，这也是他自己往枪口上撞。

高祖和太宗马背上得天下，靠儒生治理天下，都对沙门、道士苟避征徭这件事有看法，加上寺观邻接廛邸，混杂屠沽，不守戒律的事时有发生，更是认为傅奕说的情况属实。这说明，傅奕的思路完全是符合当时执政者要求的，而萧瑀的观点虽堂而皇之，却难以在一个励精图治的君主那里得到认同。要知道，政教争权，在当时极为突出，一个强势的皇上又怎么会鼓励自己的宰相持这种思想倾向呢？太宗由武功而文治，极为看重在思想领域的探索，实际上他苦苦追寻的是一个思想体系。

于是，朝廷"下诏命有司沙汰天下僧、尼、道士、女冠，其精勤练行者，迁居大寺观，给其衣食，无令阙乏。庸猥粗秽者，悉令罢道，勒还乡里。京师留寺三所，观二所，诸州各留一所，余皆罢之"。这是一次较大的意识形态事件，为唐朝初年的治理扫平了思想方面的诸多障碍。

接着说傅奕的故事，此人精究术数之书。他精通这些术数，就像武林高手要研究各门各派武功一样，只为研究和反制，绝不迷信这些奇门遁甲的套路。"有僧自西域来，善咒术，能令人立死，复咒之使苏。上择飞骑中壮者试之，皆如其言；以告奕。"傅奕直接下结论："此邪术也。臣闻邪不干正，请使咒臣，必不能行。"太宗现场命僧咒奕，奕初无所觉，须臾，僧忽僵仆，若为物所击，遂不复苏。又有婆罗门僧，言得佛齿，所击前无坚物。长安士女辐辏如市。傅奕时卧疾在床，委托他儿子来办此事，交代："吾闻有金刚石者，性至坚，物莫能伤，唯羚羊角能破之，汝往试焉。"其子往见佛齿，出角叩之，应手而碎，观者乃止。

傅奕性谨密，既职在占候，杜绝交游，所奏灾异，悉焚其稿，人无知者。遇病，不呼医饵药。临终，戒其子无得学佛书，时年八十五。又集魏、晋以来驳佛教者为《高识传》十卷，流传甚广。能在唐朝干太史令的人，都非普通书生或豪杰，这是一个只与天地对话的人，心里须装着天地之间的众生。这是个书写使命和孤独的职位。佛入中原几百年后，当时有见识的政治家发现，佛为我用，难之又难。从傅奕到韩愈，都指出了因为佛教的兴盛，大大减少了壮丁。后来一段时期，能当上和尚或者能在寺庙里谋个差事，是要花钱的。

一天一地一佛，过去现在未来，时空纵深中的玄妙确非凡俗的比喻能穷其精妙。萧瑀认为，佛，圣人也。就算是比喻，也反映了一个阶段对佛教的认识庞杂芜乱。当然，确实存在一个传播损耗问题。一个本身并不是确定概念的东西，如何传播万里？这真的是一个传播学难题。估计，后来太宗也是觉得佛之一事，玄妙无边，才支持玄奘西天取经，才有了"无字真书"。"无字真书"确证了一个理念，在佛法的苍穹之下，大唐中土也可以解读佛教，这正是后来佛的旺盛生命力所在吧。

宣示威名何必泰山

五郊乐章·肃和

魏徵

玄鸟司春，苍龙登岁。节物变柳，光风转蕙。

瑶席降神，朱弦縬帝。诚备祝嘏，礼殚珪币。

文武百官反复请封禅，这几乎是每一个封建皇帝都想看到的事。甚至后来武则天把天下名山封了个遍，她有这个心理需求，且特别旺盛。一个伟大的皇帝或者一个孱弱的皇帝，他与一座山是什么关系，他想表达什么？

太宗认真考虑过这件事，表达了独特的观点，展现了与众不同的姿态："卿辈皆以封禅为帝王盛事，朕意不然。若天下乂安，家给人足，虽不封禅，庸何伤乎！昔秦始皇封禅，而汉文帝不封禅，后世岂以文帝之贤不及始皇邪！且事天扫地而祭，何必登泰山之巅，封数尺之土，然后可以展其诚敬乎！"

请封禅多数时候都是件政治正确的事，从以往的经验看，说什么都不如说点这个话题让皇帝高兴。在对皇帝这个职位的认识上，群体总是比皇帝个体认识得更深刻，他们总是知道皇帝想要什么，架不住大臣们"代表"天下百姓不断劝说，太宗觉得满足一下广大百姓的需求没什么不好，也就有借势把这件皇帝都该办的事办了的意思，打算同意大家的意见。

没想到魏徵站出来反对，独以为不可。还拿着架子的太宗被魏徵激怒了，君臣之间来了一段唇枪舌剑的问答辩论。

问："公不欲朕封禅者，以功未高邪？"答："高矣。"

问："德未厚邪？"答："厚矣。"

问："中国未安邪？"答："安矣。"

问："四夷未服邪？"答："服矣。"

问："年谷未丰邪？"答："丰矣。"

问："福瑞未至邪？"答："至矣。"

问："然则何为不可封禅？"答："陛下虽有此六者，然承隋末大乱之后，户口未复，仓廪尚虚，而车驾东巡，千乘万骑，其供顿劳费，未易任也。且陛下封禅，则万国咸集，远夷君长，皆当扈从；今自伊、洛以东至于海、岱，烟火尚希，灌莽极目，此乃引戎狄入腹中，示之以虚弱也。况赏赉不赀，未厌远人之望；给复连年，不偿百姓之劳；崇虚名而受实害，陛下将焉用之！"

七问七答。魏徵的理由中有一个关键信息，南蛮北狄、西戎东夷，都会派人参加封禅盛会，这些人进入中原腹地，定会借机掌握很多战略信息，作为一个军事家，这是太宗本能警惕的事。这魏徵也不容易，总能找到人所未及的理由。可以相信，说一千道一万都不如这一条管用，太宗一定是犹豫了。此时，黄河南、北数州来报，黄河大水，灾情不轻。这件事就只好暂时不了了之了。

有借山立威的，有向山示威的，有虔诚的，有功利的，不一而足。封禅，是一种皇权合法性的宣示，它要借高山与天交流，与地交流，与人交流，在沟通中告诉天下，我皇恩浩荡，顺承天意。对太宗而言，打下来的天下，这些动作可以淡化打的概念。那魏徵为什么反对封禅呢？

魏徵的哲学体系中有朴素的人民概念。魏徵的使命在他的从政实践中不断得到强化，逐渐成为民意的代表者，他要这个国家好，而不是皇帝一个人—家人好。他的逻辑是，你治理好了这个国家，自然得到人民的拥护，否则，宣示何用呢？其实，这也是太宗的观点，但他是皇帝，也是人，决策难免掺杂个人的因素。

四　守正道：坚持民本政策取向

武德八年（625年）春，正月，以寿州都督张镇周为舒州都督。舒州是张镇周的故乡，回来后他没有到官衙上任，而是回自己家中住下，让手下置办酒菜，召亲戚故人，与之酣宴，散发箕踞，如为布衣时，凡十日。之后分赠金帛，含着眼泪宣布："今日张镇周犹得与故人欢饮，明日之后，则舒州都督治百姓耳，君民礼隔，不复得为交游。"从此以后，亲戚故人犯法，一无所纵，境内肃然。

衣锦还乡，荣归故里，如果只是探亲，当然都是说不完的亲情友情。回到家乡还要治理家乡，亲情友情邻里之情，与法律政策规则会天然擦出火花。张镇周的举动就是要让大家知道，我不再是我，你们也不再是你们。他要面对的是两个概念的人，上升到国家治理的高度，治理者要面对的既是活蹦乱跳的每一个人，也是抽象意义上的人。

李世民成为唐太宗后，出台政策，能看到政策背后的那一双双眼睛，追求以人为本的政策取向，在经济、社会、民生政策方面，都取得相当成就。可以说，以民为本，才有贞观之治。

坐天下要在守正

咏风

李世民

萧条起关塞，摇飏下蓬瀛。拂林花乱彩，响谷鸟分声。

披云罗影散，泛水织文生。劳歌大风曲，威加四海清。

打天下重出奇，坐天下则要在守正。太宗对创业难和守成难，有过深入思考、热烈讨论和精辟论述。治理一个国家，要面对多少政策热点和法理矛盾，自不待言。关于各种政策热点，太宗所论，往往高屋建瓴，导向定位，令人茅塞顿开，充分体现了守正的理念。

社会治理不能让劣币驱逐良币。"戊子二年，贞观之初，关内旱饥，民多卖子。"有大臣提出大赦天下，以禳天怨。太宗没有采用这种听起来很美、但不能解决眼前之急的办法，而是诏令"出御府金帛赎以还之"。这么做，和他的施政取向有关。他对身边人解释说："古语有之，赦者，小人之幸，君子之不幸；一岁再赦，善人暗恶。夫养稂莠者害嘉谷，赦有罪者贼良民。故朕即位以来，不欲数赦，恐小人恃之，轻犯宪章故。"以旱灾原因大赦天下，出发点是回应对上天的祈求，实际是无端原宥犯过罪的人，以补充天灾导致的劳动人口减损。他对这件事的认识，远远地超出以大赦天下来讨好上天的层次，真正害怕的是自己的政策非但不能解决百姓的关切，还会导致社会领域的劣币驱逐良币。

赋重则民盗国愁。太宗开会，与群臣论止盗。有大臣提出以重法治盗，太宗哂之："民之所以为盗者，由赋繁役重，官吏贪求，饥寒切身，故不暇顾廉耻耳。朕当去奢省费，轻徭薄赋，选用廉吏，使民衣食有余，则自不为盗，安用重法邪！"这一次太宗并没有采用加重刑罚这一马上能见到成效的方法，而是站到一个治理国家的高度，从根子上剖析偷盗行为产生的根源，不同意见背后实质是人性本善还是人性本恶的重大哲学判断。数年之后，海内升平，路不拾遗，外户不闭，商旅野宿。我们熟悉的贞观之治背后，没那么简单，往往一个现象背后藏着一项政策，一项政策背后暗含着治理哲学。太宗在长治久安和奢侈纵欲之间，作出了克己的选择，理性的选择，长远的选择。太宗还对侍臣叮嘱："君依于国，国依于民。刻民以奉君，犹割肉以充腹，腹饱而身毙，君富而国亡。故人君之患，不自外来，常由身出。夫欲盛则费广，费广则赋重，赋重则民愁，民愁则国危，国危则君丧矣。朕常以此思之，故不敢纵欲也。"

山民作乱不可轻动干戈。太宗嘴里的民，已不是具体的某个群体，而是接近大众的概念，民众的组成，是多层次的组合，不是说顺民才是民，其他的则为贼。这样的思路，决定他的政策是分层的，他面对的是综合意见体，他的政策是可以折中，可以精准施策的。比如益州大都督窦轨奏称山民反叛，请求发兵征讨。太宗批示："獠依阻山林，时出鼠窃，乃其常俗；牧守苟能抚以恩信，自然帅服，安可轻动干戈，渔猎其民，比之禽兽，岂为民父母之意邪！"始终不许派兵。这也是一个治理中的大问题，山獠为贼，为民，在于你怎么看。怎么定性一件事，最终决定怎么干，结果自然大为不同。

粮食储备不是越多越好。太宗对黄门侍郎王珪说："开皇十四年大旱，隋文帝不许赈给，而令百姓就食山东，比至末年，天下储积可供五十年。炀帝恃其富饶，侈心无厌，卒亡天下。但使仓廪之积足以备凶年，其余何用哉！"一边是百姓饿殍遍野，一边是朝廷粮仓堆积，隋炀帝个性吝啬，实际是对民吝啬，对己奢侈，原因是他认为天下是他个人的；太宗清醒，知道天下是百姓的，不是自己的财富积累，粮食储备的作用是平衡灾年和丰年，支撑社会稳定。所以对一个国家而言，粮食储备是一项战略工程，而不是一种财富积累。

一项政策被称为好政策，是因为它契合当下实际，回应百姓需求，守住了施政为民的根本。我们总是想当然地认为政策没有在最后一公里到达是宣传不够，政策本身的原因却常被忽视。有人因为不知道恢复高考的政策而错过高考吗？忽如一夜春风来的政策其实不需要太多发布技巧和解读力度。政策没有落地，狠抓落实的同时，更需要回头看看政策成长的路径。政策的出发点就是政策的重量，这决定了它落地的速度，政策的宣传解读不过是根据轻重缓急来了个加速度而已。

临危机重在担当

捕蝗—刺长吏也

白居易

捕蝗捕蝗谁家子，天热日长饥欲死。兴元兵后伤阴阳，
和气蛊蠹化为蝗。始自两河及三辅，荐食如蚕飞似雨。
雨飞蚕食千里间，不见青苗空赤土。河南长吏言忧农，
课人昼夜捕蝗虫。是时粟斗钱三百，蝗虫之价与粟同。
捕蝗捕蝗竟何利，徒使饥人重劳费。一虫虽死百虫来，
岂将人力定天灾。我闻古之良吏有善政，以政驱蝗蝗出境。
又闻贞观之初道欲昌，文皇仰天吞一蝗。
一人有庆兆民赖，是岁虽蝗不为害。

白居易真是个了不起的诗人，他对蝗灾这件事，以短短的一首诗，作了时间和空间的多层叙述，表达了对民生的忧虑和对善政的渴盼。诗中记载的太宗吞蝗虫，是一个重要的意象，为太宗的形象留下浓墨重彩的一笔。

一千多年前，蝗灾是超越人们抵抗能力的一种大灾。蝗虫起时，铺天盖地，犹如神兵天降，不是简单地被当作一种害虫，因为数量太大，损害农作物太多而势不可当，蝗虫的到来被视为天象。蝗虫也具有了神象的意味，代表了上天的旨意。贞观之初，一般集中在黄河南北肆虐的

蝗虫，在关内出现不少。这就有了不一般的解读，被认为是上天在警示当今朝廷，天灾已经成为一个社会危机事件，影响到人们对朝廷的信心，尤其是对于刚刚通过玄武门事件上位的太宗而言，朝野难免议论猜疑。

太宗进入上林苑，见到蝗虫，当场抓取数只，先谴责它们一番说："民以谷为命，而汝食之，宁食吾之肺肠。"然后举手就要生吞。这实际是皇帝代表国家对蝗虫及蝗虫代表的所谓天象发起了挑战，可不只是吞下一只蝗虫这么简单，此时的蝗虫在很多人的眼里，是上天派来的使者。左右大臣、侍卫急了，着急阻拦进谏："恶物或成疾。"太宗借势表态："朕为民受灾，何疾之避！"不管不顾吞下一只蝗虫。巧的是，这一年，蝗虫虽多，但灾情并不严重，人们当然会解读为太宗为民受灾。实际上，太宗的行为只是给了大家信心，说明蝗虫没那么可怕，从观念上消除了人们对蝗虫的恐惧，自然在应对灾害方面的措施推进会更有力。太宗的行为，也为后来开元时期名相姚崇应对蝗灾提供了理论和实践依据。

休假要考虑社会影响。太宗夏天准备去九成宫避暑。监察御史马周上疏："大安宫在城西，制度卑小，而车驾独为避暑之行；是太上皇居暑中，而陛下居凉处也，温清之礼，臣窃有所未安焉。……然今行计已成，不可复止，愿速示返期，以解众惑。仍亟增修大安，以称中外之望。"人言可畏，大家怎么看你的行为，是政治家行事之前必须考虑的要素之一。马周不简单，这个替人写了十二条施政意见的普通读书人，被太宗无意中发掘，成为股肱之臣。他不仅指出了此行的不妥之处，还提供了解决方案。皇上您上任不久，老子李渊还在城里憋着，您却去避暑了，此为不妥。但您是皇帝，行程都定了，改变行程显得草率而不严肃，也暴露了考虑不周的短处，所以可以迅速发布返回日期，甚至做一些工作上的安排，表面说是称中外之望，实际是堵上李渊身边人和社会上一些无事生非者之口。

靖边无须筑长城。有一段时间，突厥寇边，袭扰不断，如何应对外敌、保障边境居民的正常生活成为突出的问题。有朝臣上表奏请以古长城为基础，发动百姓加修加建，构筑堡垒屏障。看起来是个为国分忧的主意，话虽不多，实际提议了一项极大的政策工程。太宗不以为然，认为："突厥灾异相仍，颉利不惧而修德，暴虐滋甚，骨肉相攻，亡在朝夕。朕方为公扫清沙漠，安用劳民远修障塞乎！"太宗要建筑的是人心的长城，这既是高度自信的表现，也是相当长远的规划，背后更是对民瘼的关切，不好大喜功，不耗费巨万求一时之安、表面之宁。

服远要承担责任。康国受匈奴欺压，游牧于西北边陲。李靖、李勣出兵灭掉东突厥后，康国国王认为求得大唐的保护是最有利的方式，派遣使者请求内附。太宗拒绝了，理由是："前代帝王，好招来绝域，以求服远之名，无益于用而糜弊百姓。今康国内附，倘有急难，于义不得不救。师行万里，岂不疲劳！劳百姓以取虚名，朕不为也。"真正的强大，并不是一味地征服和扩充，而是清醒地坚持。恰恰相反的是，前朝的隋炀帝杨广，不惜耗费巨资，招徕各种人士探索绝域，可是，得到的是民怨沸腾和友邻的轻视。

偌大一个国家，当家人要面对天灾人祸，要面对黑天鹅事件，要面对灰犀牛威胁，要面对里里外外、上上下下的矛盾冲突。所谓天要下雨娘要嫁人，危机事件总会存在，人们真正在乎的并不只是危机本身，还有当家人对待危机的态度。现在的舆情危机应对理论说，天灾不可怕，把天灾耽误成社会灾难才可怕。的确，领导者的担当和理性，才是危机应对的根本。太宗以民为水，以国为舟，举重若轻，他的一举一动，都是理解这个王朝兴盛的剪影。

求致治万众一心

六朝门·傅昭

周昙

为政残苛兽亦饥，除饥机在养疲赢。

人能善政兽何暴，焉用劳人以槛为。

督查不能让基层不堪重负。名相杜如晦的叔父、人品不怎么样的御史大夫杜淹奏："诸司文案恐有稽失，请令御史就司检校。"太宗听到这个问题，愣了愣神，没有思考过，算是行政程序方面的问题，就问人品也不怎么样的程序老手封德彝。封德彝回答："设官分职，各有所司。果有愆违，御史自应纠举；若遍历诸司，搜括疵颣，太为烦碎。"杜淹默然，无以反驳。太宗问杜淹："何故不复论执？"杜淹答道："天下之务，当尽至公，善则从之。德彝所言，真得大体，臣诚心服，不敢遂非。"太宗听完，很高兴，说："公等各能如是，朕复何忧！"这是一个行政系统的运行问题，封德彝娴于吏务，长期服务把控隋朝政的虞世基，算是行家，见地还是有的。实际上这是说到了提高行政效能，做好行政监督的要害，监督的要义如果妨害了行政运行，就会因小失大。舆论监督亦如此。

用人如器，各取所长。封德彝会做官，不管是隋炀帝还是唐高祖，他都说得上话，自然，太宗也认为他比较熟悉各方面情况，让他举荐贤才。李世民和此前的君王显然不同，老练的封德彝不敢轻易露怯，久无所举。太宗又一次追问，封德彝应付道："非不尽心，但于今未有奇才耳。"这话看着像推搪，其实含着一层很深的吹捧意思，即皇上您是天纵英才，所以确实难以找到您能看得上的奇才。没想到，太宗不吃这一套，说："君子用人如器，各取所长，古之致治者，岂借才于异代乎？正患己不能知，安可诬一世之人！"封德彝一听，马屁没拍到点子上，悻悻回府。

太宗听说景州录事参军张玄素是个人才，召见，问以政道。张玄素对："隋主好自专庶务，不任群臣；群臣恐惧，唯知禀受奉行而已，莫之敢违。以一人之智决天下之务，借使得失相半，乖谬已多，下谀上蔽，不亡何待！陛下诚能谨择群臣而分任以事，高拱穆清而考其成败以施刑赏，何忧不治！臣观隋末乱离，其欲争天下者不过十余人而已，其余皆保乡党、全妻子，以待有道而归之耳。乃知百姓好乱者亦鲜，但人主不能安之耳。"以一人之智决天下之务，必然下谀上蔽，统治者看到听到的会离实际情况越来越远。太宗认为传言非虚，擢为侍御史。

前幽州记室直中书省张蕴古上《大宝箴》，其略曰："圣人受命，拯溺亨屯，故以一人治天下，不以天下奉一人。"又说："壮九重于内，所居不过容膝；彼昏不知，瑶其台而琼其室。罗八珍于前，所食不过适口；惟狂罔念，丘其糟而池其酒。"又说："勿没没而暗，勿察察而明，虽冕旒蔽目而视于未形，虽黈纩塞耳而听于无声。"受到太宗赏识，升任大理丞。

贞观治理的成功，很大程度依靠用人的成功。太宗关于用人，有高远的看法和独到的做法，这段短短的对话正体现了他用人的导向。我们讲，导向正确，文章才能写好，事情才能做对。人才都在古代，恨不相逢未嫁时，这些都是对人才难求的普遍感受，是很多管理者的苦恼。从太宗的高度看，这种苦恼本身就是错误的，是指导思想的错误。不是没有人才，是你怎么看待人才和使用人才。所谓随材授任，量体裁衣，尺有所短，寸有所长，各种人才都有自己的闪光点。

魏徵上疏，以谏言的形式长篇大论地阐释了太宗的人才思想，句句直奔要义："在朝群臣，当枢机之寄者，任之虽重，信之未笃，是以人或自疑，心怀苟且。陛下宽于大事，急于小罪，临时责怒，未免爱憎。夫委大臣以大体，责小臣以小事，为治之道也。今委之以职，则重大臣而轻小臣；至于有事，则信小臣而疑大臣。信其所轻，疑其所重，将求致治，其可得乎！若任以大官，求其细过，刀笔之吏，顺旨承风，舞文弄法，曲成其罪。自陈也，则以为心不伏辜；不言也，则以为所犯皆实；进退维谷，莫能自明，则苟求免祸，矫伪成俗矣。"魏徵进言，没有不提意见的时候。他先说太宗随材授任，百官各得其所，但使用人才需要改进，对大臣信任不够，造成大臣做事小心翼翼，不敢放开手脚。

太宗曾对裴寂说："比多上书言事者，朕皆粘之屋壁，得出入省览，每思治道，或深夜方寝。公辈亦当恪勤职业，副朕此意。"唐太宗通过励精图治，政策能力不断提高，建立了极大的威信，以至于他塑造的天子形象深入朝野人心。司农卿窦静被任命为夏州都督，赴任前打比方说出来的话，为太宗在臣子们心中的形象做了极好的注脚。窦静在司农任职，司农少卿赵元楷善聚敛，窦静很看不起他，这回要离开了，终于对这位同僚畅快淋漓地发了通牢骚："隋炀帝奢侈重敛，司农非公不可；今天子节俭爱民，公何所用哉！"一番话搞得赵元楷无地自容。

什么情况能形成万众一心的局面？往往是民族危亡，家国动荡等大的事情，即大家熟悉的多难兴邦。万众一心会给一个组织的领导者带来巨大成就感和高峰体验，让人沉迷其中难以自拔，皇帝的感觉也许正在于此。儒学的伟大之处，在于把家国情怀传递给每一个个体，赋予责任感，带来成就感。马斯洛说这是一种不可言传的高峰体验，既是目标，也是动力，是人生不断超越的引擎。每个人都可以是自己的王者。

57

第二章

守正出奇：李世民兵法精要

远见：谋局之艰

有箭术大师讲，你射出去的每支箭，或挺直，或摇头，或摆尾，都是内心的映射。李世民近身格斗能力一般，但箭术了得，擅长在策马奔行中引弓杀敌。两军对阵，内心强大静稳，才能射出稳准狠的每一箭。李世民喜欢轻骑深入敌后，亲自做斥候（侦察兵）的工作，多次遇险，尉迟恭、秦叔宝都以命搏敌为他挡枪，救过他的命，除了所谓命大，其实每次侦察，他都留有后手，才能次次化险为夷。为避敌锋，他的大军可以坚持六十日不出战；为夺敌气，三军主帅本人也可以成为一支奇兵。

唐朝的天下是马背上打下来的，李世民亲自上阵指挥的战斗难以计数，他主导了对杨广、王世充、窦建德等诸多战役，取得了太原起义西进长安、北伐东征统一中原、威服突厥征伐高丽等战争的决定性胜利。毛主席曾感慨："能军者无出李世民之右。"为什么他能打赢阵地战、遭遇战，指挥以少胜多的战役，赢得战争的胜利？

他能认清形势。在太原起义西进长安的进程中，李氏家族部队两次遭遇进退抉择，都是李世民坚持战略目标，执着直击长安，才奠定了李渊部队在众多起义力量中的王者之师的位置。当时天下扰攘，人心思定，谁能占据正统高地振旗呐喊，才有底定中原的机会。

他能把握局势。在北伐薛举和东镇王世充的战争中，李世民部都处于弱势，但他运筹帷幄，待薛举兵锋削挫之后，转守为攻，一举拿下；面对王世充和窦建德的联盟局面，放弃困兽犹斗的洛阳，正面迎击南下打秋风的窦建德部，依托虎牢关天险，击溃援军，洛阳不攻自破。

他能驾驭气势。登基没几天，突厥进犯长安，他白马单骑，渭水桥边折服颉利可汗；承平日久之后，决定亲征高丽，意在借自己的威势，以最小的代价取得战争胜利。

有一个现象很有意思，李世民身边的文臣武将从一开始跟他上阵杀敌，到凌烟阁封侯，战死沙场的将领少之又少，伤痕累累的倒有一个，即满身疤痕的尉迟恭，那是为他挡枪留下的功勋印记。太宗尝言："吾自少经略四方，颇知用兵之要。"他自己总结道："诚哉！朕尝临阵，先料敌之心与己之心孰审，然后彼可得而知焉；察敌之气与己之气孰治，然后我可得而知焉。"

哪里鱼多哪里鱼少，可以用大数据分析。哪里有暗礁，哪里有漩涡，哪里平静如水却步步惊心，只有老水手才能根据天气、季节甚至年头的变化，战战兢兢如履薄冰，驾船驶过险滩。政治家面对战争，就如艄公驾船出三峡，要懂的不是哪一道弯哪一个坎，而是水性。高明的水手，都是水的朋友，他们如鱼得水。

① 鼓行而西：借力天下大势

现在的管理机制有个AB角，形成决策补位机制，以保障组织无缝运行。A角的位置如果真的换成B角来坐，未必不行。残酷的是，历史只认A角。李渊就是隋唐乱局时期的A角，B角可能是李密，也可以把王世充、窦建德算上。传统戏曲开场很少以最重要的人物率先亮相，历史事件往往也如此，次要人物的出场都是在为主要人物做铺垫。故事，还在主要人物那里。

李渊，这个隋唐王朝频道转换的A角，首要任务是保证自己能按时出场亮相。有多少历史的当然A角，因为不能按时出场，就再也没有机会。能保证自己嗓子不倒，保证没有急病发作，保证没有交通事故，在演出前化好装坐等亮相，不是一件简单的事。有句话叫作戏比天大，名角背后一定有一套程序和策略保障，否则，名扬天下也未必能成名角。

太原举兵师出有名

卫尉少卿李渊御众宽简，很有凝聚力，跟随者众多。李渊相表奇异，又名应"十八子当得天下"的图谶，很早就被杨广所忌惮。杨广隐约觉得这是个威胁，一时间也确无蛛丝马迹，心胸狭窄的他怀疑的人很多，就没腾出精力专门来处理这个人、这件事。

613年，开国元勋司徒杨素之子杨玄感，起兵反杨广，虽然很快失败，但对朝廷造成的震动很大，各种消息满天飞。有一天，隋炀帝出行在行宫时，诏令李渊觐见。不巧的是李渊正在生病，迟迟没有出现。李渊的外甥女王氏在后宫，是隋炀帝一个普通的妃子，隋炀帝就问她："汝舅来何迟？"王氏赶紧解释，舅舅真的病得不轻，没想到隋炀帝来了一句："可得死否？"这是句口语，每个字都有字面背后的含义，意思有两个，一是难道是病重要死了才来不了？二是如果能死了最好。可以听成气话，也可以听成心里话。李渊听出了其中的含义，害怕了，于是纵酒纳贿以自晦，传递胸无大志的信息。

纵酒纳贿自保的事例历史上并不少见，要在一个藏字。此时的李渊，纵酒纳贿应该还只是自保的层面，可以本色出演。显然李渊不是真正沉迷酒色财帛，但此时此刻也未必真有大志。他感受到了潜在的危机，果断释放胸无大志的信息，是烟幕弹，显示了其应对危机的能力，背后是潜意识中对形势的判断。杨玄感新败，隋炀帝惊慌，局势不明，沉下去静待时机无疑是最佳选择。

御众宽简，相表奇异，名应图谶，三个突出特点，让人不得不疑。解读一下就是，八字克日，帝王之相，极具亲和力。杨广呢，刻薄寡恩，妒忌贤才，虽为君王，但在他人眼中的形象与李渊形成了鲜明对比，后来大家愿意依附李渊，和他的口碑关系很大。这纵酒纳贿的日子不长，也就一年多，风云突变，隋王朝在各地起义军的冲击中江河日下。此时，各色人等蠢蠢欲动。

首先，李渊的儿子李世民坐不住了，他找到了晋阳有名的文人侠士且做过地方官的刘文静。此刻尚在狱中的刘文静对形势做出一番分析："今主上南巡江、淮，李密围逼东都，群盗殆以万数。当此之际，有真主驱驾而用之，取天下如反掌耳。太原百姓皆避盗入城，文静为令数年，知其豪杰，一旦收集，可得十万人，尊公所将之兵复且数万，一言出口，谁敢不从！以此乘虚入关，号令天下，不过半年，帝业成矣。"李世民一听，笑了："君言正合我意。"从刘文静的这番形势分析，他组织十万人，李渊有几万人，谁加入谁？他对自己的估计很高，志大疏狂的特点有所表露。看得出刘文静此人早有大志，碍于出身和势力，必须找到合伙人。他是以合伙人的角色来发起这件事的，如此心态，早期当然是全力以赴，长此以往，对李氏家族而言，却是潜在的威胁和心头之患，后来被李渊痛下杀手，看来冰冻三尺非一日之寒。

说起来，李世民是个典型的官二代，却没有官宦子弟的毛病，还能年纪轻轻就结交各路义士侠客，实属难得。后来从他一众担任皇帝职务的子孙来看，唯有李隆基在这个年纪干出过类似的大事，诛韦后，斗太平，显露了一些太宗当年的风采。

此时李世民也就20来岁，他虽然左右联络计议，谋划大局，但真正管用的是鼓动父亲起事。世民开始鼓动说服李渊，虽然大部分的话是在重复刘文静的意思，难以想象一个20岁的年轻人能如此高屋建瓴，只能用天纵英才来解释，他对父亲说："今主上无道，百姓困穷，晋阳城外皆为战场。大人若守小节，下有寇盗，上有严刑，危亡无日。不若顺民心，兴义兵，转祸为福，此天授之时也。"此话一出，李渊大惊，紧张地说："汝安得为此言，吾今执汝以告县官！"取纸笔，做出要报告朝廷的样子。这是事关反叛的大节，父子之间，也不得不防。李世民成竹在胸，不紧不慢继续说："世民观天时人事如此，故敢发言；必欲执告，不敢辞死！"李渊说："吾岂忍告汝，汝慎勿出口！"第一次说服没有成功，并不是李渊顽固不化，而是李渊审时度势，并借机观察他这个儿子。

从后来大家劝说李渊的观点来看，李世民的观点并非他个人振聋发聩的创见，反而是社会热点的折射。当时关心政治的士人，几乎都在交流表达类似意见，并据此来决定自己的选择。所谓天时人事，就是客观环境和自己的处境，就是大局和大势，也是舆论的反映。当然，年轻人的表述总是会大一些，比如你翻看自己年轻时的日记，肯定对一些话感到惊讶，自己居然那时候就能说出这么多大道理，当时真有这么深的感受吗？人不会两次踏进同一条河流，就像一本书，二十岁读和四十岁读感受是完全不同的，可书上的那些话并没有改变。

第二天，李世民不顾李渊的犹疑，再次提起这个话题："今盗贼日繁，遍于天下，大人受诏讨贼，贼可尽乎？要之，终不免罪。且世人皆传李氏当应图谶，故李金才无罪，一朝族灭。大人设能尽贼，则功高不赏，身益危矣！唯昨日之言，可以救祸，此万全之策也，愿大人勿疑！"李渊叹道："吾一夕思汝言，亦大有理。今日破家亡躯亦由汝，化家为国亦由汝矣！"李氏当应图谶，已经让李金才灭族，已经让李渊这个世家大族、当朝重臣不得不装疯卖傻，这是悬在李渊头上的一把利剑。实际上，李渊应该早就在运筹谋划，这的确是他目前能够选择的最好道路。

李世民为了推动父亲早下决心，设法笼络了李渊的密友裴寂，这是给李渊提供信心的关键人物。裴寂虽然后来与李世民不和，但对于李渊而言，终身都是最好的朋友和最信任的部下。裴寂此时的身份是隋炀帝在晋阳的行宫内侍，是皇室的内务官员。以裴寂的身份，他对李渊也不敢张口就来，毕竟举旗起事关乎身家性命，这可是造反啊。于是，接受并赞同李世民的观点后，裴寂私下做出安排，他知道怎么和李渊沟通能让他尽快作出决断。

杨广造晋阳宫，自然有一些隋朝后宫的才人、宫女或被贬的嫔妃常住在此，他选择其中姿色与身份都不错的女子陪侍李渊。两人喝酒欢乐，酒酣耳热之际，裴寂从容说道："二郎阴养士马，欲举大事，正为寂以宫人侍公，恐事觉并诛，为此急计耳。众情已协，公意如何？"他说得很艺术，李世民这样做，一旦事发是要杀头的，我们都会受牵连。我们俩身边的这些个美女，都是隋炀帝的人，一旦走漏风声，牵扯出他的那些事，恐怕我们也会被砍头。我为了你担着大风险，你得想办法，当然，你家二公子的办法算是个办法，你考虑考虑。这个话给自己留着后路，万一李渊不反，甚至告发自己，那这就是一个挡箭牌，说明我并不是真反，只是畏罪自保。

铁哥们儿裴寂出面，李渊没有装腔作势，说："吾儿诚有此谋，事已如此，当复奈何，正须从之耳。"李渊没有在意裴寂话里打下的埋伏，但回应了一种结果：众情已协。大家都统一思想了，我还能怎么办呢，就振臂一呼吧。这里也打了个埋伏，意思是我也是没有办法。这是中国人说话的艺术，哪怕再近的关系，也有个套路在里面。当然，他裴寂也够坏，话里还有一层意思是你不举事，你在行宫的所作所为已是死罪一条。这也算是先把你放到水里，然后说我们不上岸不行了。其实，李渊未必不明白，揣着明白装糊涂，顺水推舟而已。

关键时刻，隋炀帝又主动来添了把火。以李渊与王仁恭镇守西北却不能御寇的罪名，要将两人带往江都听从发落。这是杨广在对自己雁北遇险秋后算账，北巡天下，竟然差点回不去了，能不窝火？算来算去，找不到具体负责任的人，放眼望去反倒都是救援和死守待援的功臣。无奈，只好说镇守北方的主帅不力，先押解到我这里来问话再行定罪。欲加之罪，何患无辞。只是，这种轻率的举动，一步步在把人心逼向墙角。

李世民与裴寂抓住这个送上门的机会，再次向李渊痛谏："今主昏国乱，尽忠无益。偏裨失律，而罪及明公。事已迫矣，宜早定计。且晋阳士马精强，宫监蓄积巨万，以兹举事，何患无成！代王幼冲，关中豪杰并起，未知所附，公若鼓行而西，抚而有之，如探囊中之物耳。奈何受单使之囚，坐取夷灭乎！"李渊实际已没有选择，秘密集结人马，准备起义。就在一切紧锣密鼓进行时，炀帝突然派出第二批使者，送来的是特赦令。估计是有人跟他说这么做不妥之类的话，无缘无故又特赦李渊及王仁恭，使复旧任。李渊当然不会再停下起事的脚步，却得以缓一步部署安排，不致仓促。此时，他确实还有很多事要做。除了要调集那些平时并不在岗的府兵外，更要说服意见领袖，影响周边众人的思想判断，在思想上达成上下一致。

李渊开始联络部署和思想动员。他在担任河东讨捕使期间，曾邀请大理司直夏侯端与自己搭班子，此人善占候（观天象望云气）及相人。他对李渊明确表态："今玉床摇动，帝座不安，参墟得岁，必有真人起于其分，非公而谁乎！主上猜忍，尤忌诸李，金才既死，公不思变通，必为之次矣。"李渊一听，虽然这个"真人"不一定是自己，但不奋力一搏，"死人"肯定是自己。留守晋阳的鹰扬府司马许世绪对李渊说："公姓在图箓，名应歌谣；据五郡之兵，当四战之地，举事则帝业可成，端居则亡不旋踵；唯公图之。"这句话有三个层次，现状不妙，进退可选，事在人为。行军司铠武士彠（武媚娘父亲）、前太子左勋卫唐宪与其弟唐俭等都劝李渊举兵起事，唐俭说："明公北招戎狄，南收豪杰，以取天下，此汤、武之举也。"大家的意见是，因势而动，应天受命，这是一项伟大的事业。

这一干人等的分析中，许世绪的话最值得琢磨，作为太原人，他对太原，也就是晋中平原这个地理位置应该做过参详。所谓四战之地，动则可四方出击，静则易被四面围击，从战略上来讲，宜攻不宜守。取攻势，东可出太行，南能压河洛，北可和戎狄，西能进长安。所以后来日军进攻华北后，并没有直接南下，而是西取太行，占领晋中平原，以便从西北向东南居高临下展开全面攻击，再配合东部海上力量，形成内外夹击之势，对中国研究得确实很透彻。而且他们侵略中国，居于攻势，占据晋中平原后，中国北方基本就在掌控之下。取守势，太原居于一个盆地平原之中心，四面来敌均能居高临下展开攻击，无险可守，所以解放战争中，徐向前部队按照中央部署，对太原围而不打，就是这个道理，陕甘有深厚的群众和军事基础，太行山又是八路军抗日根据地，此时的阎锡山居守势，太行山东边的傅作义不会全力支援，没有援军策应，阎老西只有被动挨打的份儿。再展开说一句，抗日战争中为什么太行山起这么大作用，从这个地形和从大的战略上讲，八路军根据地起初虽小，干的却是以攻为守的大事，他们立于势头，由小而大，势所必然。

所以许世绪说举事则帝业可成，端居则亡不旋踵，这个话的含金量相当高。李渊回答："汤、武非所敢拟，在私则图存，在公则拯乱。卿姑自重，吾将思之。"这算是创业团队统一了意见，表明了态度。

当时李建成、李元吉尚在河东，所以李渊迁延未发。此时有人比李渊着急——心高气傲的刘文静四处联络豪杰，身处危险之中，他找到裴寂催促李渊，强调："先发制人，后发制于人。何不早劝唐公举兵，而推迁不已！且公为宫监，而以宫人侍客，公死可尔，何误唐公也！"裴寂也是噩梦连连，担心李渊还没起兵，杨广先把自己处决了。毕竟，以宫人待客，不仅仅是皇室丑闻，还是诛九族的大罪。于是，他不断催促李渊起兵。李渊并非不急，临大事而有静气，开国君主出手就不同凡响。先是造势，让刘文静伪造皇上敕书发太原、西河、雁门、马邑等属地，要求民众年龄二十以上五十以下悉数征召为兵，年底前于涿郡集结，名义是出击高丽。本来大家就苦于劳役，如此一来，人情恟恟，思乱者益众。先把局面搞乱，李渊再出面收拾乱局，引导大家举旗起义。

617年，李渊举旗反杨广，颁布三项政策，一出手就与李密等一众农民起义军拉开了距离。一是由裴寂等请尊天子（隋炀帝）为太上皇，立在西安的代王为帝，以安隋室，说明隋朝仍是正统，我不是反朝廷，而是代表朝廷整治这纷乱的天下，朝中大臣现有的位置都还在，富贵荣华都还有；二是移檄郡县，给各个郡县发文，告知天下，情况要变了，但只要你配合，什么都好说；三是改易旗帜，杂用绛白，以示突厥，这是一种无奈的折中，告诉突厥我们是一伙的，不能明说，又不能不说。

这些处理办法中都包含着政治智慧，每一个举动都直指人心，给每一方都有交代。战争是什么，战争是用武力说服各方力量的过程，既要说服对手，更要说服天下芸芸众生。后来我们把最早发起一件事的人叫先行者。牛顿说自己发现地心引力是踏在巨人的肩膀上实现的。在反杨广这件事上，先有杨玄感，后有李密，还有窦建德、翟让，到后来王世充篡权，宇文化及谋逆。总之没有人不反杨广，这就把各种理由埋在了这反杨广的旗帜下面。其实，此时反杨广就是句口号，是个由头，是谁都可以绑在剑柄上的一道符而已。这个时期，可以说是一个军阀横行的过渡年代，隋政府虽然还有些财力，却已经失去了号令天下的权力。谁能取代杨广？在一片纷乱中，谁最先看清这局面，就是谁。

李渊自己也说："此可谓'掩耳盗钟'，然逼于时事，不得不尔。"李渊口中的所谓时事，一是隋炀帝仍然在位，视而不见无异于掩耳盗铃；二是各郡县盗匪蜂起，给各郡县发文也就是个形式；三是改易旗帜以示突厥，旨在取得支持，不是交朋友，而是搞联盟。

李渊为人随和，却是个很谨慎的人。大旗举起，前途未卜，首要的问题当然是稳固根据地晋阳。此时，西河、雁门、马邑等属地，唯有西河郡丞高德儒拿造反说事，不听从李渊的命令。西河郡丞高德儒认为自己是奉天承命，决心如自己名字的含义一样，站在正统的一边，维护皇朝的权威。以各地起义军的遭遇看，高德儒的选择也未必叫作不识时务。作为李渊的直接属下，却在接到通知后不予执行，是可忍，孰不可忍。西河郡是太原地区目前观望群体中，唯一跳出来表示不服的死硬分子，不打掉他，就会有人跟风。西河是自己的辖区，既不能秋风扫落叶，又不能一味涵容优待，这就好比李渊打隋炀帝，既要打，又要抚，用两手还不够，可能还得三手四手。西河郡不大，力量不算强，但这一仗意义重大，包含太多信息，释放太多信息。总之，这一仗，要起的作用就是示范。一支新的军队，兵怎么带，仗怎么打，李渊心里还没底。李渊部署李建成、李世民带兵出击西河，同时命太原令温大有与之偕行，算是加个保险，并语重心长地交代跟随自己多年的温大有："吾儿年少，以卿参谋军事；事之成败，当以此行卜之。"没想到，温大有还跟不上这兄弟俩的节奏。

李建成、李世民兄弟多管齐下，完美诠释李渊没说出来的意图。一是身先士卒，"时军士新集，咸未阅习，建成、世民与之同甘苦，遇敌则以身先之"。二是不拿群众一针一线，"近道菜果，非买不食，军士有窃之者，辄求其主偿之，亦不诘窃者，军士及民皆感悦"。三是不强人所难。军队开至西河城下，"民有欲入城者，皆听其入"。义军所至，百姓无犯。四是祸不及众。郡丞高德儒闭城据守，不听劝告。城门攻破后，将高德儒押至军门，李世民给他扣上个大大的帽子："汝指野鸟为鸾，以欺人主，取高官，吾兴义兵，正为诛佞人耳！"然后斩首。自余不戮一人，秋毫无犯，各尉抚使复业，远近闻之大悦。李建成等出兵得胜返回晋阳，共九天时间。李渊大喜："以此行兵，虽横行天下可也。"这一仗，虽只是打下小小一个西河，更重要的是收服民心。作为带兵之人，懂得真正的胜利是战争结果给人民群众带来正向的影响。

根据地平定，战斗练兵效果显著，李渊终于安心确定西入长安的大计。择吉日，于军门召开誓师大会，率甲士三万兵发晋阳。移檄郡县表明出兵拥立代王，所谓师出有名，其实是师出有民，任何大的军事行动，没有民众的认可和支持，都如无本之木，此时民心思定，民心求正，民心跟风，必须打出正规军的旗号，李渊家族及刘文静等，确非草莽能比拟。其实，这也是一支多方力量组合起来的部队，三万人中包括了刘文静联络的部分农民起义军和西突厥阿史那大奈带领的部分骑兵。

大张旗鼓起兵之后，不到一个月李渊集团即面临着最艰难的一次抉择。这次抉择中的矛盾，完全是战略路线的分歧，背后是对民心所向的重视程度，以及重大战略的执行力度。根据《资治通鉴》记载，李世民在这次霍邑转兵事件中展示了绝对的大局观念和理想信念。谋略和信念，在一件事情的成功上谁更重要？关于这次转兵，船山先生专门对每个人的表现作出评价，凡读《资治通鉴》者都会见仁见智，都会反复地读，都会击节唏嘘。

一场大雨多日不停，部队来到霍邑，被宋老生的部队挡住，西进被逼停。作为一支新军，做不到粮草先行，粮草供应体系并不健全，行程耽误后，不能从计划攻克的城池中取得补给，军中粮草供应出现问题。作为起义的首倡者之一，极富谋略的刘文静单骑赴突厥借兵，能不能在计划的时间借来兵马，估计结果不是那么乐观。而此时有关于突厥另部与刘武周（盘踞在晋阳北边的军阀）乘虚进攻晋阳的信息传来，虚实难辨，人心惶惶。

李渊召开军事会议，主题是谋北还，暂时撤军。以裴寂为代表的退守晋阳派认为，要进攻的宋老生、屈突通连兵据险，难以一举攻克；东边的李密表面同意配合，背地里怎么想怎么做难以预料；说好了合作的突厥贪而无信，唯利是图。而正在打晋阳主意的刘武周，"事胡者也"，是突厥的走狗，借机乘虚而入的可能性极大。太原作为一方都会，位置重要，且义兵家属都在此地，不如还救根本，更图后举。李世民强烈反对，提出："今禾菽被野，何忧乏粮！老生轻躁，一战可擒。李密顾恋仓粟，未遑远略。武周与突厥外虽相附，内实相猜。武周虽远利太原，岂可近忘马邑！本兴大义，奋不顾身以救苍生，当先入咸阳，号令天下。今遇小敌，遽已班师，恐从义之徒一朝解体，还守太原一城之地为贼耳，何以自全！"李建成亦持此观点。

太原在李渊心中，地位如何，无须多言。所以，世民说得再慷慨，他也听不进去，决定当即引兵北撤。会后，世民准备再次入谏，天色已晚，李渊已在帐中睡下；被卫士拦在外面的李世民着急加失望，失声痛哭，声入帐中。李渊召问，李世民声泪俱下痛陈："今兵以义动，进战则克，退还则散；众散于前，敌乘于后，死亡无日，何得不悲！"李渊乃悟，说："军已发，奈何？"李世民一看有戏，马上说："右军严而未发；左军虽去，计亦未远，请自追之。"李渊苦笑道："吾之成败皆在尔，知复何言，唯尔所为。"李世民乃与李建成分道夜追左军复还。此时，太原运粮也正好到达，解了燃眉之急。一夜之间，在李世民的坚持下，稳住了阵脚。

所谓一鼓作气，此次出兵的要义在"势"，在事情的后续影响，而不在一城一池的得失。有的时候，再难也要挺过去，就是这个道理。挺过这一关后，李渊的西进计划才算是步入正轨。鼓行而西并不是李渊他们家的专利，李密最早就跟杨玄感提出了鼓行而西的中策，刘文静等早就对此策略熟稔于心。当时要取得政权，无非三条路，首选是突袭东都拿下洛阳，关键在突袭；其次是西进长安，占据关中；再次是南下斩首，干掉隋炀帝杨广，这其实就是李密的上中下策。为什么李密和杨玄感都没有选这看起来大家都知道的正确路线？当时大家身在局中，权衡再三，你要是李密，很可能也会像他那样选。你想，东都是当时的权力运行中心，文武百官十之七八都在东都，而东都以东以南，沃野千里，粮草充足，当时的黄河北和黄河南，都是粮仓。一旦攻下东都，南取江淮，西抚关中，就一切顺理成章。但还是那句老话，油水多的地方容易滑倒。大家都盯着这个地方，东都城内的力量会死守着锅里的这块肥肉。争来争去，容易把局面搅成一团麻。鼓行而西呢？没有看起来那么美，就算费好大劲拿下长安，也只是有了立足之地，还得要东出潼关，决战洛阳。远路易达，并不是那么好理解的道理。

要取得天下的部队，一定是人心所向的部队。做成大事，必须解决一个你是谁、为了谁的问题。都是打仗，明白自己为什么而打，就会打得理直气壮。李家出兵代表王朝正统之师，坚持西进长安，宣称拥立代王，堂皇而行，于兵法而言，由奇而正，遇敌则军势自胜一筹。当是时，李密和王世充在东都混战，杨广在江淮缩着头放纵，窦建德等在燕赵大地举旗，既反暴政，亦拒突厥。大家心里还是盼着统一安定，那么如果有人在长安给大家一个期盼，自然从者如流。人们此时并不是一定要反隋，而是恨杨广，要安定。所以，李渊的鼓行而西，是救大家于水火，并不是反隋，他的旗号是维护隋朝的，他的口号是主持正义，他的目的当然是一统天下。

剑指长安进退有据

李渊做事，善于收服人心。李渊收服人心的举动几乎体现于每一件事当中，但有一件，看起来不大，意义却非同小可。

李渊在霍邑决定进兵后，经历了一场艰苦的战役，扫平了宋老生。对这次霍邑战役的意义，前面已经论述再三。得以挺过最难的时刻，自然要论功行赏。这是李渊举义之后第一次大规模赏功，这本是一件人人高兴的事情，但由于一些出身卑微的人同样因战功得到晋升或赏金，队伍中议论开了。"军吏疑奴应募者不得与良人同"，赏罚分明要不要讲出身，这是个问题，也是个舆情。这支部队本身构成就比较复杂，在战斗中，大家不计较身份，可如果一个奴仆的军功超过主人，以后他们怎么相处？中下级军官怎么管理军队？事件反映到了主帅李渊这里。李渊早有计议："矢石之间，不辨贵贱；论勋之际，何有等差，宜并从本勋授。"良人与奴，在当时要突破身份界限是件很不容易的事。但李渊做到了。在矢石之间，他消除了两种身份界限。结果自不待言，归者如流，骁勇如虎。李家部队后来涌现一批平民将领，也得益于这个突破。

李渊接见霍邑吏民，"劳赏如西河，选其丁壮使从军；关中军士欲归者，并授五品散官，遣归"。即使对那些不愿意留下的关中军士，也给个没有成本的散官，让他们离开后还算自己人，很多人因散官的身份成为传播李渊政策的火种。有人进谏发出去的官帽太滥，李渊解释："隋氏吝惜勋赏，此所以失人心也，奈何效之！且收众以官，不胜于用兵乎！"李渊这看似有些随意的收服人心的动作效果显著。"时河东未下，三辅豪杰至者日以千数。"都是打仗，都是攻城略地，效果和影响不同，战争的质量和成败也不同。

鼓行而西是既定战略。在引兵西指长安途中，函谷关是绕不过的坎。唐军在函谷关一带遭遇到屈突通的顽强抵抗，攻城一时间难以奏效，将领们对继续攻还是舍弃攻看法不一，李渊有些犹豫不决。又一次的战略抉择摆在李渊家族面前，依然是李世民对战争的认识独到，展现了其对战争影响力决定战争成败的清醒认识。

又是裴寂说："屈突通拥大众，凭坚城，吾舍之而去，若进攻长安不克，退为河东所踵，腹背受敌，此危道也。"坚城不拔，必为后患。从战术层面看，有理有据。他提出："不若先克河东，然后西上。长安恃通为援，通败，长安必破矣。"李渊部作为一支流动部队，如果腹背受敌，确实危险，所以裴寂主张哪怕退半步也要先拿下屈突通。

李世民提出："兵贵神速，吾席累胜之威，抚归附之众，鼓行而西，长安之人望风震骇，智不及谋，勇不及断，取之若振槁叶耳。"顺势而下，才能摧枯拉朽。出其不意，才是神兵天降。"若淹留自弊于坚城之下，彼得成谋修备以待我，坐费日月，众心离沮，则大事去矣。且关中蜂起之将，未有所属，不可不早招怀也。"他认为屈突通仅一守虏而已，不足为虑。守虏，就是坐地虎，他们的原则往往是，你要和我抢地盘，我和你拼命；你只是路过，那我朝天鸣枪送客。如果留下来攻城，费时费力不讨好，关中乱哄哄的局面一旦改变，敌对势力稳定下来，就会形成对抗，蜂拥而起的各路人马势必成为被隋朝招安的一部分。而城里的屈突通，就类似于红军北上抗日时遭遇的四川军阀，你不打他，他也不会出城打你，甚至还送点粮食给你请你赶紧离开；你要打他，他必然坚守，逼急了，出城反击一把也未可知。这就是李世民两个字概括的"守虏"，性质一定，已不足为虑。说到"淹留自弊于坚城之下"，李密多次犯下这种错误，导致一支最强的军事力量沦为盗匪之流。李渊都听进去了。他善于折中，留诸将围河东，自引军而西。

果然，以迅雷不及掩耳之势，李渊部队来到了长安城外。"庚申，李渊帅诸军济河；甲子，至朝邑，舍于长春宫，关中士民归之者如市。"关中人心归附李渊，其实还是归附朝廷，大家想有一个安定的朝廷。代王领东宫守长安，他在隋炀帝心中的位置并不高，留给他镇守长安的力量也不强，几乎就是个摆设。李渊命诸将攻城，没多久，军头雷永吉率先登上城墙，遂克长安。

攻城之前，李渊就强令"毋得犯七庙及代王、宗室，违者夷三族！"李渊军队攻入长安，隋军及代王左右大臣忙于奔散，唯侍读姚思廉侍侧。攻城进来的军士呼啦啦就要登上大殿，姚思廉站在殿前厉声喝止。他为了保住代王和自保，说出了李渊想说的话："唐公举义兵，匡帝室，卿等毋得无礼！"众皆愕然，布立庭下。李渊指示，听由姚思廉扶代王至顺阳阁下，泣拜而去。迎代王于东宫，迁居大兴殿后，李渊拿下长安并安置好代王之后，自己的司令部并没有进城，选择在长安城外的长乐宫住下，与民约法十二条，废除隋朝一批苛法禁令。李渊的这次约法，在历史上的影响没有刘邦的约法三章大，收获的实效却一点也不少。

李渊在太原起兵，长安留守官员以谋反的罪名挖了他的祖坟，毁其五庙。古代诸侯立五庙，即父、祖、曾祖、高祖、始祖之庙，这是极为严重的伤害，仇恨可能延续至子孙多代。这些人万万想不到，也就不到一年时间，李渊拿下长安。此时，牵头干这件事的卫文昇已卒，李渊以贪婪苛酷且拒义师的罪名，将阴世师、骨仪等其余十几个主要参与者处斩，其余一律不再追究。在那个"冷媒介"传播时代，如何引导舆论？主要看施政手段，或者说政策示范。祖坟被挖，居然只处决了直接相关的十余人！可以想象，当时参与这件事的有多少人，有一些甚至是此时正在拱手言笑的要人、友人、善人，甚至你明明知道他们当时的表现和态度，也不再计较。这是一个不一般的胸怀。怎么告诉大家李氏王朝的既往不咎和宽厚为本，就得从这最难处着手。后来李泌力阻肃宗要对李林甫挫骨扬灰的想法，也是一个道理。于最难处着手，取得突破，一系列政策和态度就能深入人心，是高明的政策发布和舆论引导的一个普遍特点。

李渊备法驾迎代王即皇帝位于天兴殿，大赦，改元，遥尊炀帝为太上皇。完成这一系列昭告天下的仪式后，李渊才从长乐宫进入长安城。将时年13岁的代王扶上皇帝宝座，将自己反对的对象，真正的敌人杨广尊为太上皇，然后自己才进入长安，这是做给别人看的，这就是舆论战。从当时形势来看，他这么做，也是因为矛盾的焦点不再是杨广，而是各股势力交汇后的博弈，是天下人心。他此时的举动，要给自己和各个方面找到一个理由，一个台阶。杨广知道自己被践踏愚弄，已经无可奈何；李密已经错失打出这面旗帜的机会，他曾经比李渊更早有这样的机会；窦建德之流还不具备这个实力，只能观望自保。至少在名义上，李渊给自己找到了合法合规的实体平台，可以继续隋朝的衣钵。

"唐王既克长安，以书谕诸郡县，于是东自商洛，南尽巴、蜀，郡县长吏及盗贼渠帅、氐羌酋长，争遣子弟入见请降，有司复书，日以百数。"各地慌不择路的地方官员，瞬间说服了自己，投向长安，并暗示自己并没有背叛朝廷，为了保护治下子民和一方平安才投向李渊，心有余悸之时终于心安理得。很多郡县的长官其实也是急于找到一个合法身份，真正纳入王朝管理，还有一段距离，甚至，还需要一场厮杀。

长安是隋朝官方意义的首都。隋炀帝杨广并不经营长安，也不经营洛阳，而是对扬州情有独钟。当然，从隋唐开始，中国的经济重心确实已经开始南移，江浙鱼米之乡的优势开始显现。杨广在江南打仗并任职，他作为次子在太子之争中获胜，与他拥有富庶的江南做后盾不无关系。除去龙舟的魅力，他必然是切身感受到了江南经济的力量，才八头牛拉不回地下扬州。但经济重心的转移是一个缓慢的过程，在政治面前，又显得更加间接一些。此时，战略高地还在长安，据险而守，伺机而进，进退有据，才是制胜王道。

618年，"春，正月，隋恭帝诏唐王剑履上殿，赞拜不名"。赞礼官不直呼其姓名，是一种朝见的特殊礼遇。这种礼遇背后，是满满的实力在说话。既然身居正统，就要担起责任，洛阳正处于李密的包围之下，大半个朝廷在东都，唐王必须有个态度。于是，以世子李建成为左元帅，秦国公李世民为右元帅，督诸军十余万人救东都。局面颇为微妙，因为东都洛阳的局势无所谓救或者不救。李渊占领长安及西北一片，李密主导河东一片，宇文化及顶着隋炀帝的那套破旧行头从江南往西往北找出路，河北一带有窦建德等起义部队，怎么证明你就是代天理物的天子呢？志在天下，呼声最高的当然是李密和李渊。此时，李密急攻洛阳，陷入多方作战的泥潭，作为各路义军统帅，死守着洛阳这块已经没油水的肥肉，自然不愿唐军插一杠子。李渊虽然打着正统的旗号，干的却是和李密差不多的事，谁是敌人，谁是盟军，只有自己清楚。

李建成、李世民等赶到东都外围，屯军于芒华苑。李密派出一支部队拦截，双方小战，各自退兵。试探性地交手，也只是给出擦枪走火的说辞。此时，实力相当，谁都不愿意撕破脸。事实上，李世民根本就没打算进攻东都洛阳。他说："吾新定关中，根本未固，悬军远来，虽得东都，不能守也。"甚至，洛阳城中很多李渊故旧派人送信可以作为内应，都被李世民拒绝了。所谓救东都，也是为了展示自身的合法性。所以救东都要大张旗鼓，但未必真枪实弹。

此时，发生了一件大事，杨广被弑。死讯传至长安，李渊继续了既有的策略，当众恸哭。李渊称："吾北面事人，失道不能救，敢忘哀乎！"哭得惊天动地，文章做足，也意味着李渊终于等到了号令天下的时候。杨广的历史终结，隋朝这个品牌的价值也就宣告结束，再以代王为托词，就是与天下为敌了。于是，隋恭帝禅位于唐，逊居代邸；唐王即皇帝位于太极殿，"遣刑部尚书萧造告天于南郊，大赦，改元。罢郡，置州，以太守为刺史。推五运为土德，色尚黄。……壬申，命裴寂、刘文静等修订律令。置国子、太学、四门生，合三百余员，郡县学亦各置生员"，一切进行得有条不紊。

李渊的所作所为，符合了拨乱反正的民意。一年多以来，李渊部几乎所有大的战略，都是顺应了这种需求，释放了即将进入正轨的预期，体现了正统的理念。背叛者，是一个道德判断词。没有人说李渊是一个背叛者，似乎他做的一切都是对的。真是这样吗？隋唐总是被连在一起表述，不是没有原因的。换一个角度思考，李渊和杨广是表兄弟，李渊又是隋朝重臣，他不过是替这个不争气的表兄挑起了天下这副担子而已。杨玄感其实有这个身份，可惜他没有这个见识。李密有这个见识，可是他没这个身份，最终把自己变成了一个反叛者，与朝廷进行你死我活的战斗，又随意投降，把自己搞成一个逐利者形象。寻找事情背后的逻辑，常常会让自己吓一跳。原来，很多事情真不是你听到或看到的那样。

事情总是没有看起来那么简单。

二　北伐东征：出不世奇兵

美国政治学、传播学学者拉斯韦尔的博士论文《世界大战中的宣传技巧》，对战争中的宣传做了较为系统的研究。他提出舆论在战争中的作用几乎就是一个独立存在的战场，就像故事发展的暗线，不但对明线产生深远的影响，还似空气般弥漫在忽明忽暗的战壕中，影响着军心，左右着战场上空的气势，难以把握，又真实存在。战争需要造势，所谓势不可当，避锋而藏，逆锋而动，驭锋而行，胜败就在那电光石火一瞬之间。李世民打仗，讲究师出有名，有的仗必打，有的仗必胜，有的仗打得胶着，有的仗打得酣畅。他就是那个高明的猎人，平心静气地闻着战场的硝烟，感知着军心、人心的律动。这种人心的律动，在战场上会被成倍放大，直至影响战争的走向。如何造势先声夺人，如何借势扭转局面，李世民上演了超越教科书的传奇。

奇正互换扫平薛举

经破薛举战地

李世民

昔年怀壮气，提戈初仗节。心随朗日高，志与秋霜洁。

移锋惊电起，转战长河决。营碎落星沉，阵卷横云裂。

一挥氛沴静，再举鲸鲵灭。于兹俯旧原，属目驻华轩。

沉沙无故迹，减灶有残痕。浪霞穿水净，峰雾抱莲昏。

世途亘流易，人事殊今昔。长想眺前踪，抚躬聊自适。

在这首诗中，作为一个胜利者，李世民对扫平薛举的两次战斗进行了美化，所谓一挥氛静、再举鲸灭，实际是一挥大败，再举大胜。但这次战斗也好，其他战斗也罢，李世民出兵，总有基本判断在先，战略决策停当才出手，往往事情还没开始，大局已经了然于胸，实非常人所及。一旦不按他的思路出牌，就会出问题，在扫平薛举、薛仁杲父子的行动中，殷开山、刘文静自以为是，尝到苦果。

群雄并起，其中包括以兰州为根据地称帝的薛举。《旧唐书》记载："（薛）举容貌瑰伟，凶悍善射，骁武绝伦，家产巨万，交结豪猾，雄于边朔。"几股主要军事力量都在中原缠斗，这位"西秦霸王"在西北崛起得很快，取得突厥部分游骑和岷山羌族武装的支持后，他以天水为据点向关中试探性攻击，试图在这片肥沃的平原取得一席之地。薛举进逼高墌（今咸阳长武县北，离长安很近），游兵至于豳、岐（今天的彬县和岐山），先头部队没遇到什么抵抗就进入关中腹地。

这些年，打仗的事都是秦王出马。李世民带队从长安赶到高墌。他分析薛举孤军深入，粮草必然不足，确定了深沟高垒的战略，坚持对垒而不出战。静待战机的另一个重要原因是刚刚驻防到位，李世民就得了疟疾，只好将军事指挥交于长史兼纳言刘文静、司马殷开山。躺在病床上的李世民对这次战役做了基本部署，告诫他们俩："薛举悬军深入，食少兵疲，若来挑战，慎勿应也。俟吾疾愈，为君等破之。"如此看来，只要固守，这场病也就算个天然沙漏，计算着时日，病愈之日，敌势将尽，战机正好浮现。

殷开山绿林出身，对李世民这位二公子还没有太当回事，当时没说什么，退出后挑动刘文静："王虑公不能办，故有此言耳。且贼闻王有疾，必轻我，宜曜武以威之。"于是他俩决定，将队伍从城中拉出，陈兵于高墌西南，恃众而不设备，摆出主动攻击的架势。

薛举能雄霸一方，自称天子，非等闲之辈。看到唐军轻出，露出了后背的破绽，潜师掩其后，在一支骑兵乘着夜色包抄唐军后路到位后，于浅水原区域对唐军展开前后夹击。唐军八总管所领八营队伍皆败，士卒死者十之五六，大将军慕容罗睺、李安远、刘弘基战死。薛举"遂拔高墌，收唐兵死者为京观"。所谓京观，就是把战死的唐军将士尸体集中展示后掩埋，意在示威。这种做法彻底激怒李渊，以至于后来一向宽宏的李渊都不同意宽大薛举所部降兵。

深得李世民信任和倚重的刘文静等一时冲动，造成大败，遭革职处分。刘文静虽然在太原举旗中居功至伟，但在后来的系列战斗中表现得志大才疏、眼高手低。不得不说，刘文静展现出的谋划能力强于实战操作。李世民被迫于病中带领败军退回长安。这一次，算是他常胜战争生涯中极为遗憾的败仗。

秦王李世民病好了，领军返回高墌城外。抗击薛举进攻的任务还得他出马，此前将令不行，败得窝囊，必须找回这个场子。攻守对阵格局反了过来，现在城中是薛举的守军。薛举之子薛仁杲正在胜利的势头上，采取了和此前刘文静一样的策略，自己坐镇高墌，派宗罗睺带兵驻守城外，攻防并举，以攻为守。薛举部队本来就处于攻势，这样部署并无瑕疵。宗罗睺数次挑战，李世民还是选择坚壁驻地愣不出战。这次唐军是来攻城，却不发动进攻。就这么两军对峙干耗着，大家不理解，诸将请战，李世民只好解释："我军新败，士气沮丧，贼恃胜而骄，有轻我心，宜闭垒以待之。彼骄我奋，可一战而克也。"传令军中："敢言战者斩！"

他在等战场上奇正之势的转换，此时，敌军新胜，气势正旺，处于攻势，为正兵；己方乍败，军心待聚，尚处守势，为奇兵。从另一个角度来看，李世民部队背靠长安，有后方纵深，可谓正；薛举部队孤军深入，成分复杂，可谓奇。

如此相持六十余日，薛仁杲粮尽，其将梁胡郎等率所部来降，部队力量分化，人心开始躁动。其间，薛举部队没有出击是因为主帅薛举一病不起，在营帐中病逝。他手下最得力的大将郝瑗伤心哀痛，居然因此也抱病不起，由是群情不定，军势浸弱。薛仁杲残暴而自以为是，与多位将领互不买账；临阵继位，众心猜惧。善于做情报工作的李世民，得知薛仁杲将士离心，多次挑战没有找到决战机会，军心疲敝，认为奇正之势已然转换，决定出手。

从哪里跌倒，还得从哪里爬起来。战略实施区域还是上次兵败之地浅水原，此处地势开阔却缓慢抬升，连接山垣和沼泽，天然具有战略纵深空间。李世民命行军总管梁实率一支部队在浅水原活动，诱敌出战。此军任务极为关键，须先为饵兵，再为奇兵。本来就想早日一战的宗罗睺发现唐军异动，似乎是拉开了架势，认为是唐军熬不住了，大喜，精锐尽出，意欲一攻得手。此时，梁实按照既定部署，在浅水原唯一的高地坚守不出。这次坚守不容易，因是诱敌之兵，临时驻扎，营中无水源，人马不饮者数日。宗罗睺攻之甚急，只有拿下浅水原的梁实部队，才能从根本上逼近唐军。一方在进攻中寻找机会，一方在坚守中等待战机。如果有电话，一定会看到李世民对杀红了眼的梁实狠狠地强调，哪怕拼光最后一个人，也要坚守二十四小时。

从梁实部的形势看不能再等了，度贼已疲，李世民终于对嗷嗷请战的将领们说："可以战矣！"天亮不久，派右武侯大将军庞玉正面陈兵浅水原，摆开架势。宗罗睺集合部队攻击，庞玉正面迎战几不能支。此时，李世民引大军自浅水原北出其不意掩杀过来，宗罗睺只好分兵转身应战。原来，李世民通过浅水原佯兵调动敌军离营，主力乘隙插入敌后，将自己部队一分为三，形成南北夹击、中间开花的局面。李世民的风格，一旦出击，就势如破竹，绝无犹疑。亲率骁骑数十冲锋陷阵在前，先前被围困的唐兵此时成了反包围的一极，表里奋击，呼声动地。宗罗睺士卒大溃，被斩首数千级。

一战而胜。冷兵器时代，杀敌一千，自损五百就是大胜。经历一场苦战，尤其是庞玉和梁实部，损失较大，理应收兵整理战果，再图后举。可是，李世民根本不容商量，整理能机动的仅二千余骑兵，二话不说，不卸甲，不下马，领着这两千多人马追击宗罗睺残兵，直奔高墌城门。看着外甥似乎急于求胜的鲁莽进击，亲舅舅窦轨叩马苦谏："仁杲犹据坚城，虽破罗睺，未可轻进，请且按兵以观之。"李世民解释："吾虑之久矣，破竹之势，不可失也，舅勿复言！"李世民打仗，不会只考虑打赢面前的敌人，他要的是整个战役的胜利。此次再征薛举，是要拿下这支部队，至少把他们赶出关中。击溃宗罗睺，只是一步关键棋，目标在城里。

薛仁杲听说前锋败绩，颇为意外，立即陈兵于城下，拉开决战架势。李世民率两千骑兵据泾水拉开阵势。背泾水摆开部队，无疑是将自己的部队置于死地而后生。背水一战，是指处于绝地奋起反击，战成怎样算怎样。而此时，刚刚大获全胜的李世民，居然选择背水布阵，可以分析为被胜利冲昏头脑，轻兵冒进，也可以解读为一鼓作气，胜券在握。其实，这么布局，皆因战机稍纵即逝，既要形成大军压城的威慑，从气势上压倒守城部队，更重要的意图是扼守河岸，阻止败窜的敌军向城里靠拢，切断城里城外敌军合流的可能。还有一点，背水列军，城里敌军慌乱间难以判断后续部队情况，绝想不到李世民两千来人敢自处死地，这是一步险棋，也是仅存的一举制胜的战机。

果然，列开阵势不久，薛仁杲手下骁将浑幹等数人以为大势已去，临阵来降。事实是，经历两个多月的对峙，发生了太多事，薛部已经凌乱到不堪一击。此时，大军在城外溃败，秦王秋风扫落叶的气势让本就内心动摇的这些将领首先选择自保。薛仁杲本意决战，在李世民的气势前，内心的忧惧占了上风，引兵回城据守。就在这倏间一来一回的心理较量中，薛仁杲失去了唯一的战机。他很难想象，秦王带领两千多人敢横刀跃马于几万人马阵前。

小半天的工夫，太阳快要落山时，秦王大军在清理战场后相继赶到，将高墌城团团围住。李世民用两千多骑兵，改变了再次鏖战的拉锯局面，将薛仁杲部变成困守孤城的瓮中之鳖。夜半，守城者争自投下。"仁杲计穷，己酉，出降；得其精兵万余人，男女五万口。"诸将皆贺，因问："大王一战而胜，遽舍步兵，又无攻具，轻骑直造城下，众皆以为不克，而卒取之，何也？"常识之外，才有胜机。他们没有想到，秦王根本就没有打算攻城。他要的是奇正相生相克间不战而屈人之兵。李世民对兵法的问题，总会不厌其烦地解释探讨，这次在战场也不例外，他给各将领复盘："罗睺所将皆陇外之人，将骁卒悍；吾特出其不意而破之，斩获不多。若缓之，则皆入城，仁杲抚而用之，未易克也；急之，则散归陇外。高墌虚弱，仁杲破胆，不暇为谋，此吾所以克也。"宗罗睺所率部为薛举精锐部队，战斗力很强，我们靠奇兵击破他们，一战虽溃，死伤未过半，大部分都会逃向城中与薛仁杲会合。如果等薛仁杲收拢败部，摆布停当，实力依旧不可小觑。而马上追击，败兵则只能四处逃窜，根本来不及整合，那么高墌城中虚弱不说，人心惶惶，不知所措。李世民用兵如神，可见一斑。当是时，众皆悦服。

李世民所得降卒，仍然由薛仁杲兄弟及宗罗睺、翟长孙等统领，与之射猎，无所疑间。这等气度，让一众降将畏威衔恩，皆愿效死。从降军中发掘人才，是李世民的一贯做法。他听说薛举军中有个褚亮，文武兼备，是个人才，亲自求访，礼遇甚厚，引为王府文学，后来为秦府十八学士之一。这些举动背后，都是人心的征服。扫平薛举，关中以北基本稳固，为李渊集团筹划东进打下基础。

捷报传来，李渊派人指示李世民"薛举父子多杀我士卒，必尽诛其党以谢冤魂"。一向温和的李渊都咽不下这口气。刚刚投奔过来的李密不做一把手后，头脑又开始清醒无比，他懂得李世民的高明，进谏："薛举虐杀不辜，此其所以亡也，陛下何怨焉？怀服之民，不可不抚。"李渊也就忍了这口气，就势派暂时无所事事的李密迎秦王李世民于豳州。李密何等人物，自恃智略功名，见李渊犹有傲色，这趟差事本也不太高兴接，碍于失势，带着李渊的各种奖赏敕令，前往迎接得胜之师回朝。见到李世民，不觉惊服，私下对旧部殷开山说："真英主也！不如是，何以定祸乱乎！"李密还真没怎么佩服过谁。

两次打薛举，李世民用的是一种战术，只是第一次没能执行。他出征时，就已经打算和对方耗上三五十天。面临敌人强劲的攻势，是以攻为守，还是以守为攻？李世民苦守大营而不应战，是因为他知道自己当时还不能击溃对方信心。他喜欢侦察，喜欢做功课，善于分析，所以他知道薛举部队熬不过自己。为什么《资治通鉴》记载打薛举叫平定，而不是攻破？因为薛举是异军突起，勾连外援，远途奔袭，一旦得手，必得寸进尺，一旦失势，必作鸟兽散。面对这种阵风式奔袭，须立得定脚跟。

当李世民率两千多骑兵屹立在泾水岸边时，就是奇正互换的那一刻，也是考验一个人信心和决心的关键时刻。一切都在按照李世民的预设发展，这一刻是李世民的时刻，别人可没有如此手笔。没有这一刻，这场仗还得打上一阵子。当然，军心聚难散易，薛部作为进攻军队，在时间的消磨中，变成了困守孤城一方，攻守易势，胜负已分。

在这坚守的几十天里，李世民一定遭遇了多方的劝谏和来自长安的压力。当你面临铺天盖地的舆论攻势时，你敢不敢坚持己见而不妥协，取决于你对自己的信心。仓促应战，正中下怀；哑口无言，是将话语权拱手相让。敢不敢在突然袭来的舆论攻势中我行我素，能不能在止谤以默中待机而出，要看你自己，要看你的对手，要看你必胜的信心。

围城打援破郑灭夏

还陕述怀

李世民

慨然抚长剑，济世岂邀名。星旗纷电举，日羽肃天行。遍野屯万骑，临原驻五营。登山麾武节，背水纵神兵。在昔戎戈动，今来宇宙平。

621年，秦王二度逼近东都洛阳，此时守洛阳的"天子"是隋朝酷吏、自号"郑国皇帝"的王世充。秦王的攻城策略是三断，断粮、断水、断路，不断缩小包围圈，让洛阳成为一座孤城，所以这场仗打得有些不紧不慢。

就在两军城里城外拉锯不止时，久居河北的农民起义军，在与隋朝斗争中不断壮大的窦建德部，建立了夏国。战略机动空间日渐逼仄的王世充心生一计，向窦建德请求支援。理由是假如唐军消灭王世充，必然北上攻打窦建德，唇亡齿寒，双方唯一的出路就是联合起来抵抗唐军。窦建德看到王世充开出的条件还可以，有利可图，为维持力量平衡，决定打着维护道统的旗号南下西进，一路攻城拔寨（主要占领的几个城池都是王世充作为条件割让奉送的礼物），朝洛阳奔袭而来。他其实野心不大，估计三国评书听多了，谋划着三分天下的光景。

窦建德给秦王发来公文，请退军潼关，返还唐兵占领的所谓郑国故地，复修前好，意思是大家各自为王，何苦非得你死我活呢。李世民召集将佐开军事会议，大部分观点都是"请避其锋"。主流声音认为，不应该硬拼窦建德。说话的是萧瑀、屈突通、封德彝等人，"吾兵疲老，世充凭守坚城，未易猝拔，建德席胜而来，锋锐气盛；吾腹背受敌，非完策也，不若退保新安，以承其弊"。避其锋芒，以待时机，未尝不是一种出于实际的考虑。但有两个人不这么认为，一个是曾和李勣一起被窦建德擒获，被迫在窦建德军中服务过一段时间的郭孝恪；一个是父亲因才高八斗无故被杨广残杀的薛收，时任秦王府主簿，秦府十八学士之一，才华横溢。

这两个主战派都是年轻人，可谓血气方刚。郭孝恪说："世充穷蹙，垂将面缚，建德远来助之，此天意欲两亡之也。宜据武牢之险以拒之，伺间而动，破之必矣。"薛收更加具体地分析形势："世充保据东都，府库充实，所将之兵，皆江、淮精锐，即日之患，但乏粮食耳。以是之故，为我所持，求战不得，守则难久。建德亲率大众，远来赴援，亦当极其精锐，致死于我。若纵之至此，两寇合从，转河北之粟以馈洛阳，则战争方始，偃兵无日，混一之期，殊未有涯也。今宜分兵守洛阳，深沟高垒，世充出兵，慎勿与战，大王亲率骁锐，先据成皋，厉兵训士，以待其至，以逸待劳，决可克也。建德既破，世充自下，不过二旬，两主就缚矣。"这两人的意见中有一个共同点，就是整个战争的局面将如何发展演变，谋的是势。但仗还得放到战场来打，窦建德来袭，是这场拉锯中的主要变量，双方的分野是把握危机变化迎战，还是躲避危机变化待变。具体看，双方的意见分歧关键在攻和守。主攻，是围城打援；主守，则是退守待变。在实力并不占优的三方博弈中，怎样决策？按照现代管理学来讲，是一个危机应对问题，两种方案都有道理。

李世民站在了少数派一边。他无论如何也不想把形势发展的主动权交给对方，那么，主动出击和被动自保的选择就简单了。他阐述了当前形势："世充兵摧食尽，上下离心，不烦力攻，可以坐克。建德新破海公，将骄卒惰，吾据武牢，扼其咽喉。彼若冒险争锋，吾取之甚易。若狐疑不战，旬月之间，世充自溃。城破兵强，气势自倍，一举两克，在此行矣。若不速进，贼入武牢，诸城新附，必不能守；两贼并力，其势必强，何弊之承？吾计决矣！"李世民的决策高明在哪里？他和薛收等考虑的都不只是这个战场上的战争，而是唐军与王世充、窦建德三股力量的博弈格局。要得天下，这些人都是绕不过去的，初一不解决问题，十五问题不仅还在，搞不好更难解决。具体问题具体分析，也不是空中楼阁，他的选择建立在对王世充和窦建德两部的基本判断上，分开对付，都不可怕，一旦合流，就会像薛收分析的那样，局面发生质的变化。而且，他们三个人都认为战局的咽喉在武牢关（虎牢关）。

李世民是主帅，屈突通等只好同意主动迎战窦建德。鉴于唐军力量不足，能机动的才七千余人，他再次坚持应撤出围城部队，集中力量把守武牢关，据险以观其变。这种观点不无道理，但本质上还是被动防守，实际上已经在窦建德的威慑下，被动改变了围攻东都的部署，相当于被敌人牵着鼻子改变了战略布局。如此一来，此前东征的成果一夜之间消失，东都王世充困守孤城的部队犹如猛虎归山，困兽破笼，一定会迅速出击，获取补给，攻击对手，等于实现了窦建德的战略意图。李世民不能容忍自己在战场上折中。他有些冒险地选择了将部队对半分开部署，让大将屈突通配合齐王李元吉围守东都，自己带骁勇三四千人赶赴洛阳东部门户武牢关，迎战未知深浅的敌人窦建德。此去武牢关，意在借险，要在得势，成败决于并不明朗的某种战机。

围城部队少了一半，王世充不可能一点都不知道。如何让王世充摸不着头脑，通过什么样的信息迷惑他，拖延他出击的决策，甚至让他不敢出击，秦王李世民真正日夜计议的是这件事。在这次危机应对中，因为硬实力确实不够，秦王采取了极为大胆的战略战术，释放难以判断的信息误导敌人，从而出人意料地掌握战机。对半分兵调动部队，是一着险棋，假如王世充倾巢而出，问题就大了。李世民抓住王世充信息闭塞、军心不稳的特点，决定正午出兵，故意从洛阳城北的北邙山前列队经过，朝河阳方向，堂皇趋巩而去。王世充登城望见，莫测西东，不知道秦王这葫芦里卖的什么药，竟不敢有任何动作。

李世民率部刚入武牢关，即带领骁骑五百，出关东二十余里，打探窦建德军营敌情。兵贵神速，有时其实并不仅指行军迅速，还可以是出人意料地采取行动。窦建德部比李世民先到武牢关外，但李世民亲自带队，后发先动。这并不是一次简单的侦察行动，他要给敌人一个措手不及的打击，诱导对手误判形势。他要用五百人打出一场战役。

顺着山道，李世民将五百人分成三队，三位后来位登凌烟阁的大将李勣、程知节、秦叔宝分别带领一百多人，五百米一队，依山借势设下三道埋伏，自己身边仅留四个人，继续向敌军大营前进。随行四人中，包括尉迟敬德，这个人可是关键，不久前敬德刚刚从千军万马中单骑掩护李世民安全撤离，勇冠三军，忠心耿耿。李世民对尉迟敬德也是对另外三位战士说："吾执弓矢，公执槊相随，虽百万众若我何！"说完这话确实觉得有点盲目自信，于是补充了一句，"贼见我而还，上策也。"让敌人见到我，我们再全身而退，是真正目的。实在不行，差不多赶紧扯呼，后边的三道伏兵掩护撤退应不成问题。他可不是逞匹夫之勇的人。

距离窦建德大营三里开外的地方，他们才遇到敌方巡逻的游兵，可对方以为他们五个是侦察兵。李世民出人意料地自报家门："我秦王也。"挑衅式引弓射人，毙其一将。这是要把事情搞大的节奏。果然，窦建德军中大惊，没头没脑杀出五六千骑兵追击秦王。面对潮水般卷来的敌骑，跟随秦王的两员偏将大惊失色，不仅担心自身难保，更重要的是若无法保护秦王，罪过就大了。李世民说："汝弟前行，吾自与敬德为殿。"于是按辔徐行。孤身在五六千敌军面前闲庭信步，何等气概。追骑将至，则引弓射之，箭不虚发。武牢关往西山势渐高，大股人马难以展开。每遇一个垭口，追兵总要迟疑一番，止而复来，如是再三，每来必有毙者，李世民前后射杀数人，敬德杀十许人，追者不敢复逼。进入伏击地带，追击骑兵大部已经成为蜿蜒长队，李勣等伏兵居高奋击，大破追兵，斩首三百余级，擒获骁将殷秋、石瓒。

李世民这次行动看似鲁莽，实有深意，他要通过这次行动告诉窦建德，我来的是主力大队人马，做的是决战准备。玄机在威慑，更在扰乱敌营军心。这一仗，属于奇兵突出，意在引起敌方军中舆议，一旦对方将领形成遭遇李世民主力部队的判断，战斗的意愿就会动摇，进而下降，毕竟，这场仗打不打，窦建德各部出发前就已经争议不断。窦建德与王世充并非铁杆盟友，如果李世民率部与窦建德决战，无疑就得放过王世充，结果怎样？战败，可以被理解为帮王世充挡了子弹；两败俱伤，王世充坐收渔翁之利；战胜，打秦王主力，自己难免损失巨大。

看来，李世民的战略目的完全达到了。回营安置停当，安排薛收起草讨伐窦建德檄文，对外发布讨伐令："赵魏之地，久为我有，为足下所侵夺。但以淮安（淮安王李神通，曾被窦建德俘获，后交换返回）见礼，公主得归，故相与坦怀释怨。世充顷（顷字用得好，意思是你该想想突然交好的目的）与足下修好，已尝反覆，今亡在朝夕，更饰辞相诱，足下乃以三军之众，仰哺他人，千金之资，坐供外费，良非上策。今前茅相遇，彼遽崩摧，郊劳未通，能无怀愧！故抑止锋锐，冀闻择善；若不获命，恐虽悔难追。"发布檄文是把自己的军队变为正兵的重要手段，所谓师出有名，才为正兵。本来窦建德大军压境，为攻势，属正兵（此正非彼正，仅仅从攻守而言）；李世民所带仅三四千人，加上武牢关原有守军，不过五千余众，分兵回防，处守势，兵力较少，处弱势。一夜之间，出奇兵立势，发檄文夺势，甫一出招，奇正有了转换的势头。

文章做足后，不再急于开战，而是居高临下，等待战机，消耗敌人信心。武牢关背西靠山而立，北临黄河，南接秦岭余脉，东据汜水，是洛阳区域的天然隘口、战略咽喉。秦王北济黄河，南临广武，察敌形势，留马千余匹，牧于黄河边，夕还武牢。这是一计，让窦建德部认为唐军草料不够了，只能冒险把战马拉到河边放牧。果然，潜伏在窦建德军中的间谍发来情报："建德伺唐军刍（粮草）尽，牧马于河北，将袭武牢。"这次放马河边，相当于做到了调控对方发起攻击的时间。

窦建德听到唐王粮草不足的消息后，果然认为全面进攻战机已到，集结所有队伍，从板渚布阵一直延伸至牛口，北距大河，西薄汜水，南属鹊山，横亘二十里，鼓行而进。板渚是古津渡名，在今河南荥阳市汜水镇东北黄河侧；牛口是一个山峪，隋唐时期地名，在今河南省荥阳市北邙乡秦王寨西北和高村乡北部。就是说窦建德部从东边压过来时，左边是山，右边是河，没有给两边留口子。这就叫大军压关。

山下遍野敌旗，李世民部将领还是感到了恐惧，毕竟十倍于自己的敌军杀过来了。李世民觉得，该给大家鼓鼓气了，带领几位将领骑马上到山头，从容开始战前动员："贼起山东，未尝见大敌（没见过世面），今度险而嚣，是无纪律，逼城而陈，有轻我心（大军进攻布阵呈仰攻之势，没有对敌人的牵制，没有围、攻、伏等战略纵深，在从河北南下西进过程中得到王世充献上的几座城市后，感觉是势如破竹，将骄卒嚣，大军部署犹如装在一个口袋里抖威风）；我按甲不出，彼勇气自衰，陈久卒饥，势将自退，追而击之，无不克者。与公等约，甫过日中，必破之矣！"这段话有理有据，将领们底气自然足了许多。

窦建德知道唐军人数不多，粮草缺乏，不免有些托大。派出三百骑兵涉汜水而过，距唐营一里左右才停止前进。派出使者与李世民喊话："请选锐士数百与之剧。"这类似于武士约战，是要灭唐军的威风。世民遣猛将王君廓领长槊兵二百出阵应战，相与交战，乍进乍退，两无胜负，各自回营。窦建德军中大将王琬所乘马匹乃当年隋炀帝御骑，铠仗鲜亮，突出阵前炫耀式挑衅。李世民感叹："彼所乘真良马也！"尉迟敬德一听，请令上前要夺来此马。李世民赶紧叫停："岂可以一马丧猛士？"敬德不从，带领高甑生、梁建方，三骑直入敌阵，擒王琬，引其马以归，众无敢当者。这敬德何以难得而可爱，他总是大智若愚地做一些看起来有点傻的事，却绝不是单纯地逞匹夫之勇，要知这虽只是一匹战马，却足以夺战场敌气、灭夏军的威风。

李世民一早就派人去召回放牧在黄河边的战马，并严令各部，待马至方可出战。为什么要等马到才出战？历数李世民对阵的战略，无不是先深入勘察，然后根据敌人状况制定战略，再坚守战略执行。守正才能出奇，屡出奇兵是因为大局在胸。此次的奇兵正是此前放养在黄河南岸的一千多匹马。这一千多匹马被放在河边，意在显示粮草不够，兵源不足，诱敌进攻。他计算把马从河边赶回，大约需要半天时间，此时，建德军一早出战，大半天没捞到仗打，人困马乏，而唐军的马匹在河边充分休养，吃饱喝足，正好冲锋。马到成功，寓意大吉。

果然，窦建德大军一早展开，自辰至午，士卒饥倦，皆坐列，又争饮水，逡巡欲退。这正是李世民要的结果，对方的势头正在消散。但真正的出击时机有没有到来，还需要现场提供更准确的信息。李世民开始调动敌军，命宇文士及带三百骑兵经建德阵西，驰而南上。临出发时再三告诫做两手准备："贼若不动，尔宜引归，动则引兵东出。"这三百骑兵进退都要顶大用，假若敌军对骑兵视而不见，说明敌军严整，需要马上退回自保，而出击时机也就没有出现，还需要坚守对峙；假若敌军一见骑兵，阵形为之一乱，既可以确定出击时机已到，还能借机冲上南山，占领另一个制高点，配合西边大部队发起冲击。宇文士及的骑兵刚到阵前，窦建德军阵形果然动了。李世民下令："可击矣！"李世民率轻骑先进，大军随后，东涉汜水，直逼敌阵。

窦建德没想到唐军敢直击大营。他把队伍拉开后，认为胜利只是时间问题。让他们去打吧，作为"皇帝"，升朝议事还是必需的，日上三竿，群臣刚刚朝见完毕。窦建德这个夏国实际只是马背上的朝廷，足见一支农民起义部队的格局何等逼仄，他到哪里，朝廷就在哪里，并无固定的后方大本营。这样的朝廷，也就是过一把皇帝瘾，并没有真正建立施政的政权。唐骑猝来，刚刚散去的朝臣赶紧回到窦建德大帐意图护驾，并急召骑兵迎拒唐兵。骑兵被一众乱奔的朝臣阻挡，居然一时间没法到位。窦建德指挥朝臣撤退，进退之间，唐兵掩至，一时窘迫，退向东边丘陵，试图背依山丘稳住队形。突袭首脑机关出其不意的效果完全达到，窦建德军已经自乱阵脚。

唐军从山上往下突袭，借了地势，意外扑向敌大本营，奇兵一出，战机浮现。但窦建德毕竟几万人马在那里，其太子窦抗整理部队开始反击，战场局面逐渐稳住，这对要靠奇兵制胜的唐军非常不利。士气可鼓不可泄，主帅必须身先士卒，振臂呼喊。李世民亲自率领骑兵直扑敌营，所向皆靡。秦王效应激发了唐军的斗志，偏将王道玄挺身陷阵，直出其后，复突阵而归，再入再出，飞矢集其身如刺猬毛，勇气不衰，射人，皆应弦而倒。李世民把自己备用的马给他，让他跟着自己冲锋。于是诸军大战，尘埃涨天。李世民冲锋的目的其实是搅乱阵势，他要做的，还是出奇兵。局面搞乱后，亲率史大奈、程知节、秦叔宝、宇文歆等卷旆而入建德大营，出其阵后，张开唐家旗帜。窦建德将士回头望见，前后都是唐军，无不惊慌，大溃；唐军追奔三十里，斩首三千余级。一面旗帜传递出的信号，抵得上千军万马。

以少胜多，乱中取胜，是秦王的既定策略。窦建德军本来就是一支农民起义队伍，几经折腾，军心已乱。只要实现擒贼先擒王，就已经打败了这支庞大的队伍。这一点上，唐军和窦建德军区别很大，唐军有强大的后方纵深，就算一支队伍败了，主将没了，还可以整理成军。而窦建德呢，整个夏国的朝廷都在军营中。果然，窦建德中槊，往牛口渚方向逃窜。车骑将军白士让、杨武威紧追不放，窦建德坠马，白士让援槊欲刺。眼看要命丧槊下，窦建德大喊："勿杀我，我夏王也，能富贵汝。"杨武威擒过马来，带回请赏。

李世民和窦建德并不是第一次打交道。此时此景再现，李世民责备道："我自讨王世充，何预汝事，而来越境，犯我兵锋！"窦建德是老实人，对南下救援，其间也动摇过，后来觉得答应了王世充，不来不好，现在被擒，有些懊恼，不耐烦地说："今不自来，恐烦远取。"这话，说得很有草莽的气息，算是愿赌服输，却又自怨自艾。窦建德将士都作鸟兽散，对这支队伍，只是消灭，并无赶尽杀绝的必要，对俘获的五万人，当场遣散，使还乡里。就算建德妻子曹氏与左仆射齐善行带数百骑遁归洺州，李世民也不再穷追不舍。不过窦建德的这个夫人曹氏不简单，后来又联合刘黑闼搞出不小的事来。

围城打援是一种战术。在力量处于劣势之际分兵围城打援，完全是服从于战略目的的冒险决策。是什么支撑李世民在条件看似不具备的情况下决定围城打援？他正午分兵武牢关，亲自入窦建德大营挑衅，这两个战术动作都是为了迷惑敌人，而敌人却又心甘情愿跟着他的思路走，何以如此神奇？

事实是，郑、夏两军并不是一家人，只是各怀心思的利益盟军。王世充既然看到了唐军一部前往武牢关，便知道如果摆开架势与城外剩下的一半唐军决一死战，无疑能冲破围城，解决粮草问题，再度收拢队伍，展开队形。但他没有这么做，是因为他和他的军队都想由窦建德来挡子弹。他们应该达成了一致的意见，至少这种心理主导了城中的意见。窦建德呢，决定南下有三个原因：王世充献上的城池，唇亡齿寒的担忧，农民领袖的冲动。在河北过关夺隘，到了武牢关，碰上了硬骨头，啃不啃，军中不同声音本来就多，李世民深入敌营，就是要让他们心里犯嘀咕，从而动摇军心。此役如果王世充决心突围，窦建德拼命救援，世民必败无疑，如此一来，河东战事拖到何时尚未可知。

其中还有一个关键点，三支部队，都遭遇了意见不一致的纠缠和干扰。李世民部，面临攻还是守，甚至是退还是进的问题；王世充部，自从看到李世民列队而北，城中文武就议论纷纷，有主张乘机而出的，有主张固守待援的；窦建德部，从接到郑国的文书起，要不要南下救援就是争论的主题，而到了武牢关后，怎么打又成了问题。只有李世民在纷纷舆议中把握住了主要矛盾和事物的突破口。一个主帅，如何面对大事决断面前的噪声，不仅仅是一种能力这么简单。每一个决策都需要面对多种声音，有清流，有噪声。在遭遇了个人决策困难后，有了军师，有了梁山泊议事堂，后来甚至有了决策机制支撑。人们理性地推理，一旦有一个完备的决策机制，谁在那个位置就不是那么重要了，噪声和杂音都可以被机制这道沟渠导入正轨，所有的意见和利益都有了表达的空间。

外援没了，洛阳城外王世充所属偃师、巩县皆降，所谓郑国几乎就只剩下孤城洛阳。秦王囚窦建德、王琬、长孙安世等至洛阳城下，以示世充。王世充与窦建德，两个其实绝不相干的人，一个在城墙上，一个在城墙下；一个在城里接近绝望，一个被俘虏已经绝望，说着说着就哭了，泪眼遥望相对，也是难得一见的场景。李世民派长孙安世等人组成劝降代表团入城，讲述窦建德败状，宣传唐军政策。

王世充召集诸将商议突围，考虑南走襄阳，以图后举。可是，此时的将领们已经失去信心，大多认为："吾所恃者夏王，夏王今已为擒，虽得出，终必无成。"无奈，王世充素服率其太子、群臣两千余人出城，前往唐军军门投降。王世充见了李世民，俯伏流汗。王世充投降的方式还是讲究的，我们知道，有的投降只是打开城门，然后在家中待罪听发落；有的投降甚至是有条件的，本人可能还要出任要职或者全身而退。王世充带上全班人马到李世民军营前跪降，是彻彻底底的投降，李世民必须以礼相接。不过，作为老熟人，李世民还是忍不住调侃他："卿常以童子

98

见处，今见童子，何恭之甚邪？"当年的毛头小子，现在已经势不可当。王世充顿首再三谢罪，那几年为杨广屠杀百姓时的威风这次终于还给了现场的人群。出来混，总是要还的。

李世民部进驻洛阳，所处理的每一件事，都考虑到了长远治理和人心收服，堪称范本。一是分守市肆，禁止侵掠，无敢犯者。二是进入宫城，命记室房玄龄先入中书、门下省收隋图籍制诏，可惜都已为世充毁焚，一无所获。三是命萧瑀、窦轨等封府库，收其金帛，班赐将士。四是收世充之党罪尤大者段达、王隆、崔洪丹、薛德音、杨汪、孟孝义、单雄信、杨公卿、郭什柱、郭士衡、董睿、张童儿、王德仁、朱粲、郭善才等十余人斩于洛水之上。

李勣与单雄信友善，誓同生死，进入洛阳，一再进言，称单雄信骁健绝伦，请求解除自己的官爵以赎他的死罪。李世民这次没同意。李勣固请不能得，涕泣而退。单雄信理解不了，埋怨："我固知汝不办事！"李勣委屈加无奈："吾不惜余生，与兄俱死；但既以此身许国，事无两遂。且吾死之后，谁复视兄之妻子乎？"于是"割股肉以啖雄信"，说："使此肉随兄为土，庶几犹不负昔誓也！"

秦王府属、后来的名相杜如晦的叔父杜淹，此时也在王世充手下。杜淹素来与如晦兄弟不和，曾试图指使杜如晦哥哥杀害如晦，又囚禁他的弟弟杜楚客，差点将楚客饿死，楚客孝谨，终无怨色。这次唐军攻下洛阳，杜淹罪当死，杜楚客不计前嫌，涕泣请如晦救这个叔叔，如晦不从。杜楚客说："曩者叔已杀兄，今兄又杀叔，一门之内，自相残而尽，岂不痛哉！"以自尽相胁迫，杜如晦只好向李世民求情，杜淹得免死。

两个求情，想求成的没成，不想求成的成了，也是造化弄人。其实背后有两个不同，一是单雄信和杜淹在王世充的朝中地位不同；二是杜如晦和李勣在世民处分量不同。恐怕还有一点不能说的是，李世民对李勣始终有所忌惮和不信任，他担心李勣再得单雄信这一能力超强的生死兄弟，恐怕以后不好制服。

秦王坐闾阖门理政，大名士苏威请见，求见前先放下话来，年老多病，见面不能拜，这是倚老卖老的意思。李世民派人带话："公隋室宰相，危不能扶，使君弑国亡。见李密、王世充皆拜伏舞蹈。今既老病，无劳相见。"后来苏威至长安，又请见，依然不许。被晾到一边后，既老且贫，无复官爵，卒于家，年八十二。这个苏威，是个老狐狸，洞悉李世民在李家老二的地位，此举既是试探，也是表态。如果你同意不拜之礼接见我，说明你无意称雄天下，我看不起你；如果你坚持要我拜，司马昭之心路人皆知，那我可以辅佐你，这也是自拿身份的一种技术，如果得手，还可保继续富贵。见不见确实都是个麻烦。如果见了，他不拜，有失威仪；如让他拜，容易被解读为有僭越之心。如不见，总需要个理由，那就训他一顿吧。在通向龙座的道路上，此等大坑小坑随处都是，李世民看似随口一说，实则举重若轻，足见一代雄君，见识不仅高远，还细密。

秦王参观隋室宫殿，感叹："逞侈心，穷人欲，无亡得乎！"

号令天下：实力背书

咏弓

李世民

上弦明月半，激箭流星远。

落雁带书惊，啼猿映枝转。

太宗对制服四夷，取攻势，恩威并施，刚柔兼济，以攻为守，经营数年，基本实现四海威服的局面。所谓攻势为正，出兵为奇，东南西北中，有自居中枢的自信，无恣意扩张的放任。主要以实力而不是战争经略周边，取得了巨大成功，数年间便成就了大唐首都长安国际化都市的地位。

不战而屈突厥之兵

定都长安后，突厥骑兵时不时过来打秋风。有人向李渊进谏："突厥所以屡寇关中者，以子女玉帛皆在长安故也。若焚长安而不都，则胡寇自息矣。"李渊此时主要精力在后宫妃子们身上，眼睛朝天一想，也对。派遣中书侍郎宇文士及越过秦岭，到樊城、邓州等地考察可居之地，准备迁都。太子李建成、齐王李元吉、老哥们儿裴寂都附和，赞成其策，萧瑀等虽知其不可，而不敢谏。

秦王李世民看不下去了，进谏："戎狄为患，自古有之。陛下以圣武龙兴，光宅中夏，精兵百万，所征无敌，奈何以胡寇扰边，遽迁都以避之，贻四海之羞，为百世之笑乎！彼霍去病汉廷一将，犹志灭匈奴；况臣忝备藩维，愿假数年之期，请系颉利之颈，致之阙下。若其不效，迁都未晚。"李渊一听，有人来解决问题也行，说："善。"没想到李建成乘机挑拨："昔樊哙欲以十万众横行匈奴中，秦王之言得无似之！"秦王说："形势各异，用兵不同，樊哙小竖，何足道乎！不出十年，必定漠北，非敢虚言也！"毕竟秦王战功赫赫，说这些话也不全是纸上谈兵，李渊总算停止了迁都的筹备。

此项迁都提议，并非笑话。但对李渊家族来说，又实在有些无厘头，因为他们是靠鼓行而西得天下，骤然迁都，脚跟都没有立定，便失去关中这块根据地，之后将难以号令天下。如果不是李世民出来反对，唐朝能搞多久还不好说。换个角度看，如果向南迁都得以成行，中国历史也许能更早出现资本主义萌芽。与突厥时友时敌，时战时和，是这个时期最难处理的周边关系。李世民说搞定突厥，不是说说那么随意，他处理与周边政权的关系的确有独到的理解和办法，不过要到他当家做主时才显露身手。

说时慢那时快，没几年工夫，李世民成为皇上，突厥来袭，其首领颉利可汗率军从陇上突入关中，进至渭水便桥之北。此时的突厥何以如此猖狂？新朝实弱，刚刚建立起来的政权，并没有完整的防御体系；突厥有恩于唐，李渊从举旗之初，就与突厥有盟约，连旗帜都杂以绛白，这既是为了求得帮助，也是为了免除双面夹击之患。此时的突厥，突入关中腹地，有一定的协议正当性，是下山摘桃子的行为，有捞一把就走的心理。所以，突厥骑兵压境，并非一定要攻城略地，目的在掳掠财富人马，就如电影中的黑社会一样，收保护费来了。

电影里我们都看到了，黑社会并非一味打打杀杀，他们在进入每条街巷之前，往往会派出马仔掌握情况，需要就讨价还价获取更多决策信息。果然，颉利可汗派出心腹执失思力入见，以观虚实。执失思力称："颉利、突利二可汗将兵百万，今至矣。"这是威胁，更是试探虚实，两种选择：要么你给钱给地，可以谈；要么我抢钱抢地，你会很惨。太宗没有勃然大怒，更没有卑言示好，而是"让之曰"，就是把他当作不懂事的下属教训道："吾与汝可汗面结和亲，赠遗金帛，前后无算。汝可汗自负盟约，引兵深入，于我无愧？汝虽戎狄，亦有人心，何得全忘大恩，自夸强盛？我今先斩汝矣！"执失思力愣住了，但他还是听明白了，此情此景，搞清楚这唐太宗到底要干什么已经不重要了，重要的是能否回去，于是他机警地请求饶命。实际上，执失思力真正获取的信息是他用眼睛看到的情况，而太宗的这番话，可作两面解读，既可以是显示实力，也可能是虚张声势。真斩了他，传递出的就是决战信息，摆出的是决一死战的架势，会激起对方的斗志。面对双方如此复杂的历史渊源，六亲不认式地拉仇恨，不是头脑发热就是被别有用心的人所利用。

萧瑀、封德彝等习惯了常规套路，提出礼遣，即所谓两军交兵不斩来使，不能在来使身上逞英雄，惹出祸端。如果这样，战或者不战，主动权还在突厥，突厥既然大军出动，又怎会不捞一把再走？打起来的可能性极大。封德彝此人算是个职业文官，不过他这样的官僚当时占大多数，而且是官僚中的舆论强势群体。如无远见卓识的领袖，这个群体将占据主流话语权，进而左右朝政，以其昏昏，使人昭昭。太宗只是告诉封德彝他们说："我今遣还，虏谓我畏之，愈肆凭陵。"于是将执失思力因于门下省。中书省、门下省，都是行政中枢机构，实际上只是请他在这里喝几天茶。

太宗的举动，一举三得：要打，没问题，我准备好了收拾你，当然执失思力再也回不去了；要和，可以，但你得为冒犯我大唐买单，不能再这么胡来胡去；要从我这里搞情报，没门，你的所谓特使先拿下再说。如此一来，执失思力的到来，比太宗自己派一个人到突厥大营还要管用，敌方特使完全成了己方的棋子。

当然，更精彩的还在后面。

第二天，太宗骑上他的白马，迤然出玄武门往北，与高士廉、房玄龄等几位大臣直奔渭水之滨，与颉利隔水而语，先声夺人，责以负约。特使被扣押，城门大开，太宗单骑突出，三个意外让突厥大惊，皆下马罗拜。这就是大布局后的大人物亮相，比戏台上的各种亮相都精彩万分。两军对垒，主将亮相都会做足了文章。一般来讲，排场越大，气势越足。但太宗的举动，以一当万，简直就不是四两拨千斤能形容其高明的。以极简单和直接的方式，告诉十万敌军，你们错了。此番气势，何等胆识。或者，当你还有疑似侥幸，怀疑太宗是使用空城计的话，那么，接下来就该是展示实力的时候了。一会儿，"诸军继至，旌甲蔽野"。

颉利可汗见执失思力不返，而太宗挺身轻出，军容甚盛，有惧色。太宗指挥大军后退摆开阵势，然后独自留下与颉利谈判，意思还是不把你当回事。所谓胜兵先胜而后求战；败兵先战然后求胜。太宗已经不战而先胜。这里既有战略威慑，也有预期引导，通过战略较量，让对方自己得出判断，就如武侠小说中描述的高手过招，为什么不用动手，败者心悦诚服，即为此意吧。

出城门之时萧瑀以为太宗刚登大位自我膨胀，过于轻敌，叩马固谏。太宗说："吾筹之已熟，非卿所知。突厥所以敢倾国而来，直抵郊甸者，以我国内有难，朕新即位，谓我不能抗御故也。"这是敌情，也是一位久经沙场的老将的老辣判断。他接着说："若示之心弱，闭门据守，突厥必

104

然放兵大掠。故轻骑独出，示若轻之；又震曜军容，使之必战；出虏不意，使之失图。虏入我地既深，必有惧心，故与战则克，与和则固矣。制服突厥，在此一举，卿第观之！"太宗一生以为良将而乐，一直到晚年御驾亲征攻打高丽，还津津乐道于自己作为一名将领的本事。果然，就在当日，颉利来请和，太宗下诏批示同意，做足了大唐王朝作为上国的文章。第二天，太宗又幸城西，斩白马，与颉利盟于便桥之上。

突厥引兵退。不战而屈人之兵，这是一次完美的战例，也是一次完美的攻心战。从囚禁来使执失思力于门下省开始，太宗开始释放信息：我不怕你。轻骑独出玄武门，径诣渭水上，与颉利隔水而语，责以负约。甚至让部队退后布阵，独自留下来与颉利谈判。释放的信息是：不但不怕你，现在收拾你太容易了。看似一次鲁莽轻敌的举动后面，既有运筹帷幄，又有出其不意，紧紧抓住了敌人深入腹地捞一把就走，捞不到也不能赔了夫人又折兵的心理。白马之盟，不费一兵一卒。就如绝顶高手出招，尚未见面，已知输赢。

这只是权宜之计，能战还是基础。萧瑀，是有职业道德的知识分子，请太宗给大家讲解讲解，提问："突厥未和之时，诸将争战，陛下不许，臣等亦以为疑（疑兵），既而虏自退，其策安在？"太宗答疑："吾观突厥之众虽多而不整，君臣之志惟贿是求，当其请和之时，可汗独在水西，达官皆来谒我，我若醉而缚之，因袭击其众，势如拉朽。又命长孙无忌、李靖伏兵于幽州以待之，虏若奔归，仗兵邀其前，大军蹑其后，覆之如反掌耳。"

也就是说，第一步震慑效果显现后，攻击突厥的机会出现了，一些将领应该也看到了机会，但太宗又出人意料地放过这次机会，为什么呢？太宗说："所以不战者，吾即位日浅，国家未安，百姓未富，且当静以抚之。一与虏战，所损甚多；虏结怨既深，惧而修备，则吾未可以得志矣。故卷甲韬戈，啖以金帛，彼既得所欲，理当自退，志意骄惰，不复设备，然后养威伺衅，一举可灭也。将欲取之，必固与之，此之谓矣。卿知之乎？"萧瑀心悦诚服地说："望尘莫及啊。"这种差距，非望尘莫及不能形容。事莫过于能攻心，为何能怀柔四夷，绝不是怀柔那么简单。太宗的怀柔是建立在战之能胜的基础上。没有斗争支撑的和平当然值得怀疑。

贞观四年（630年）初，突厥颉利可汗以属国元首身份至长安。四月，太宗御顺天楼，盛陈文物（展示气魄），接见颉利，再次严责道："汝藉父兄之业，纵淫虐以取亡，罪一也；数与我盟而背之，二也；恃强好战，暴骨如莽，三也；蹂我稼穑，掠我子女，四也；我宥汝罪，存汝社稷，而迁延不来，五也。然自便桥以来，不复大入为寇，以是得不死耳。"颉利哭谢而退。太宗下诏将颉利一行安排在太仆寺"厚廪食之"，做好招待工作。太宗说："朕于戎、狄所以能取古人所不能取，臣古人所不能臣者，皆顺众人之所欲故也。昔禹率九州之民，凿山槎木，疏百川注之海，其劳甚矣，而民不怨者，因人之心，顺地之势，与民同利故也。"真正是能攻心则反侧自消！

突厥不战，非不好战，乃不敢战。这一时期，突厥对关中、河北的情况很熟悉，中原战乱于突厥而言，尽是利好，不但在边境四处窜掠，还经常深入腹地，掳掠城市，再不济也能组成马队干雇佣军。隋唐时期，西边又有吐蕃崛起。太宗为秦王时征战四方，就已经意识到，对周边四夷，一味打，劳费极大，不可能真的消灭这么多游动的部族；一味和，欲壑难填，不可能满足这些半开化部落的无端需求。那么，形成一种能打而不打的态势，就是上上之策。后来李纲较为妥当地执行这一方针，打则必胜，和则两利，以我为主，取得了四夷拜服的难得局面。

战争并不是都要以消灭对方为目的。绝大部分战争都是博弈之后的选择，意在战略目标，所以才会有各种停战。白马之盟，势分强弱；平衡之约，互为制衡；大国之威，非为一统；不战而胜，预期使然。

太宗为将耀威高丽

辽城望月

李世民

玄兔月初明，澄辉照辽碣。映云光暂隐，隔树花如缀。魄满桂枝圆，轮亏镜彩缺。临城却影散，带晕重围结。驻跸俯九都，停观妖氛灭。

隋唐几任皇帝都喜欢亲征高丽，其原因是个未解之谜。庸俗理解的话，大概此地夏天气候甚好，看起来不远，有山有海有幻想，国家巴掌大，没有纵深支撑，不像往西走，简直无边无际，西边的西边还有西边，到底有些什么神秘莫测的国家和东西，有些许超出想象。但正是因为背靠大海无路可退，练就了东边高丽、百济等民族的韧性，他们用一种独特的方式保持着队形，总能在大军压境时奇迹般地挺过去，活下来，站起来。

太宗一直关注着高丽的动向，身体出现几次问题后，他意识到，再次当回将军的机会不多了。高丽问题，一定要抓紧时机解决好。毕竟，西域广大而难制，东边应该一统江山，成为中国的坚固屏障。辽东战报，高丽内乱，他急切地认为平定时机成熟，提出讨伐理由："盖苏文弑其君，贼其大臣，残虐其民，今又违我诏命，侵暴邻国，不可以不讨。"

大家怎么看这个问题？和平时期出兵征伐，是牵一发而动全身的国家大事，毕竟要把壮丁们从家中集结成部队。凡开战，全社会就会进入另外一种运行模式。太宗虽然已经到了一言九鼎的位置和阶段，还是要听听朝野的意见，也是统一思想的过程。

文臣代表谏议大夫褚遂良，忠心耿耿，贞观年代成长起来的知识分子，未经战火考验，延续他一贯正统的思路谏言："陛下指麾则中原清晏，顾眄则四夷詟服，威望大矣。今乃渡海远征小夷，若指期克捷，犹可也。万一蹉跌，伤威损望，更兴忿兵，则安危难测矣。"褚遂良文弱多才，太宗形容为忠心我见犹怜，他对战事的意见也就是个意见而已，主要表达的还是对圣上的关切体贴。太宗想亲征高丽，褚遂良更不赞成。上疏反对："天下譬犹一身：两京，心腹也；州县，四支也；四夷，身外之物也。高丽罪大，诚当致讨，但命二三猛将将四五万众，仗陛下威灵，取之如反掌耳。今太子新立，年尚幼稚，自余藩屏，陛下所知，一旦弃金汤之全，逾辽海之险，以天下之君，轻行远举，皆愚臣之所甚忧也。"

武将代表李勣，发扬他一贯捉摸不定的思路，风格一致地顺承旨意："间者薛延陀入寇，陛下欲发兵穷讨，魏徵谏而止，使至今为患。向用陛下之策，北鄙安矣。"一句话，不但表达了意见，还把太宗心里憋了很久的话说了出来。太宗高兴道："然。此诚徵之失，朕寻悔之而不欲言，恐塞良谋故也。"李勣虑事之深，实非普通将领堪比。他不说赞成或反对，他避开一切需要说赞成或反对的事，实在避不开，就春秋笔法。难怪他的形象那么瘦削冷峻，文武双全，神伤心累倍于常人所致吧。

虽然大臣中有很多赞同太宗征伐高丽，但这一次，朝中主要舆论其实与太宗的思路拧巴上了，一呼百应的局面没有出现。太宗只好继续做思想工作，阐述他的宏观判断："八尧、九舜，不能冬种，野夫、童子，春种而生，得时故也。夫天有其时，人有其功。盖苏文陵上虐下，民延颈待救，此正高丽可亡之时也。议者纷纭，但不见此耳。"这个判断，如果放在国内，绝对成立。用在高丽这个不听话的属国身上，就打破了太宗对四夷仅取攻势的基本方略。毕竟，作为一个相对独立的属国，它是有内政的。如果王朝站在更高的所谓道义角度来直接干涉其内政，并不一定能得到其国内大多数人的支持，反而会出现同仇敌忾一致对外的情形。况且，当时盖苏文之所以能逆袭上位，有他特殊的背景，反叛固然是事实，可也代表了一部分民众的需求，上位成功，正在势头之上。

纵观太宗经略周边，被尊为"天可汗"，其实主要不是靠打下来的。太宗在周边经略中，充分体现了"攻势"二字包含的辩证关系。取攻势，并非一定要攻打，而是我能打下你，却不打你，取得一种动态平衡。这种态势，和恩威并用类似，又不完全一样，是一种深得兵法攻心为上神韵的治理思路。

太宗也是人。皇帝做到这个份上，没有彻底解决高丽问题，不甘心。杨广三征高丽，未能有成，他一定会顺其自然归结为杨广的个人原因。他不想留下遗憾，怎么着也要成此功业。

此时，魏徵已经过世，太宗对说一不二已经较为习惯。比如，有一天，至太平宫，对一众大臣说："人臣顺旨者多，犯颜则少，今朕欲自闻其失，诸公其直言无隐。"长孙无忌等异口同声："陛下无失。"喜欢发挥的刘洎觉得该顺着太宗的意思说点什么，就说了些实话："顷有上书不称旨者，陛下皆面加穷诘，无不惭惧而退，恐非所以广言路。"马周也不痛不痒地说："陛下比来赏罚，微以喜怒有所高下，此外不见其失。"太宗皆纳之，算是听取了意见。这种情形，是不是让人感到是在例行公事，是在走一道程序，是形式主义的演化，是对不同意见的礼节性尊重？和当年魏徵口无遮拦、直奔核心相比，令人唏嘘。这样一来，虽然不同声音很多，却没有真正能说服太宗的意见和力量。

不日，以刑部尚书张亮为平壤道行军大总管，率江、淮、岭、硖（泛指江汉、淮南、岭南、浙西部分区域，因沿江靠海的兵源相对熟悉水战）兵四万，长安、洛阳募士三千，战舰五百艘，自莱州泛海趋平壤；又以太子詹事、左卫率李勣为辽东道行军大总管，率步骑六万及兰、河二州降胡趋辽东，水陆两军合势并进。诸军大集于幽州，遣行军总管姜行本、少府少监丘行淹先督众工造梯冲于安萝山。"时远近勇士应募及献攻城器械者不可胜数，太宗皆亲加损益，取其便易。"

种种迹象显示，这次，太宗把自己放在了三军主帅的位置上。要知道，他任命的平壤道行军大总管张亮，玄武门事变之前早就独当一面，代表秦王府经营东都洛阳，联络山东广大地区部队，其间还经受了太子李建成方面的严刑考验，他愣是一字不吐，绝不承认是在联络山东豪杰。辽东道行军大总管则是李勣。这两人都远不止独当一面的能力。

备战期间还有两次很有分量的进谏。

一是武阳懿公李大亮卒于长安，遗表请罢高丽之师。此公极为持重，德才俱佳，深得太宗信任。去世后家余米五斛，布三十四。而亲戚朋友中的孤儿，李大亮都承担了抚养的责任，丧之如父者十有五人。此等人物的意见，难免会让太宗的心里咯噔一下，还是很有分量的。

二是开府仪同三司致仕尉迟敬德上言："陛下亲征辽东，太子在定州，长安、洛阳心腹空虚，恐有玄感之变。且边隅小夷，不足以勤万乘，愿遣偏师征之，指期可殄。"这是太宗要把女儿嫁给他都不要的"门神尉迟恭"。经历过千锤百炼的人，总是会小心一些。他首先站在江山社稷的角度，指出帅离大营，恐有后患。更重要的是提出偏师出征胜于王师，这背后包含着对战争的深刻领悟和认识。王师出征，大胜为胜，速胜为胜，能胜不能败；偏师出征，无须速胜，进退裕如。王师决战，偏师远征，是高明的战略博弈。箭在弦上，太宗不从。不说话还好，这一通谏言，让太宗觉得打仗还是不能没有敬德。诏令退休在家的尉迟敬德复出，为左一马军总管，从行出征。

这些进谏还是提醒了太宗，让他觉得有必要采取相关措施。又手诏谕天下，以"高丽盖苏文弑主虐民，情何可忍！今欲巡幸幽、蓟，问罪辽、碣，所过营顿，无为劳费"。就是说，我主要巡视广大河北辽东地区，顺便解决掉高丽的问题。大军出征，尽量不给百姓增加负担。并再次阐述自己征伐的理由："昔隋炀帝残暴其下，高丽王仁爱其民，以思乱之军击安和之众，故不能成功。今略言必胜之道有五：一曰以大击小，二曰以顺讨逆，三曰以治乘乱，四曰以逸敌劳，五曰以悦当怨。何忧不克！布告元元，勿为疑惧！"庚戌，太宗自将诸军发洛阳，以特进萧瑀为洛阳宫留守。乙卯，诏："朕发定州后，宜令皇太子监国。"

此时的太宗能如此照顾不同意见，已实属不易。这一次，太宗的回应虽然很有说服力，却始终没有把进谏中取消出师高丽当作可以考虑的选项。李大亮的谏言是罢师，意思并不是能不能打赢，而是不应该打。显然，这次太宗有点钻到自己的牛角尖里了。

此次太宗亲征高丽，从战役角度看，胜多于败。甚至在发给太子的驿书中介绍战况，还不忘对高士廉等得意地留言："朕为将如此，何如？"征伐高丽，攻拔玄菟、横山、盖牟、磨米、辽东、白岩、卑沙、麦谷、银山、后黄十城，徙辽、盖、岩三州户口入中国者七万人。新城、建安、驻跸三大战，斩首四万余级，战士死者两千人左右，战马死者什七八。

战役胜利，但战略目的并没实现。高丽还是高丽，辽东仍然是辽东，天气转寒，被迫撤军。太宗以不能成功，深悔，叹道："魏徵若在，不使我有是行也！"这是他反思没有听取不同意见。当然，没有像魏徵那样能够提出专业意见的人也是重要原因。问题还在，太宗此行，亲自为将，已经不符合他的身份。以大炮打蚊子，激发了蚊子的斗志，粘住炮身，未必好打。更加深层的原因，是在个人的冲动下，放弃了经略周边的基本方针。以攻击代替攻势，以征服代替收服，再多的战役胜利，也扳不回战略上的偏移。

十年后，已是永徽年间，一个名不见经传的侍御史对征伐高丽时机做出极为精准的形势分析。侍御史贾言忠奉使自辽东还，高宗问以军事，言忠对："高丽必平。"高宗问："卿何以知之？"对："隋炀帝东征而不克者，人心离怨故也；先帝东征而不克者，高丽未有衅也。今高藏微弱，权臣擅命，盖苏文死，男建兄弟内相攻夺，男生倾心内附，为我乡导，彼之情伪，靡不知之。以陛下明圣，国家富强，将士尽力，以乘高丽之乱，其势必克，不俟再举矣。且高丽连年饥馑，妖异屡降，人心危骇，其亡可翘足待也。"高宗问贾言忠："辽东诸将孰贤？"对："薛仁贵勇冠三军；庞同善虽不善斗，而持军严整；高侃勤俭自处，忠果有谋；契苾何力沉毅能断，虽颇忌前，而有统御之才；然夙夜小心，忘身忧国，皆莫及李勣也。"这些人，都是太宗当年留下的棋子，高宗得享其成。核心问题是，十年前，高丽未内乱。当是时，是看到战报的太宗心乱了。十年后的成功，又几乎完全出自太宗的布局。

高宗自己也完成了一项重要的战略部署，任命干臣刘仁轨成功经营高丽南边的百济，形成了两面夹攻的态势。"诏令刘仁轨将兵镇百济。百济兵火之余，比屋凋残，僵尸满野。仁轨始命瘗骸骨，籍户口，理村聚，署官长，通道涂，立桥梁，补堤堰，复陂塘，课耕桑，赈贫乏，养孤老，立唐社稷，颁正朔及庙讳；百济大悦，阖境各安其业。然后修屯田，储糗粮，训士卒，以图高丽。"从刘仁轨如此多的举措来看，铺垫做足，地基打牢，地面之上的人心才会悄然变化，有利的局面才能逐渐形成。

第三章

逆锋走笔：武则天的斗争哲学

成见：破局之殇

初学书法的人都会被告知应逆锋起笔，这样才能让笔尖和纸张形成对抗，摩擦越激烈，写下的字痕迹越深，直至遒劲有力。从武媚娘到武才人、武昭仪、武皇后、武天后、武曌，一路走来，并非书法家的武则天一生争斗暗合书法逆锋而行的原理，在中国历史上留下了深深的印痕，也有人认为是留下了一道疤痕。

在身份变化背后的这场政治纷扰中，她面临多次可左可右的选择，她的每一次选择都在触碰那个时代最敏感的神经、挑战人们的观念极限。一是女性称帝，其实她至少有三种方式处理这件事：让儿子当皇帝，让儿子当傀儡皇帝，自己当皇帝，只是她选择了难度最大的一种。目的到底是什么？是对权力的渴望和疯狂？是为了改变或者报复？不得而知。这是历史上的独一份，有多难，用血流成河来形容不过分。武则天走向权力巅峰的相当长一段时期，暴力、恐吓成为其政治生态的日常。二是宗族归属，建立大周王朝后她到底是李家的人还是武家的人，因为权力的介入显得有点模糊不清，要找到自我，她得从武家找；要找到大家眼中的自己，她得从李家找；要找到真我，她得从一生的纷繁故事中找。还有，儿子姓李，侄儿姓武，谁更亲？居然成了一个重要问题。更紧要的是，假如传位武氏，侄儿后来祭祀祖先时，自己的位置在哪里？有没有位置？是个问题。儿子祭祀祖先，肯定有自己的位置，不过不是皇座上的自己而已。三是后宫干政，后宫干政可以是女性，也可以是宦官。这是个打破潜规则的事，在这件事上，她似乎没有犹豫，后宫干政戒律被打得七零八落，甚至从后宫直接走向前台。即使如此，这个干政的锅，她还得背。

"人言可畏"四个字，没有多少人比她有更深的体会。武则天一生的斗争中，一个最重要的内容，就是舆论斗争，或者说她和舆论的斗争。她试图改变成见、操纵意见，手段无所不用其极，但最后让她一声叹息的还是一边倒的意见。武则天与人言之间的恩怨斗争到晚年似乎有所和解，但关于她的舆论争议却绵延千年。

舆论场是一个大的量子纠缠场，思想和观点按照各自聚合的轨迹摩擦碰撞，火花形成一个一个气旋，在空气中弥漫，看不见摸不着，却能让人窒息，让人狂热，让世人皆醉我独醒。在舆论高地，弱者被轻视、赏玩，如无根的野草。无论现实中的她如何强势，历史上的她就一直以一个弱者的身份处于这样一个场中。她怎样由弱而强，她怎样叱咤风云，她又是怎样搅动那片历史的天空？

很多版本的历史都曾试图从唐代女性的地位中寻找其内在逻辑，我想关键还在于，斗争因子已经融入了她的血液。她本不是为"她"而战，却不得不为"她"而战。

一　与位斗：非常后宫故事

谒大慈恩寺

李治

日宫开万仞，月殿耸千寻。花盖飞团影，幡虹曳曲阴。

绮霞遥笼帐，丛珠细网林。寥廓烟云表，超然物外心。

一个现象的出现，一件事物的变化，背后的原因总是错综复杂的，甚至很多时候并不能明确地择出哪根线头的力量在主导事情的发展和走向。太宗时期，某尚书奏："近世掖庭之选，或微贱之族，礼训蔑闻；或刑戮之家，忧怨所积。"就是说后宫选人，要不出身低贱没有教养，要不迫于罪责罚入宫，类似于服刑，愁怨之气冲积，表面顺承背后蕴积着难以言表的风险。

这是相传多代的潜规则，尤其是唐以前几朝，战乱不断，诸侯割据，一旦攻陷对手，敌军将帅家属人等如何处置？一般是直接变成自己的家属，看得上的，纳为妃嫔，看不上的，贬为下人。历史上有名的美人甄宓就属于这种情况。总体来看，后院的这些家属也接受这种命运的安排，但总不能说都心甘情愿吧。还有就是官员获死罪或被流放，家属怎么处理？籍没其家。所谓籍没，就是改名换姓，重新做人。这种情况往往是皇室先选，权臣后挑，或者直接打包赏赐给某某有功者有宠者。一来二去，朝代更迭，家族变故，很多后院的家属们可能服务了三五拨皇室或

119

者权臣。有顺从的，也会有不顺从的。这就生出许多事来。

这位并没有被《资治通鉴》点出名字的尚书，有意无意中提出了这项影响重大的改革措施："请自今后宫及东宫内职有阙，皆选良家有才行者充，以礼聘纳；其没官口及素微贱之人，皆不得补用。"当然，该提议并没有被完全实施，那些被处置官员的家属，依然会被以各种名头挑选使用，但这一来，选拔的概念被引入，后宫及东宫的妃嫔素质得以极快提升。作为一个有教育背景的女子，甚至还经过了选拔，面对服务皇上这么重要的职位，这些人有了自己谋划晋升的动机和能力，不像此前被籍没入宫的人，绝大多数只是被动等待万里无一的机会，希望有朝一日被宠幸。

思路开放的太宗当然同意这样有见地的提议，朱笔一挥，批示同意。除却独孤氏、窦氏、长孙氏这些后宫力量出自所谓胡人背景的家族，拥有彪悍的基因外，这次后宫选人改革是不是唐朝前期女性干政力量强大的原因之一，无从考证，却不无可能。一代女皇武则天就是在这个背景下，被优选入宫成为才人。十四岁入宫的武氏经历了后宫基层的历练，为她此后在宫斗中的胜利埋下伏笔。

谶言女主将昌

武则天十四岁时以才色选拔进宫，服务唐太宗。此时她还是个微不足道的人物，为武才人。豆蔻年华，不甘心服务日渐衰老的太宗，与太子眉来眼去，其间故事，可以想象。在武则天进入皇宫后不久，就有谶言"女主将昌"传出。

无巧不成书。这一段时间，好几次天还没黑太白金星就出来晃眼，太史令占出的天象是："女主昌。"民间又传《秘记》称："唐三世之后，女主武王代有天下。"这些暗示致使太宗惊心，由谶言刮起的这股旋风，第一个牺牲的人做鬼也想不到其间的关节。

左武卫将军武连县公武安人李君羡，负责值守玄武门。看看这位李姓子孙名号中出现的"武"字，从职务到封邑到祖籍到值班的地方，挥之不去。太宗对与"武"相关的内容开始敏感，见到他总会想起那个谶言，内心感到别扭。一晚，太宗在宫中设宴，犒劳一众内卫将领，喝酒行令，输了的要报出小名。李君羡报出的小名让太宗心里一咯噔，他居然叫五娘，太宗一时愕然，仍然笑道："何物女子，乃尔勇健！"此时，想起李君羡官称封邑皆有"武"字，如此等等，处处在莫名其妙地触动着太宗的杀心。好在太宗不是个粗暴到不讲武德的人，只是很快找个理由，将这位左武卫将军外放为华州刺史。被外放后，李刺史一头雾水，怎么也想不明白问题出在哪里，求仙问道烧高香，试图改改运程。有位名叫员道信的布衣神人，自称通晓佛法，能绝食不死，深得李君羡敬信。此人多次出入李府，经常与李君羡在密室对谈。御史奏"君羡与妖人交通，谋不轨"。不日，李君羡以此坐诛，籍没其家。

这件事，既可能是巧合，更可能是人为。合该此公有事，左武卫将军，武连县公，武安人，最要命的是小名：五娘。李世民脑洞大开也想象不到身边会出一个女皇帝，这也是当时大家的想法，只会从"武"隐藏的含义中寻找上天的暗示，做出合理的解读。至于如此破天荒的结果，不是不敢想，而是想不到。他们的思路，就这么无厘头地被带到了与此相关的某种暗示中，火力集中在所有有嫌疑的男人群体。这么个县公，毫无问鼎皇座的心思、能力和实力，成为谶言的牺牲品。

唐太宗如此人物，未免心惊，更不可能免俗。在他英武一生的些许失误中，这样反常的举动堪称少之又少。以他此时一言九鼎的威权，试图尽诛疑似者并不是件难事。这个想法被李淳风所阻止。太宗密问太史令李淳风:"《秘记》所云,信有之乎?"对:"臣仰稽天象,俯察历数,其人已在陛下宫中,为亲属,自今不过三十年,当王天下,杀唐子孙殆尽,其兆既成矣。"太宗犹豫:"疑似者尽杀之,何如?"对:"天之所命,人不能违也。王者不死,徒多杀无辜。且自今以往三十年,其人已老,庶几颇有慈心,为祸或浅。今借使得而杀之,天或生壮者肆其怨毒,恐陛下子孙,无遗类矣。"江湖流传,李淳风就是谶言的作者,可能也只是一种附会吧。但谶言的威力,可见一斑。

谣言的子弹一旦击中心中某个发酵的区域,就会在心中发芽。抱着这么一颗不知在家里哪个角落的定时炸弹,太宗睡得着吗?对未来的忧虑,让太宗在太子的人选上操碎了心。此时,只有上天能说服太宗!李淳风作为意见领袖,还是依凭天象和历数说话,这个只有他懂,牢牢占据着影响力的高地。他提出一是其兆已成,二是天命难违,三是得权衡利弊。他的思路经得起质疑,可逻辑没有起点。李淳风难道是在维护他《推背图》的权威?《推背图》中对武氏临朝,有清晰的表述:万物土中生,二九先成实。一统定中原,阴盛阳先竭。有人说,这是武则天后来为自己的合法性所造的舆论,这种推理似乎更靠谱一些。我总是想,如果李世民龙威怒发,尽诛疑似者,武媚娘必在其列。那么,历史该是如何?

虽然谁都想不到后宫会出一个女皇帝,可唐朝前半段后宫影响力和权力要算是一个特别现象。有的历史研究把这个跟唐朝女性地位加以联系,我看解读成某种意义的巧合,更能说明问题。家和国,在皇室的角度,类同一体,自然后宫的影响力就会随着皇帝的强弱而消长。后宫从来就是一个战场,也存在一个独特的舆论场。

高祖后期，后宫就很热闹。高祖晚年多内宠，在李建成他们兄弟四人之后，又生了小王子二十来人，这些小王子的母亲以色得宠，宫中地位不高，竞相结交诸长子以自固，有依附李建成的，有依附李元吉的，应该也有依附李世民的，不过历史鲜有记载。李建成与李元吉曲意事诸妃嫔，谄谀赂遗，无所不至，以求媚于皇上。有流言说太子李建成和张婕妤、尹德妃关系暧昧，宫禁深秘，难以尽说。李世民独不奉事诸妃嫔，诸妃嫔争誉李建成、李元吉而短李世民。就是这个舆论场，差点让太宗止步于秦王。太宗继位不久，因李百药的谏言，颁布了一道极有内涵的命令。下诏"宫女众多，幽闷可愍，宜简出之，各归亲戚，任其适人"。这一次放出的宫女就有两三千人。这笔账，后来也部分算到了裴寂头上，太宗认为，是裴寂蛊惑李渊纵情享乐。可见，太宗早就对李渊后宫太过庞大芜杂有意见。

太宗强势，后宫虽绚烂，但有个真正贤惠的皇后，还算安定。长孙皇后，少好读书，造次必循礼法。太宗为秦王，与太子李建成、齐王李元吉有隙，长孙王妃奉事高祖，承顺妃嫔，弥缝其阙，甚有内助。及正位中宫，务崇节俭，服御取给而已。太宗对皇后深为倚重，尝与之议赏罚，皇后辞："'牝鸡之晨，唯家之索'，妾妇人，安敢豫闻政事！"固问之，终不对。这样的皇后，确实少见。

高宗为太子，"见才人武氏而悦之"。很难想象武曌在太宗身边的日子，是如何与太子李治沟通并打动彼此，是否已经暗通款曲不得而知。太宗驾崩，武氏和一众妃嫔到感业寺落发为尼，安排到寺庙是为了避免再次服务其他人，既要维护她们的身份，更要维护太宗的尊严。

太宗忌日，高宗按惯例赴感业寺行香，二人相见，武氏泣，皇帝亦泣。这执手相看泪眼的场景，发生在原本就瓜葛不清的皇帝和小姨娘之间，好戏开场了。出人意料的是，这段剧情发展的幕后推手居然是王皇后。王皇后听说了高宗与武氏泪眼相望一幕，心生一计，悄悄令武氏留起长发，同时劝高宗将她纳入后宫。她的出发点自然不是考虑皇帝的内心感受，而是以此冲抵萧淑妃之宠。这王皇后几年来没生儿子，着急上火，看着皇上去萧淑妃处的次数日多，觉得一定要想想办法了。没想到，搬起石头砸自己的脚，引狼入室，从此羊入虎口。以此等手段争宠，活该她日后下场。或者，这本来也就是后宫的日常戏码。

历史上只有谣言能跑过曹操。说曹操曹操到，谣言不用说就到。为什么事实还在穿鞋，流言已经满大街在跑了呢？客观事实永远跑不过主观臆测吗？流言、谣言、蜚语、谶语，都是飞短流长，我们不论其间的差别，而来看它们生长的环境。所谓无风不起浪，不管是恶意中伤还是神秘预测，都有目的。

一个小镇一条街，就是一个舆论场。街头张家老大夫妇打孩子的声音当晚就会传播到街尾的余家老二耳朵里，因为觊觎张老大年轻媳妇的风韵，第二天从街尾余家传播回来的街巷故事，就成了夫妻矛盾版本三或者版本四。支配一个小镇流言的力量可能是几百斤大米或者某个壮年男女心底的欲望。影响皇宫流言的力量，却绝不是肥皂剧中某个女官为了四阿哥的英俊潇洒殉情那么简单。宫内的利益与私情，宫外的政治与经济，家族的兴盛与衰落，各种作用力的交织，将皇宫这个舆论场塑造成一个如多种千年酵母混合发酵的老坛，酝酿着，生长着，就为那一场或可望或不可即的梅雨。潮湿阴郁的环境有利于病毒的疯狂生长，就像那野草从湿漉漉的岩缝中倔强地探出头来。

宫斗开演大戏

咏乌

李义府

日里飏朝彩，琴中伴夜啼。上林如许树，不借一枝栖。

"武氏巧慧，多权数，初入宫，卑辞屈体以事后。王皇后爱之，数称其美于皇上。"这种爱，是居高临下的欣赏和利用，目的还是对准萧淑妃。"未几大幸，拜为昭仪，王皇后及萧淑妃宠皆衰。"王皇后、萧淑妃立马成为利益同盟，相与共潜武氏，皇上皆不纳。潜诉，是真刀真枪的斗争，实质是互相诋毁、中伤。谁的话能被取信？这也是一门技术活。王皇后、萧淑妃与武昭仪更相潜诉，皇上不信皇后、淑妃之语，独信昭仪。为何其他话语皆不采纳而独信昭仪，重要原因在于武昭仪长袖善舞，有效运用了周边意见的影响力。

武昭仪以一普通妃嫔，站立于后宫千人之中，用心感受着一丝丝风吹草动，辨察着人心波澜，紧盯着皇上这个主要矛盾，展开了床笫之外的攻势。她将笄之年入宫，拥有服务太宗的经验，是后宫年轻的"老同志"。当然，这一段历史也是她斗争中的劣势，毕竟，服务两任皇上的妃子，应该就只是妃子了，按规矩再不会被摆上台面。王皇后也不傻，她推出武昭仪，也是思前想后的一着争宠妙棋，试图借力打力，还避免波及自身地位。皇后仗着家中的实力，不能俯下身子笼络皇上左右人等。她的母亲魏国夫人柳氏及舅舅中书令柳奭入见六宫，也是鼻孔朝天，招人怨恨。凡是王皇后得罪的人，武昭仪必倾心结交，把自己所得赏赐时时分享。如此一来，皇后及淑妃但凡有点不堪的举动，总有人通风报信，武昭仪再设法絮叨到皇上耳中。

年纪轻轻，就懂得结交敌人的敌人，何等厉害。其实，这只是武氏本事的冰山一角。得到皇帝的宠幸后，她策划的第一件大事是抬高自己家族的身价，为将来当皇后培育实力，并作舆论上的铺垫。为了给自己的父亲加封号，把一批原来并不是太有名的功臣又加封一拨，终于把边界以外的武士廙纳入名单之中。这件事，已经超出了一般宫斗情节的格局。几个回合下来，武氏已经完全由被动变为主动，牢牢地掌握了斗争的节奏。这种日常的斗争结果并不能达到武氏的首要目的，因为身份地位的卑微，反而时时处在危机之中。为了前途，武后制造了一起惨绝人寰的事件，直接击倒了王皇后。

王皇后宠虽衰，皇上并未有意废掉。恰好此时武昭仪生女，皇后为示关心，也趁机奚落只是生了女儿的武氏，故作喜爱，"怜而弄之"。王皇后装模作样一番后出门离开了，却不知她例行公事的这次慰问，提供了被致命一击的机会。估摸着皇上该过来了，武昭仪居然悄悄扼杀了自己襁褓之中的女儿，覆之以被。皇上进门，武昭仪欢笑如常，掀开被子请皇上看看女儿，"女已死矣，惊啼"。其实她不假装无辜，也不会有人怀疑到她的头上。审问左右，左右都说："皇后适来此。"皇上大怒，因她们之间公开的矛盾，顺理成章地认为："后杀吾女！"昭仪因泣诉其罪。皇后百口莫辩，无以自明，高宗由此有废立之志。

此时的武昭仪，对皇后的位置已经是志在必得，手段无所不用其极。但这样的极端手段毕竟机会不多，在机会到来时，她甚至都没有犹豫就掐死了自己的女儿、皇室的公主。普通人是超越不了作为臣子（后宫亦为臣子的一部分）的尺度下此狠手的，别说害死皇室的公主，哪怕是因为意外或照顾不力，都是死罪。在权力面前，武氏完全丧失了人性。更可怕的是，这么惨绝人寰的手段，只是为了陷害王皇后，为了使皇上厌恶另一个人。

她需要的还有舆论氛围，不断地营造氛围。以她的身份，要主政后宫，需要舆论的认可。关于废立这个亦公亦私的焦点话题，一场舆论大战拉开序幕。

斗争需要急先锋。这个人就是历史记载中臭名昭著的李义府。长孙无忌看不上中书舍人李义府的为人，将他左迁壁州司马。敕书还没到门下省，两耳倒竖的李义府已收到消息，问计于中书舍人王德俭，得到了一个扭转乾坤的主意："上欲立武昭仪为后，犹豫未决者，直恐宰臣异议耳。君能建策立之，则转祸为福矣。"李义府一想，也只有这个办法了。这是政治赌注，需要公开表态。当天，李义府与原本当值的王德俭换班，值宿中书，叩阁上表，公开表请废皇后王氏，立武昭仪，"以厌兆庶之心"。这是个天大的理由：亿万百姓的心声。这是高宗想听到的话，高宗马上召见他，了解了他的想法，也了解到他将被外放，认为这个职务安排不合适，应留居旧职，还为了表达鼓励，赐珠一斗。

正愁找不到代理人的武昭仪听说此事，马上意识到，在朝堂之中出现了可以培养的自己人。"密遣使劳勉"，许诺尽快找机会破格提拔。很快，李义府超拜中书侍郎。一个表态，从被外放偏远州郡司马变为权力中枢的侍郎，权力在互相需要时，职位不过是一个台阶而已。看到如此光景，卫尉卿许敬宗、御义大夫崔义玄、中丞袁公瑜都各使手段，悄悄向武昭仪表达了忠心。在权力的链条上，一旦有人握到一面小蓝旗，就会吸附一连串的攀援者闻风而至。链条的一端，正是年轻的武昭仪。她将掌控这段链条几十年之久，而攀附者大部分都被链条锁喉致命。

武昭仪已经成功地将自己的需求变成了皇上的想法。此时，李义府叩阁上表，公然站出来说皇帝想说又还不好说的话，一石三鸟，对抗了长孙无忌，由左迁司马变为留居中书舍人旧职，旋即升迁侍郎；结交了皇上和武昭仪，升迁在即不说，成为权力继任者心腹；体现了投机的胆识，弯道超车站到诸如许敬宗、崔义玄等一干人的前列，成为"废王立武"的团体领袖，他挺身而出的结果悄悄但迅速地知会了左摇右摆的大臣们，为很多人指明了路径。

仅仅有这些主动发声的人还不够。真正的意见领袖是顾命大臣们，他们长期形成的威望，有难以替代的作用。虽然昭仪催得急，这个事情还是得先酝酿，成熟后再拿上台面讨论。我们看到很多重大决策可以在直播镜头下当场决定，酝酿却是在暗处进行，见光之日，即为瓜熟蒂落之时。李治开始酝酿此事。

舆议有的时候是一潭死水，似乎凝固了一般搅不动裂不开；有时候像一锅温水，闷死一只两只青蛙可以，但怎么也达不到质变的临界点；有时候却是一锅汽油，一点就着，一发不可收拾。武昭仪要成为皇后，仅凭枕边风和后宫不温不火的议论，显然不够力度。她选择了掐死自己刚出生的女儿，这不顾一切的非人性做法，直接燃爆了高宗的内心。武昭仪要成为皇后，仅凭她和皇帝你情我愿也是不够的，起码高宗还没有这么强势，后宫也决定不了这件事，她和李义府的结盟，意味着内外的勾连成功，她利用人性的弱点为自己的野心服务，取得了立竿见影的效果。

非典型意见统一

拟江令于长安归扬州九日赋（二）

许敬宗

本逐征鸿去，还随落叶来。菊花应未满，请待诗人开。

游人倦蓬转，乡思逐雁来。偏想临潭菊，芳蕊对谁开。

　　一日，退朝，高宗小范围召长孙无忌、李勣、于志宁、褚遂良入内殿，拟商量"废王立武"之事。长孙无忌是坚持扶李治上位的舅舅，没有长孙无忌，难有高宗。他的意见一贯明确，但他的政治历练臻于圆滑，轻易不开口说话。李勣称疾不入，两方都得罪，也不得罪。他在这件事情上似乎是看透了，你唐王朝家事，与我何干。太宗对他一直有点不放心，看来不是空穴来风。以他的作为、能力、功勋，他是最有办法改变这件事结果的人。他选择明哲保身，由此得以终老。当然，李勣也是历史上天文地理无所不知无所不晓的人物，是否他也和袁天罡一样，已经在风中闻到了女主天下的气息？放到今天，不知道网友会怎么样评价他的选择。总之，绝对超越现实般飘逸，这也是个风一样的男子。

　　未进殿中，褚遂良先行表态，试图统一意见："今日之召，多为中宫，上意既决，逆之必死。太尉元舅，司空功臣，不可使上有杀元舅及功臣之名。遂良起于草茅，无汗马之劳，致位至此，且受顾托，不以死争之，何以下见先帝！"于志宁是李治做太子时的老师，老成持重，一般不说话。在场的三位当朝大佬，各怀心思，褚遂良其实也只是代表了长孙无忌的意见。在这种最具实力的大臣中，任何试图真正统一立场的想法都是幼稚的。唯一能够统一的办法就是消灭不同意见，这唯一的办法，正是后来武后的做法，因为她想不了这么多，就采用两点之间直线距离最短的办法。几十年后，她才学会绕个弯来解决问题，也最终靠学会了绕弯，得以保全自己一定的正史地位。

　　长孙无忌等至内殿。李治虽是开门见山，显然也有些心虚，对着长孙无忌说："皇后无子，武昭仪有子，今欲立昭仪为后，何如？"长孙无忌不但位居大臣第一，还是皇上的舅舅。这个事，既是国事，也是家事，皇上先问他，没毛病。但先接话的是褚遂良："皇后名家，先帝为陛下所娶。先帝临崩，执陛下手谓臣曰：'朕佳儿佳妇，今以付卿。'此陛下所闻，言犹在耳。皇后未闻有过，岂可轻废！臣不敢曲从陛下，上违先帝之命！"这么一说，就不好接下去了，皇上不悦而罢。算了，今天不议了。散了吧。

争论第一日，议题为废不废后。褚遂良不废后的观点鲜明，但经不起现实的推敲。理由是皇后出身名门，又为先帝所托。更关键的是，他的意见并没有得到朝中实力派的支持。皇后一门，人才凋零，皇后失势，她的舅舅柳奭因裙带而擢拔，并没有眼光和手腕提前和这些顾命大臣站到一起；太宗的嘱托已随他驾鹤西去，在现实面前显得有些缥缈。比起武昭仪在后宫的话语权，褚遂良们仅仅站在了维护既成现实的角度，没有站在情况发展变化的角度思考问题，等于没有给不废皇后一个充分的理由。更要紧的是，他的理由中没有考虑李治的感受，李治是皇上，也是人。

可见，顾命大臣们打的是无准备之仗，更谈不上团结一致。这就是我们经常看到的有时貌似强大的主张，最终不堪一击。这是一场没有正确答案的多方辩论赛。拿到台面上，是大家的事，谁都想插上一嘴；拿到台面下，其实和每个人又没有什么直接关系，谁都可以想不起还有这件事。可一旦拿到朝堂之上，是利益相关人之间的实力博弈，谁都知道背后的性命攸关，这就不是一件事，而是权力斗争的把手。废后立后这样的事，具有天然的热点因子，从来就是各方关注的焦点，一般都会发展成权力斗争的引爆点。

估计多少受到武昭仪的压力，同时，也在床头商量出了一些对策。另日，高宗李治再找几位商议这件事。不跟他们讨论废不废的问题，话题直接从废后立谁的阶段开始。辩论赛议题进入第二阶段，这是议题设置的妙处。还是褚遂良站出来反对："陛下必欲易皇后，伏请妙择天下令族，何必武氏！武氏经事先帝，众所共知，天下耳目，安可蔽也。万代之后，谓陛下为如何！愿留三思！臣今忤陛下，罪当死！"因置笏于殿阶，解巾叩头流血，"还陛下笏，乞放归田里"。褚遂良以为，拼上自己顾命大臣的位子，总可以改变皇上的选择吧。毕竟，武氏前朝才人的身份，是无法瞒天过海的事实，成为当今皇后，这是千古难消的丑闻啊。名节、大臣和皇后，难道哪头轻哪头重，皇上不应该清楚吗？

　　皇上大怒，命人将褚遂良扶出殿外。这是李治心中难以言表的苦楚，却被褚遂良一把揭开伤疤，是可忍，孰不可忍。后来宋璟对中宗也干过类似的事，这都是书生的特点。这是武昭仪痛点所在，要做现任皇后，她的出身是硬伤。站在这个支撑点上，褚遂良才敢于以乞归田里来要挟皇帝，但他遇到的是将要君临天下的武昭仪。武氏初期对待对手的方式就是从肉体上消灭。对褚遂良这样的顾命大臣，她直接要求扑杀。仅为昭仪，武氏已经急不可耐地开始了垂帘听政，在帘中向大臣发出了第一道追杀令，厉声道："何不扑杀此獠！"长孙无忌一听终于急了："遂良受先朝顾命，有罪不可加刑！"于志宁依旧不敢言。李勣还是没有来。

　　此时，最有发言权的长孙无忌没有真正站出来，长期在李治身边服务的于志宁大约是太过明了李治的个性而不敢言声。这样，就把一个站在所谓道统立场、完全为李家王朝着想的褚遂良架到了火山口上。结果可以想象，他们在和一个当事人讨论当事人的任免，这是要让地主自己搞土改，当事人会同意你的不同意见吗？明明知道帘后有武昭仪的存在，他们还要装模作样地讨论此事，这对李治而言，无疑是一个悲剧的开始。明明知道帘后有武昭仪虎视眈眈，褚遂良还是奋不顾身，是他的价值观使然。他在维护一个皇朝的权威，他不是一个人在战斗，细论此事，他的确有充分的理由。

时任侍中韩瑗因间奏事（奏别事时说起此事，恐怕要单奏此事，他未必有机会见皇上），涕泣极谏，皇上不纳。韩瑗之前反对立武昭仪为宸妃的意见被采纳，认为现在反对立昭仪为皇后更应该被采纳。明日又谏，悲不自胜，皇上命引出（拖出殿外）。韩瑗此时兼修国史，对这个朝廷，对这个国家，真正感觉自己担负着无比巨大的责任。不让说，就写，又上疏谏："匹夫匹妇，犹相选择，况天子乎！皇后母仪万国，善恶由之，故媄母辅佐黄帝，妲己倾覆殷王，《诗》云，赫赫宗周，褒姒灭之。每览前古，常兴叹息，不谓今日尘黩圣代。作而不法，后嗣何观！愿陛下详之，无为后人所笑！使臣有以益国，菹醢之戮，臣之分也！昔吴王不用子胥之言而麋鹿游于姑苏。臣恐海内失望，棘荆生于阙庭，宗庙不血食，期有日矣！"他的意见，说起来，无非三点，悖逆祖宗，贻笑后人，秽行乱政。韩瑗很有见地，他已经看穿了昭仪和皇帝之间的关系，第一个把宗庙倾覆的危险指了出来。

隋朝大将来护儿之子，现任中书令、检校吏部尚书来济上表谏："王者立后，上法乾坤，必择礼教名家，幽闲令淑，副四海之望，称神祇之意。是故周文造舟以迎太姒，而兴《关雎》之化，百姓蒙祚；孝成纵欲，以婢为后，使皇统亡绝，社稷倾沦。有周之隆既如彼，大汉之祸又如此，惟陛下详察！"此人胆识俱佳，曾在太宗如何处置废太子承乾的问题上，说出了人人心中皆有人人都不敢说的话，望太宗看在父子情分上，保全废太子承乾。不过，即使如此人物，在这件事上的努力，就如一拳打在棉花上，不痛不痒。

从现代爱情观念来讲，这些观点都是反人性的，但在当时，这是一个又一个王朝用血泪积累出的经验。你是皇上，想到哪个妃子处过夜，是你的自由；但你立谁做皇后，不能也如此般随意吧。所有这些冠冕堂皇的道理，建立在两个论据之上，一是皇后的废立是国家的事，二是武昭仪不具备成为皇后的条件。这两个论据如果需要成为证据，谁都拿不出来。

问题的核心在这是家事还是国事。他日，李勣入见（李治终于等到该日，李勣的身份、地位、影响力都注定了他没办法躲过该日），与李治展开了简短而关键的对话。李治迫不及待想要一个意见，问："朕欲立武昭仪为后，遂良固执以为不可。遂良既顾命大臣，事当且已乎？"李勣看似随口地抛出了他思索多日的意见："此陛下家事，何必更问外人！"

李治听到了最想听的话，其实他就差这么一点点支持。

这段对话，导致诸多史家对李勣的评价发生改变。身为李勣，到底该持何种立场，你可以根据自己脑海里李勣的形象去设想。但，这时或那时，他都站在了现实一边。他的能力确实无法不让太宗动心，但作为托孤大臣，也许太宗还是看走眼了。李勣以一代名将、名臣的身份，说出这个话，说明他对李家王朝并无感情，甚至一直有野心，只是没有机会。也有解读认为，他和李密的友谊，让他内心深处一直没有融入李家王朝。如果他年轻20岁，也许后来徐敬业讨武的失败历史将会被改写。或许，从瓦岗寨起，他的心中也一直有一个成就伟业的梦想，只是时势命运一直没让他找到出口。

李勣的态度产生了沉默的螺旋效应，曾经的秦王府十八学士之一许敬宗宣言于朝："田舍翁多收十斛麦，尚欲易妇；况天子欲立一后，何豫诸人事而妄生异议乎！"这也是许敬宗历史毁誉的分野。从此，许敬宗被划入李义府一流。"昭仪令左右以闻"，武氏绝不放过一点点可以放大宣传有利于自己观点的机会。这两个人讲的道理一致，但出发点绝对不同。许敬宗德行差，博学多识却是事实，把废后与易妇相等同，近乎狡辩地想赢得这场斗争。这件事，终于逐渐被确定为李治的家事。

武氏顾不上也不可能一次性把反对势力收拾完，上位的决心已下，李治只有一个选择：执行。长孙无忌比较收敛，武氏暂时也动不了这棵大树。第一个拿来开刀的是态度最坚决、资历也最浅的褚遂良，很快，贬褚遂良为潭州（今长沙）都督。王皇后一支，在这场斗争中完全失语。她舅舅柳奭主要依靠外甥女得以入相，给她的帮助，并没有像王皇后当年给舅舅的擢拔来得那么有力。要在一个贵显的位置显贵，需要深埋土中根系的支撑。否则，遭遇权力斗争的波涛，就会如大浪中的浮萍漂荡至杳无踪迹。

百官上表请立中宫，李治下诏："武氏门著勋庸，地华缨黻，往以才行选入后庭，誉重椒闱，德光兰掖。朕昔在储贰，特荷先慈，常得待从，弗离朝夕，宫壶之内，恒自饬躬，嫔嫱之间，未尝连目，圣情鉴悉，每垂赏叹，遂以武氏赐朕，事同政君，可立为皇后。"

武后上位，舆论哗然。这场举世关注的易后事件，武氏的对手并不是王皇后，而是她的出身和经历，她面对的是强大的正统观念，她的对手看不见摸不着，却在大家的心里，所以她才那么极端那么艰难。武媚娘成为武才人，以色；武才人成为武昭仪，以情；武昭仪成为武皇后，以谋。武氏蜕变的每一步，都在演绎斗争的升级版本。在所有历史记载中，这个风一般的女子时而如旋风起波澜，时而如狂风扫林木，时而如妖风道不尽。这个事件中每一个人的表态精彩至极。褚遂良、长孙无忌、李勣、于志宁、韩瑗、来济、李义府、许敬宗，俱为名角；参演这场大戏，生旦净末丑，各得其位。

未成为武后时，还能屈身忍辱，奉顺上意，使皇上力排群议而立之

134

为后；及得志，专作威福，皇上欲有所为，动辄为所制。李治不胜其忿。

这还只是开始，所有喷向武昭仪的口水，都会被武氏还回来。从此，武后超越了后宫的争斗，开启了和朝廷，和百姓，和既有思想观念体系，甚至是整个天下的斗争征程。这是唐朝留给中国和世界历史的一座矿藏，坑道纵横，尚待挖掘。

二 与帘斗：野心如野草蔓延

唐明堂乐章·皇嗣出入升降

武则天

至人光俗，大孝通神。谦以表性，恭惟立身。

洪规载启，茂典方陈。誉隆三善，祥开万春。

公开垂帘。这道帘，成就了武氏，却也是她心头之患。她此后一段时期的主要工作，是摘去这道帘子。这是一层窗户纸，一捅就破，关键在于，历史上还没人敢捅破。武氏建立大周后为自己取名曌，是不是开创历史，她可能并没有清晰意识到，对权力的欲望，却早已如海草生根于内心，以基因分裂的速度膨胀。

从思想上消灭帘子

她已经不满足于每天晚上听汇报，通过李治来执行自己的意图。这种模式存在的二十四小时周期，已经让她感到施政意图难以及时执行，更何况李治也不是一个强有力的执行者。"自是皇上每视事，皇后垂帘，政无大小皆与闻。"当这道帘子成为固定设置时，谁都会明白，一前一后的两位领导，谁才是说了算的。"天下大权，悉归中宫，黜陟、生杀，决于其口，天子拱手而已，中外谓之二圣。"

说武曌这个人物难评价，在于她的治国能力如评书和说唱里的山大王般高。就如《亮剑》中的李云龙，招招制敌，却毫无章法。也可以解释成见招拆招，自然而然显示出极高的天赋。此时的她，并没有一个可以帮助自己的人或团队，一个人像一支队伍在战斗，很多能力，确实就如李治在册立皇后的诏书中所言，并非溢美之词。她天生的才华绝非虚构，在帘子后面杀伐决断之际，并没有忘记从舆论场的周边入手，为自己作为一个女性参政造势。

她试图从四个方面入手，为自己堂而皇之出现在朝堂之上做铺垫。当然，这并不容易。

介入意识形态规则制定。天后上表，以为："国家圣绪，出自玄元皇帝，请令王公以下皆习《老子》，每岁明经，准《孝经》《论语》策试。"又请"自今父在，为母服齐衰三年。又，京官八品以上，宜量加俸禄"。诏书褒美，照准执行。首先抬出的是对老子的尊崇，这是李家王朝的需求，其实后来武周时期，老子这个玄元皇帝的称呼就成了太上老君。她一共提了十二条建议，其中关键是对母亲地位的尊崇，思虑不可谓不深。

展开后宫自主礼仪活动。675年春天，天后祀先蚕于邙山之阳，"百官及朝集使皆陪位"。看起来这个祭祀活动特殊之处，是百官作陪，这当然已经超越了当时一个皇后祭祀活动的传统礼仪。其实还不止于此，朝集制本来是由地方州郡长官轮流进京汇报的制度，后来地方大员一般派亲信官员代表进京担任。朝集使的参与，表明武后开始把信号正式传达至地方，并试探性笼络和指挥州郡大员。对于当朝一帮以顾命大臣自居的老顽固，武后很是无奈，她需要自己的势力。地方官员对来自皇宫的力量始终会多些敬畏，很多时候也分辨不清皇宫指令的来源，可以便宜行事，执行皇后的命令。这样，地方官员首先成为武后拉拢的对象。这倒是为后来大周王朝的治理打下了意想不到的人才基础，包括狄仁杰等在内，都是在地方有突出表现后进入鸾台凤阁的。

引导文学创作走向。无疑武媚娘是个爱学习的人，她的家庭条件不错，能够接触到较多的图书作品，却又在小小年纪经历了家族变故，颠沛辗转中，她一定感受到了知识的力量，所以很早就着手从思想上改变人。天后笼络当时比较有名的文学之士，如著作郎元万顷、左史刘祎之等，集中编撰《列女传》《臣轨》《百僚新戒》《乐书》等，达几千卷。她的目的直接而且现实，就是让自己在读书人当中有口碑，在读书人的笔下有将来。读书人却在一片纷乱中看到了机会，其中很多作品本身的价值一直闪耀光芒。其中，刘祎之此人后来的表现令人嗟叹，作为武后早期提拔的大臣，他在反对告密的风潮中慨然赴死。

分流中书、门下省权力。"朝廷奏议及百司表疏，时密令参决，以分宰相之权，时人谓之北门学士。"实际情况是，她逐渐建立了一个半公开的权力运行体系，即所谓北门学士。唐朝官衙都在宫城之南，翰林院在银台之北，元万顷、刘祎之等人不经南门，而于北门听宣出入办差，被称为"北门学士"，实际成为后宫朝臣。这种权力的分流先例，为几十年后韦后一族产生数千上万"斜封官"埋下伏笔。区别在武后为揽权，韦后为揽财，其间高下，不止尺寸。在某些阶段，朝廷的权力体系就这样被私欲和权力狠狠击打以致悬空，相当于权力出了界，后果很严重。

规定为母服孝，带领官员祭祀，改变传统观念，分流朝堂权力。有软实力，也有硬实力。她开始运用权力影响价值判断，开始面对大众行使权力。她开始接触权力的真谛，权力只有具备左右人心的能力，才能影响和左右局面。从这里开始，武曌从影响李治到开始影响整个朝廷的运行。这是武氏进化的一个重大节点，感受神州大地的律动，辨听社会大众的声音，不再是后宫斗争那么简单粗暴。

从肉体上消灭对手

直接斗争仍然是她的主业和长项，或者说底色。此时，她最需要扫清的是皇帝的儿女们。于她而言，此时心中只有自己权力的欲火，别说皇帝与别人生的儿女，自己的亲生骨肉，也不过是一个绊脚石，随时可以清除。

李渊有二三十个王子公主，其中一个女儿常乐公主嫁给左千牛将军赵瓌，他们的女儿嫁给周王李显，也就是现在天后的儿媳妇。常乐公主为高祖李渊满公主，虽长一辈，年纪却和高宗李治差不多，与李治关系不错。天后却由此恨上了常乐公主，决定先对她女儿下手。突然将这个儿媳妇秘密关押，似乎是牵连别的事，也可能为莫须有，"显妃坐废，幽闭于内侍省"。为防止显妃做饭冒烟被人知道此处有人被关押，只提供生食。"已而数日烟不出，开视，死腐矣。"手段之残忍，令人瞠目。同时，将赵瓌由离京城较近的定州刺史远贬括州刺史，下令常乐公主作为家属随官外迁，断绝她入朝见到李治的可能。目的只有一个，不能让高宗信任的人靠近，以防李家势力勾连。

当然，这类人还都属外围清理。在她心中，真正的敌人是自己的儿子。"天后方逞其志，太子奏请，数迕旨，由是失爱于天后。"时任太子李弘，全心全意想做大唐王朝一个好的接班人，积极向上不断进取，却因此加速了自己的死亡进程。他仁孝谦谨，很得高宗喜爱；礼接士大夫，中外属心。殊不知，这两点已经触动了天后的忌讳。积极上进也是错的，这超出了一个年轻人的脑洞深度。很快，太子李弘就因为自己的善良和简单触动了武氏内心最隐秘的伤疤。年轻的他万万想不到，权力能让一个人、一个母亲如此不择手段。

义阳、宣城二位公主，系萧淑妃之女，"坐母得罪，幽于掖庭，年逾三十不嫁"。三十多岁在当时什么概念？可以做奶奶的年纪。偶然间，太子李弘见到了两位同父异母的姐姐，大吃一惊，心生恻隐，没有多想就向父皇奏请，把两位姐姐嫁人吧，高宗当然批示同意。天后大怒，为什么呢，这是她的失职，作为后宫之主，理当为适龄后辈安排婚事。这样一来，她当然认为是太子公然揭开了她的短处。于是，"即日以公主配当上翊卫权毅、王遂古"。看起来，她马上弥补了自己的过失。可是，谁都看出来了，她怒的可不是自己的失职被暴露。

　　没多久，"太子薨于合璧宫"，当朝太子就这样不清不楚地死了。"时人以为天后鸩之也"，明眼人都认为是天后干的。太子没法知道自己随时面临死亡，因为他可能根本不知道萧淑妃当年是怎么死的。为什么太子李弘只能蹊跷地死去，因为他暂时实在没什么把柄好让天后公开处死。李弘的死，虽难以考证，但给天后的声誉留下了突破底线的污痕，无故毒死太子的嫌疑，在历史评价中无论如何不会被原谅，后来各种文学作品中，也反映了她晚年由此遭受的梦魇。虎毒不食子是一个生物现象，更是文明的底线，却在武氏燃烧的权欲之火中灰飞烟灭。

　　新立太子李贤，人不如其名。哥哥无故消失，对他却是喜从天降，虽然有些战战兢兢，还是很快找到了当太子的感觉。他的存在，当然不是天后的需要，但他的故事，稍微曲折一些。或许是天后觉得无端杀人太过直接，难以堵住悠悠众口，于是增加了一些程序，让铲除这位太子看起来具有一定合法性。

　　不久，宫中传言，太子李贤是天后姐姐韩国夫人所生，这个传言的来源当然可疑，因为此事只有天后和她姐姐能释疑。天后曾让北门学士撰《少阳正范》及《孝子传》赐太子，还多次手谕教训讥讽。看到宫女们窃窃私语，李贤对自己的身份产生怀疑，又忧又怕。流言、暗示、舆论环境极为不利，太子不傻，愈不自安。他不知道自己该作何选择，才能突破面前这张网。

此时，一个能参通鬼神的术士出现了。术士明崇俨密称"太子不堪承继，英王貌类太宗"；又言"相王相最贵"。此人制造流言的方法颇为专业，只有秘闻才能被迅速传播。所以，他把自己的流言包装成秘密，以利流传。没想到，放出不利于太子的留言后不久，明崇俨突然死了，死因不明。天后指证是太子干的，不管是不是贼喊捉贼，总之，太子有嫌疑。

太子李贤和前太子李弘不一样，颇好声色，平时喜欢与户奴赵道生等狎昵，并经常赏赐他们金帛。天后使人向皇上告发其事。高宗下令御史大夫调查此事，轮番审问下来，没费多大工夫，口供就一应俱全，并于东宫马坊搜得盔甲数百领。太子宫中藏盔甲，那是看得见的谋反证据。此时，赵道生被策反，称太子指使自己杀了来历不明的术士明崇俨。高宗素爱太子，迟回欲宽宥，想给个机会，天后怒："为人子怀逆谋，天地所不容；大义灭亲，何可赦也！"高宗在此番对话中，做何感想！此前太子李弘不明不白地死去，现在太子李贤又要被公开处置，以父亲之名，情何以堪，但面对强势到骨子里的天后，他也无力回天。

很快，太子李贤被废为庶人，从东都洛阳押送至京师长安，幽于别所，所谓反党皆伏诛，公开焚烧盔甲于天津桥南以示士民。天知道甲具何来，但这是个必不可少的程序，天桥焚烧反具，事情才具有正义性。公主也好，太子也罢。作为一个女人要掌握权力，自己的亲生女儿可以掐死，儿子当然也可以牺牲。这种丧心病狂的背后，有人解读为是武曌对男权社会的极端对抗，难免显得有些牵强。

还有两个儿子，没有理由不立太子。681年，立左卫大将军、雍州牧英王李哲为皇太子，改元，赦天下。在庆祝册立太子的仪式上，发生了一个小插曲。"敕宴百官及命妇于宣政殿，引九部伎及散乐自宣政门入。"也就是说，夫人们这次要和官员一起在宣政殿举杯庆祝。太常博士袁利贞上疏反对，以为："正寝非命妇宴会之地，路门非倡优进御之所，请命妇会于别殿，九部伎自东西门入，其散乐伏望停省。"高宗并非无所作为的皇帝，此时饱受舆论压力的他已经需要这样对抗强势天后的声音，顺势更改命令置宴于麟德殿；宴会当日，特地赏赐袁利贞帛百段，释放了微弱的对抗信号。这一举动说明，当时抵抗天后的舆情民意，已经在思想的各个角落生长，此后绵绵不绝。可惜的是，这位上疏的博士利贞兄命不久矣。

在相当长的一段时间里，武后都只能在这道帘子后发号施令。这道帘子，是她此时最直接的斗争目标。思想上突出女人女性，肉体上消灭男人男性。这些书，这些礼教，限制着她的手脚；这个太子、那个太子，阻挡着她的道路。她还是那么时而缥缈时而直接，有意无意中不顾一切地清除上位的障碍。虽然李治在头疼发作时，很依赖她处理一些政务；头疼病没发时，估计她也让他头疼。她虽然掌握了幕后的权力，可要一脚跨出这道帘子，还是一个漫长的过程。

虽然她生活在那个依靠人际传播信息的时代，却懂得组织写手造势，举办活动拉帮结派，利用神秘主义造谣生事。一道帘子，已经挡不住她前进的步伐。

三　与人斗：粗暴到"不讲武德"

曳鼎歌

武则天

義农首出，轩昊膺期。唐虞继踵，汤禹乘时。

天下光宅，海内雍熙。上玄降鉴，方建隆基。

权柄在手，却没有名分，让她如何不心焦。她要逾越的，是数千年权力发展的巅峰；她要改变的，是长久以来性别分工形成的权力格局。这是一座山，千年岁月累积的高山。在那个靠快马加鞭烽火传讯的年代，人们的观念还跟不上她的节奏，接受一个女人成为皇帝带来的思想和情感冲击，无异于晴天霹雳。对朝廷的稳定来讲，国不可一日无君。君主之于政权的稳定，异常关键。武氏或明或暗的僭越意图，让很多人觉得，天要塌下来了。她的强势出击，遭遇了朝野上下甚至大唐内外武力和思想的拼死抵抗。

司马昭之心发酵

在唐朝历史纪年中，有一个较为特殊的称呼，叫垂拱年间。垂拱，意思是垂衣拱手，常形容无事可做。武氏从幕后走向台前，垂拱从一个动作变成一个概念，之后，成为一个历史阶段。

683年，高宗打算上则天门楼宣布大赦天下，气逆不能乘马，只好召百官入殿前宣布。当天晚上，召裴炎觐见，遗诏辅政，崩于贞观殿。遗诏太子枢前即位，军国大事有不决者，兼取天后进止。中宗即位，尊天后为皇太后，政事咸取决于天后。让中宗继位，也只是武氏给自己预留了一个挪腾的时间和空间。此时的武氏，已经具备了相当的执政经验。摆布一番后，很快，宣太后令，废中宗为庐陵王，扶下殿。中宗问："我何罪？"太后答："汝欲以天下与韦玄贞，何得无罪！"幽于别所。

这是一个母亲和儿子的对话。这是欲加之罪何患无辞。不过，以天下与韦玄贞的话，还真有记载，中宗以两个哥哥下场为鉴，为太子，为皇帝，都是在觳觫中过日子，以至于跟感情融洽的韦后宣泄说，一旦得天下，可与之等言语。这些话，居然也被武氏掌握，并成为莫须有的武器。可见武后惯用刺探、密报、栽赃等手法，娴熟无比。

很快，立雍州牧豫王李旦为皇帝，立豫王妃刘氏为皇后。政事决于太后，居睿宗于别殿，不得有所预。此处两个词语的使用非常讲究，一是"居"放在句首，是个动词，说明是安排布置睿宗住在偏殿；二是"预"字的含义，此处不仅指干预，还指参与的意思。《资治通鉴》厉害在哪里，遣词造句背后的内涵，让人喟然而叹。太后为何要把两个儿子这么倒腾一番？因为中宗毕竟担任太子有一段时间，自然会有一批朝中大臣支持，而换一个儿子当皇帝，既是对中宗的压制，也是在权力交接过后的立威，让外界明白权力所在。

武氏的做法激起朝野的轩然大波。李勣一辈子没有做成的事，上天给他的孙子徐敬业送来一次机会。徐敬业自称匡复府上将，领扬州大都督。"以之奇、求仁为左、右长史，宗臣、仲璋为左、右司马，思温为军师，宾王为记室，旬日间得胜兵十余万。"徐敬业和他弟弟令徐敬猷、给事中唐之奇、长安主簿骆宾王、詹事司直杜求仁都因事获罪，徐敬业被降职为柳州司马，徐敬猷被免官，唐之奇被降职为栝苍令，骆宾王被降职为临海丞，杜求仁被降职为黟县令。魏思温曾任御史，再次被罢黜。他们聚会于扬州，举起拥立庐陵王反对武则天的旗帜。舆议汹汹之际，有人举旗反武，一时间人心归附。徐敬业移檄州县，发布骆宾王起草的讨伐檄文："伪临朝武氏者，人非温顺，地实寒微。昔充太宗下陈，尝以更衣入侍，洎乎晚节，秽乱春宫。密隐先帝之私，阴图后庭之嬖，践元后于翚翟，陷吾君于聚麀。"又曰："杀姊屠兄，弑君鸩母，人神之所同嫉，天地之所不容。"又曰："包藏祸心，窃窥神器。君之爱子，幽之于别宫；贼之宗盟，委之以重任。"又曰："一抔之土未干，六尺之孤安在！"又曰："试观今日之域中，竟是谁家之天下！"

把这个描述和许敬宗所撰任命武氏为皇后的诏令对比，就会发现，一件事本身有几面，看法就可以有几面，解读更可以想有几面就几面。可以想到，当时有多少政治宣言是在戴着面具跳舞。但毫无疑问，这篇檄文把武氏翻了个底朝天。没想到，武氏见到檄文，居然问："谁所为？"有人答："骆宾王。"武氏叹气："宰相之过也。人有如此才，而使之流落不偶乎！"这一问一答一叹的过程，几乎可以回答为什么徐敬业失败之快速，他不仅犯了没有挥师西进、北上讨武护唐的战略错误，还遇到了一个真正的对手。论斗争本领，武氏为顶尖高手，打仗一事，在斗争策略正确的情况下，战场的胜败就只是执行层面的事。很快，这场护唐运动无疾而终，历史留下的重重的一笔落在这篇檄文上。同时，还留下一个生死之谜，骆宾王后来不知所终。

在骆宾王写讨武檄文之前，三国时期陈琳有一篇"讨曹操檄"，不仅将曹操里里外外、上上下下、所作所为骂了个遍，还把他祖先都羞辱了一通。檄文传至许昌，曹操方患头风，卧病在床，见檄文，毛骨悚然，出了一身冷汗，不觉头风顿愈，一跃而起，问此檄何人所作？得知是老朋友陈琳，笑了，说文韬武略须匹配，陈琳文事虽强，袁绍武略不足，不足为虑。但这篇檄文着实让他心惊和叹服，战败袁绍后，没舍得杀才华横溢的陈琳，只是拉着他的手说了句："辱我足矣，奈何辱我祖？"

雄文抵万军，骆宾王也遭遇文韬武略不匹配的尴尬。假如武则天能见到他，不知作何说辞，赠何官职。《资治通鉴》对徐敬业讨武一事着墨不多，但对骆宾王一文浓墨重彩，应该是想说一场战争如果放到历史上来描述，就会浓缩成理念分野、形势研判和价值高下，就会发现很多时候并不仅仅是在战场上决高下。。

挥之不去的真话

总有人在说真话，比起徐敬业的起事，这是让太后更烦的一件事。她也许会郁闷地反问，这些人，难道就不能看风使舵吗？有那么一批人，不是不会，是不能，他们总觉得自己肩上有一副担子。

比如尚书左丞冯元常，是高宗亲自任命的官员，高宗晚年多疾，百司奏事，每次状态不好就会说："朕体中不佳，可与元常平章以闻。"这是公开表达信任，武后当然听在耳中，记在心上。冯元常尝密言："中宫威权太重，宜稍抑损。"高宗虽做不到，深以为然。太后称制，四方争言符瑞；嵩阳令樊文献瑞石，太后命于朝堂示百官，冯元常不识时务地上奏："状涉谄诈，不可诬罔天下。"太后不悦，出为陇州刺史。

对顾命大臣，就不是外放这么简单了。侄儿武承嗣请太后给武氏祖先封王，立武氏七庙，太后批示同意。可是，受遗诏辅国的裴炎不同意了，进谏："太后母临天下，当示至公，不可私于所亲。独不见吕氏之败乎！"太后此时的修为，已经研究过吕后的故事了，对这个她需要在某些方面学习借鉴的前辈，她甚至有自己的思考，说："吕后以权委生者，故及于败。今吾追尊亡者，何伤乎！"裴炎对答："事当防微杜渐，不可长耳。"太后不从。很快，追尊太后五代祖克己为鲁靖公，妣为夫人；高祖居常为太尉、北平恭肃王，曾祖俭为太尉、金城义康王，祖华为太尉、太原安成王，考士彟为太师、魏定王；祖妣皆为妃。又作五代祠堂于山西文水。裴炎由此事得罪太后，殊不知，他这个谏议是发自真心对太后的保护，因为他实在想不到，太后的理想可不止吕后专权而已。

正因如此，裴炎获罪是早晚的事。徐敬业举兵讨武，太后问计于宰相裴炎，他的对策居然是："皇帝年长，不亲政事，故竖子得以为辞。若太后返政，则不讨自平矣。"面对此等大臣，太后只好外御敌军，内肃政敌。监察御史崔詧有心攀附，闻到了太后和裴炎对话中的火药味，进言："炎受顾托，大权在己，若无异图，何故请太后归政？"太后即命左肃政大夫骞味道、侍御史鱼承晔审问，收炎下狱。裴炎辞气不屈，似乎早料到这天终会到来。有人劝裴炎逊辞以免，裴炎答："宰相下狱，安有全理！"真是虽千万人吾往矣的气概，可见裴炎此前支持太后听政的目的还在朝政的稳定，并不是要把她扶上大位，其实，这也是当时大多数臣工的想法。

对裴炎获罪，各方面展开了表态式辩论。凤阁舍人李景谌做证，裴炎必反。刘景先及凤阁侍郎胡元范都说："炎，社稷元臣，有功于国，悉心奉上，天下所知，臣敢明其不反。"太后态度明确："炎反有端，顾卿不知耳。"刘景先等也豁出去了，对答："若裴炎为反，则臣等亦反也。"太后如绕口令般辩解："朕知裴炎反，知卿等不反。"文武大臣间证明裴炎不反的人一大片，看这情况，太后顾不了那么多了，干脆，将刘景先、胡元范下狱，杀鸡给猴看看。同时，以骞味道检校内史同凤阁鸾台三品，李景谌同凤阁鸾台平章事。这也是太后惯用的伎俩，给这类人马上看得见的好处，激发一些人的贪欲和私念。

有不怕事的。裴炎的侄儿太仆寺丞裴仙先，年十七，上封请见言事。太后召见，质问："汝伯父谋反，尚何言？"裴仙先说："臣为陛下画计耳，安敢诉冤！陛下为李氏妇，先帝弃天下，遽揽朝政，变易嗣子，疏斥李氏，封崇诸武。臣伯父忠于社稷，反诬以罪，戮及子孙。陛下所为如是，臣实惜之！陛下早宜复子明辟，高枕深居，则宗族可全；不然，天下一变，不可复救矣！"太后怒："胡白，小子敢发此言！"下令拖出。被带出大殿时，裴仙先回头还补了一句："今用臣言，犹未晚！"如是者三。好在年轻，保住性命，太后命于朝堂杖之一百，长流瀼州。这个道理，并不深奥，十七岁的裴仙先都能说出来，可算人人心中皆有，只是不敢说而已。

垂拱元年（685年），正月，赦天下，改元，颁《垂拱格》。垂拱二年（686年），正月，太后下诏复政于皇帝，睿宗知太后非诚心，奉表固让；太后复临朝称制。685年正月至688年十二月，整四年的时间被称为垂拱年间。垂拱实际是唐睿宗李旦的年号，但历史上基本把这段时间算作武则天实际执政的年号，所以垂拱又有了些特别的含义。垂拱的字面含义是垂衣拱手，意思是放松而不用干什么，也可以理解为"您请"。垂拱而治出自《尚书》，原意是轻轻松松就把天下治理好了。用到李旦身上，效果一样，都是不用干活，天下就治理好了。武氏颁布《垂拱格》，实际要表明是我把天下治理好了。

她面对的是人心的逆流，可是她非得逆流而上。这是一个过渡时期，是武后为自己上位铺垫的时期，她要解决的都是现实问题，外平讨伐，内除异己。这是一个粗暴到不用讲道理的阶段。

四 与天斗：人心血流成河

唐享昊天乐·第一

武则天

太阴凝至化，真耀蕴轩仪。

德迈娥台敞，仁高姒幄披。

扪天遂启极，梦日乃升曦。

阴盛阳衰，在日常使用中是个贬义词。如果把武氏放到现代某国大选现场，我真是不敢想象她的团队如何制订舆情应对方案。她的履历，她的作为，足够天天不间断引爆媒体神经。而她真正面对的是，绝大部分人，从心理上，从观念上，从感情上，从一切能找到的理由中，还没法顺畅地接受一个女性元首。她面对的是千年形成的所谓违和天道的挑战。

代有天下

690年，武氏称制，则天顺圣皇后天授元年。太后享万象神宫，赦天下。始用周正，改永昌元年十一月为载初元年正月，以十二月为腊月，夏正月为一月。以周、汉之后为二王后，舜、禹、成汤之后为三恪，周、隋之嗣同列国。即算称制后，《资治通鉴》表述中，武氏仍被统称为太后，体现了其所坚持的理念。从这一年起，开始了十五年的大周国时期。

在此之前，自然有一系列的造势活动。

凤阁侍郎河东宗秦客，太后堂姐的儿子，带头改造"天""地"等十二字献上，并很快被颁布使用。改造汉字，是从汉民族的文化符号着手造势，实际上是在巨大文化压力下的胡乱挣扎，试图改变文化传承，给女皇帝的诞生赋予文化的正当性。

太后自名"曌"，改诏为制，即诏令称为制。

侍御史傅游艺率关中百姓九百余人诣阙上表，请改国号为周，赐皇帝姓武氏。太后不许。在表面不同意的做作下，却立马擢升傅游艺为给事中。于是百官及帝室宗戚、远近百姓、四夷酋长、沙门、道士合六万余人，俱上表如游艺所请。皇帝李旦也在这人潮中上表，自请赐姓武氏。司刑少卿周兴上奏，声称与李家脱离亲戚关系，这也是少见的套路。

群臣上言："有凤皇自明堂飞入上阳宫，还集左台梧桐之上，久之，飞东南去；及赤雀数万集朝堂。"这些上言的人中，司宾卿史务滋升为纳言，凤阁侍郎宗秦客晋升检校内史，给事中傅游艺擢拔为鸾台侍郎、同平章事。傅游艺与岑长倩、右玉钤卫大将军张虔勖、左金吾大将军丘神勣、侍御史来子珣等并赐姓武。宗秦客潜劝太后革命，第一个成为内史，这是一个新的职务，权力类似于原来的侍中。傅游艺期年之中历衣青、绿、朱、紫，时人谓之四时仕宦。没过多久，告密风盛行，鸾台侍郎、同平章事傅游艺做了个梦，梦中自己登上湛露殿，梦醒后依然兴奋不已，把这个梦作为吉兆跟家里人说了，家里人告密。旋即，被查，下狱，自杀。

中国官吏穿着专门的公服坐堂办公，大约开始于魏晋南北朝时期。公服比朝服要简洁方便，所以用颜色区分是最直接的办法。唐贞观年间，中书令马周上议，定公服颜色，一至三品服紫，四至五品服绯，六至七品服绿，八至九品服青。紫袍是显官要职的代称；绯袍即红袍，算是进入中高级官员序列，诗人元宗简任京兆尹，一直位居六品，心中不忿，作诗"凤阁舍人京兆尹，白头尤未着绯衫"；绿袍只能算中低级官员；青袍也称青衫，是低级官员的着装颜色，白居易诗"座中泣下谁最多，江州司马青衫湿"，说明他被贬得够彻底。傅游艺期年之中穿了这四种颜色的衣服，他的晋升有多快，可以自己算。

终于，太后似乎在很大的舆论压力下，批示同意皇帝及群臣的一再请求。这一年壬午，御则天数，赦天下，以唐为周，改元。上尊号称为圣神皇帝，以皇帝李旦为皇嗣（并非太子），赐姓武氏；以皇太子为皇孙，实际上是废掉了现任的皇帝和太子。立武氏七庙于神都，追尊周文王为始祖文皇帝，姒姒氏为文定皇后，平王少子武为睿祖康皇帝，姒姜氏为康惠皇后；太原靖王为严祖成皇帝，姒为成庄皇后；赵肃恭王为肃祖章敬皇帝，魏义康王为烈祖昭安皇帝，周安成王为显祖文穆皇帝，忠孝太皇为太祖孝明高皇帝，姒皆如考谥，称皇后。立武承嗣为魏王，武三思为梁王，武攸宁为建昌王，武士彟兄孙攸归、重规、载德、攸暨、懿宗、嗣宗、攸宜、攸望、攸绪、攸止都为郡王，诸位姑姊都为长公主。立侄孙武延基等六人为郡王。这些早就酝酿好的追封和任命，得以实施。

铜匦告密

大周的建立，显然很突兀。为了服众，武氏开启了一个告密与杀人的时代。而唐朝功臣旧臣，尤其是通过考试晋升管理阶层的读书人，也开始了长达十数年前赴后继的反抗斗争。

有飞骑（羽林军）十余人在酒坊喝酒聚会，一人酒后发牢骚："向知别无勋赏，不若奉庐陵。"意思是，在座的各位提着脑袋跟着太后改制，没捞到个金娃娃，或许还不如拥立庐陵王来得实在。这是典型的牢骚话，说者无心，听者有意。一人悄悄起身离座，到北门禁卫军营告发了他的言论。酒席未散，在座的就被一锅端了，下羽林狱。发牢骚的军官当即斩首，其余知情不报者获刑，告密者升五品官。告密成风，由此发端。

自徐敬业起事后，武氏犯了疑心病，看谁都像反对派。实际上她也清醒地意识到，自己久专国事，内行不正，李家宗室大臣怨望，心中不服。怎么办，她选择大开杀戒立威。想杀谁，得有个说辞，从此告密之门大开。凡称有密要告的人，官员不得问情况，一律提供驿马送往京城，按五品官员的食宿招待。即使农夫樵人，都能得到她的召见，所言称旨，当即赏官；子虚乌有也没关系，一律不予追究。"于是四方告密者蜂起，人皆重足屏息。"

在试图征服天下人心的过程中，武氏干了一件在历史上不多见的事：设置铜匦。武氏命铸铜为匦，置之朝堂，以受天下表疏铭。铜匦设四个入口，东边为"延恩"，献赋颂、求仕进者的申请由此口投入；南边为"招谏"，言朝政得失者由此口投信；西边叫"申冤"，有冤抑者由此申冤叫屈；北边叫"通玄"，有进言天象灾变及军机秘计者由此投信。名字好听，实际就是设置了一个正式的告密渠道。

有讽刺意味的是，设计并献上铜匦的人，死于铜匦中的告密信。徐敬业起事讨武，侍御史鱼承晔之子鱼保家教徐敬业军队作刀车及弓弩。徐敬业事败，鱼保家侥幸免祸。武氏"欲周知人间事"，工于制造的鱼保家居然上书，请铸铜为匦以受天下密奏。"其器共为一室，中有四隔，上各有窍，以受表疏。可入不可出。太后善之。"经北门学士包装，就成了延恩招谏的利器。武侠小说中，擅长用毒的人，最终总是死于自己研制的毒药。现实比武侠世界还要精彩。没多久，仇家投匦告密，抖搂出鱼保家为徐敬业作兵器的经历，且描述了其制造的兵器威力甚大，杀伤官军甚众，等等。鱼保家伏诛。

上有所好，下必投其所好。有个叫索元礼的人，揣知武氏意图，投匦告密被召见，擢为游击将军，专门负责审问告密案件。索元礼生性残忍，"推一人必令引数十百人"，其做法居然被武氏赏识，多次召见，以示认可。于是尚书都事周兴、来俊臣之徒随即效仿，纷纷继起。周兴累迁至秋官侍郎，来俊臣累迁至御史中丞，私下组织无赖数百人，专以告密为业。来俊臣与司刑评事万国俊一起编撰了《罗织经》，洋洋洒洒数千言，教授网罗无辜，织成反状，构造布置，详尽技巧。拷问酷法有"定百脉""突地吼""死猪愁""求破家""反是实"等名号。中外畏此数人，甚于虎狼。

"念天地之悠悠，独怆然而涕下。"麟台正字陈子昂，这位写下不朽章句的诗人，实在看不下去了，上疏进谏："执事者疾徐敬业首乱唱祸，将息奸源，究其党与，遂使陛下大开诏狱，重设严刑，有迹涉嫌疑，辞相逮引，莫不穷捕考按。至有奸人荧惑，乘险相诬，纠告疑似，冀图爵赏，恐非伐罪吊人之意也。臣窃观当今天下，百姓思安久矣，故扬州构逆，殆有五旬，而海内晏然，纤尘不动，陛下不务玄默以救疲人，而反任威刑以失其望，臣愚暗昧，窃有大惑。伏见诸方告密，囚累百千辈，乃其究竟，百无一实。陛下仁恕，又屈法容之，遂使奸恶之党快意相仇，睚眦之嫌即称有密，一人被讼，百人满狱，使者推捕，冠盖如市。或谓陛下爱一人而害百人，天下喁喁，莫知宁所。臣闻隋之末代，天下犹平，杨玄感作乱，不逾月而败。天下之弊，未至土崩，蒸人之心，犹望乐业。炀帝不悟，遂使兵部尚书樊子盖专行屠戮，大穷党与，海内豪士，无不罹殃；遂至杀人如麻，流血成泽，天下靡然，始思为乱，于是雄杰并起而隋族亡矣。夫大狱一起，不能无滥，冤人吁嗟，感伤和气，群生疠疫，水旱随之。人既失业，则祸乱之心怵然而生矣。古者明王重慎刑法，盖惧此也。昔汉武帝时巫蛊狱起，使太子奔走，兵交宫阙，无辜被害者以千万数，宗庙几覆，赖武帝得壶关三老书，廓然感悟，夷江充三族，余狱不论，天下以安尔。古人云：'前事之不忘，后事之师。'伏愿陛下念之！"如此声泪俱下之雄文，太后不听。

告密之风在大臣间也蔓延开来。凤阁侍郎、同凤阁鸾台三品刘祎之与凤阁舍人贾大隐相交多年，一次酒后发牢骚："太后既废昏立明，安用临朝称制！不如返政，以安天下之心。"废昏立明，指废了庐陵王，而立皇嗣李旦。万万没想到，贾大隐密奏，太后不悦，愤愤然对左右说："祎之我所引，乃复叛我！"太后的不满一流露，马上有人出来诬陷刘祎之收受归诚州都督孙万荣金帛，还加上一条，与许敬宗的一个美妾有私情。贪财好色，如何得了！太后立命肃州刺史王本立调查此案。王本立来到刘祎之处，宣敕示之，没想到刘祎之说："不经凤阁鸾台，何名为敕！"相当于不承认王本立宣布的太后命令，这是根本的挑战。虽然处置刘祎之的命令没经过两省核署，但后果一样。太后大怒，以为拒捍制使，赐死于家。

公元前114年，汉武帝颁布"告缗令"，规定凡被人告发隐匿资产、呈报资产不实，不但资产会被全部没收，没收资产的一半还会被奖励给告密人。民间告密之风大盛，史料记载，民间"中家以上大抵皆遇告，商贾中家以上大率破，民偷甘食好衣，不事畜藏之产业"，发展到中产之家大半破产，百姓花光吃光不思储蓄。

难以想象，花几十年建立的初唐政治生态在一个铜匦面前，溃不成军。

木丸塞口

太后还没有走到前台时，郝处俊得罪过她，此时恰恰郝处俊的孙子郝象贤被家奴诬告，称郝象贤谋反，太后即命周兴审问，罪及郝象贤宗族。郝象贤家人告至朝堂，讼冤于监察御史任玄殖。任玄殖据实上奏郝象贤无反状，连坐免官。郝象贤临刑，极口骂太后，发扬宫中隐匿，夺过路人扁担反抗，被金吾兵格杀于街心。"自是终太后之世，法官每刑人，先以木丸塞其口。"这种以木丸塞口的做法，历史上更是少见，是防民之口的极致做法。物极必反，这种做法导致行刑成为一种激发人群反感的重要因素，逆反的心理必然如霉菌在众人心中生长蔓延。

雍州上报，新丰县东南有山踊出，武氏于是将新丰改为庆山县。四方朝贺，唯有俞文俊上书："天气不和而寒暑并，人气不和而疣赘生，地气不和而堆阜出。今陛下以女主处阳位，反易刚柔，故地气塞隔而山变为灾。陛下谓之'庆山'，臣以为非庆也。臣愚以为宜侧身修德以答天谴；不然，殃祸至矣！"太后大怒，将俞文俊流于岭外，还不解恨，派六道使追杀于途中。

还有一个极端低劣的案例，耸人听闻。起初，周兴以河阳令身份被高宗召见，高宗打算擢用此人。朝议中有人提出他名声不好，提拔的事就不了了之。周兴不知后半段，以为升迁在望，于是多次在中书省的明堂等候探听，盼望好消息到来。得罪人的事，大家都不愿意做，各位尚书、侍郎虽然知道他的情况，却没人告诉他。地官尚书、检校纳言魏玄同，不忍心他老来等已经化为乌有的喜讯，就说："周明府可去矣。"善意的提醒，通报了一个坏消息，这也是周兴当时能获得的唯一信息，他却把账记到了魏玄同头上，认定是魏玄同坏的事，怀恨而去。没承想，一个告密时代到来，周兴得势，马上诬奏魏玄同，诬陷他说过："太后老矣，不若奉嗣君为耐久。"太后怒，赐魏玄同死于家。监刑御史房济都看不下去了，对魏玄同说："丈人何不告密，冀得召见，可以自直！"魏玄同叹："人杀鬼杀，亦复何殊，岂能作告密人邪！"慨然就死。

　　杀到后来，也无须什么理由。一天，下令杀鸾台侍郎、同平章事乐思晦、右卫将军李安静。李安静，名将李纲之孙。此次被杀的原因是，太后将革命，王公百官皆上表劝进，李安静独正色拒绝。来俊臣诘问他谋反的情况，李安静只是告诉他："以我唐家老臣，须杀即杀！若问谋反，实无可对！"

　　太后自垂拱以来，任用酷吏，先诛唐宗室贵戚数百人，次及大臣数百家，其刺史、郎将以下，不可胜数。以至每任命一官员，奴婢甚至会窃窃私语："鬼朴又来矣。"因为，不知道何时，这刚上任的官员又成鬼魂。

　　有人举报，皇嗣李旦潜有异谋。太后命来俊臣先审问李旦身边人找证据，左右人等不胜荼毒，皆欲自诬。眼看，皇嗣难保。此时，太常工人安金藏在现场怒斥来俊臣："公既不信金藏之言，请剖心以明皇嗣不反。"当场即拔出佩刀自剖其胸，五脏皆出，流血被地。太后听说，令抬入宫中，让太医把五脏放回胸中，以桑皮线缝合，敷药，一宿之后居然奇迹般苏醒过来。这件事，触动了武氏，她亲临探视，感叹："吾有子不能自明，使汝至此。"即命来俊臣停止审问此事。李旦由此人以命相搏，躲过一劫。

　　告密者不可胜数，太后也有点不胜其烦。狄仁杰入阁中枢，带来了一股理性的清流，逐渐改变了武氏的极端做法，代表着较为理性的声音逐步占据上风。洛州司马狄仁杰为地官侍郎，并同平章事。太后对狄仁杰说："卿在汝南，甚有善政，卿欲知谮卿者名乎！"把诋毁你的人摆到台面，也就是把处置他们的权力交给了你，这是笼络人心表示绝对信任的做法，没想到狄仁杰婉拒："陛下以臣为过，臣请改之；知臣无过，臣之幸也，不愿知谮者名。"太后深叹美之。这实际上也是狄仁杰对告密风气的一种抵制，这就是一个政治家的权谋手腕，也是狄仁杰能在武后手下建功立业却还被正史认可的底蕴所在。

悠悠众口，木丸塞之。就算杀人无数，她也不可能成功。

五 与己斗：无字碑之谜

制袍字赐狄仁杰

武则天

敷政术，守清勤。升显位，励相臣。

喜欢或者不喜欢一个历史人物，可以很简单；好评或差评一个历史人物，就复杂得多。比如武则天，她的手段，太过不顾一切，这就关乎一个达到目的的程序正义。她的敌人一直看不见摸不着，她也很无奈、很可怜，以致在十几年后被太子和群臣请出皇宫时，她只好把残余的一点指责甩给两个并不相干的人，一是李义府的儿子李湛，二是崔玄。此二人一个老子曾受武氏大恩，一个是她一手擢拔的。她已无力想明白，这两人居然也在驱逐自己的人群中。

别问我是谁

太学生王循之上表，乞假还乡，太后亲自批示同意。抓住这个不显眼的机会，刚刚入朝为相的狄仁杰做武氏的工作："臣闻君人者唯杀生之柄不假人，自余皆归之有司。故左、右丞，徒以下不句；左、右相，流以上乃判，为其渐贵故也。彼学生求假，丞、簿事耳，若天子为之发敕，则天下之事几敕可尽乎！必欲不违其愿，请普为立制而已。"意思表达得比较委婉，实际上是分量很重的一段话，你当君主，生杀大

158

权由小吏，自己却在批准一个太学生请假的事，不知道丞相该干什么，侍郎该干什么吗？这样，他们也会跟着乱了。他的话，太后居然听进去了。

这年春天，一场大雪，纷纷扬扬，宰相苏味道以为祥瑞，率百官入贺。殿中侍御史王求礼阻止道："三月雪为瑞雪，腊月雷为瑞雷乎？"苏味道不从。进入朝中，独有王求礼不贺，还进言道："今阳和布气，草木发荣，而寒雪为灾，岂得诬以为瑞！贺者皆谄谀之士也。"笑意盎然的太后被他气得没办法，为之罢朝。又有人献上三足牛，宰相复贺。王求礼又扬言："凡物反常皆为妖。此鼎足非其人，政教不行之象也。"太后为之愀然。罢朝也罢，愀然也好，此时的太后，没有轻动杀心。变化在悄无声息中发生。

黄河南北十七州发大水，朝廷以水灾求直言。右卫骑曹参军宋务光上疏，以为："水阴类，臣妾之象，恐后庭有干外朝之政者，宜杜绝其萌。今霖雨不止，乃闭坊门以禳之，至使里巷谓坊门为宰相，言朝廷使之燮理阴阳也。又，太子国本，宜早择贤能而立之。又，外戚太盛，如武三思等，宜解其机要，厚以禄赐。又，郑普思、叶静能以小技窃大位，亦朝政之蠹也。"疏奏，不省。不省，不意味着这道直白的奏疏不起作用。更关键的是，如此直白的话语，却没被追杀，这又是一个全新的信号。

到了太后晚年，新贵武氏一族开启了寻求继位的疯狂模式。凤阁舍人张嘉福指使王庆之等数百人上表，请立武承嗣为皇太子。文昌右相、同凤阁鸾台三品岑长倩以皇嗣在东宫，不宜有此议，奏请切责上书者，告示令散。太后又问地官尚书、同平章事格辅元，辅元固称不可立武氏。王庆之提出废黜皇嗣，反而被太后责备："皇嗣我子，奈何废之？"王庆之答："'神不歆非类，民不祀非族。'今谁有天下，而以李氏为嗣乎！"太后谕，遣出。王庆之伏地，以死泣请，不去。太后乃以印纸遗之："欲见我，以此示门者。"这是无奈打发他走的意思，没想到从这以后，王庆之屡屡求见，太后颇怒，命凤阁侍郎李昭德赐他几棍，别再来烦人。李昭德得令，将王庆之拖出光政门外，将其示众，称："此贼欲废我皇嗣，立武承嗣！"猛打一顿，耳目流血，然后杖杀，其党乃散。

这样极端的案例，让人不知道从何说起。通过这件事，李昭德看出了些端倪，择机进言："天皇，陛下之夫；皇嗣，陛下之子。陛下身有天下，当传之子孙为万代业，岂得以侄为嗣乎！自古未闻侄为天子而为姑立庙者也！且陛下受天皇顾托，若以天下与承嗣，则天皇不血食矣。"太后亦以为然。

三月雪，腊月雷，祥瑞乎？异象乎？春天偶尔下雪，秋天突然涨水，虽然并不少见，但还是被算作较反常的天气情况，一旦拿来说事，就可以解读得五花八门。此时，斗争也已经公开化。比如，李昭德一旦得令，就能借机公开自己的立场，这是在为自己的将来做铺垫。大家都在通过各种平台和机会宣示观点，说服利益相关方，以证明自己才是政治正确，可以看出武氏一族并没有得到人心的认同。在权力运行的天平上，强势的太后也只是一枚棋子。

形势比人强

太后曾问狄仁杰："朕欲得一佳士用之，谁可者？"狄仁杰反问："未审陛下欲何所用之？"太后："欲用为将相。"狄仁杰对："文学缊藉，则苏味道、李峤固其选矣。必欲取卓荦奇才，则有荆州长史张柬之，其人虽老，宰相才也。"太后擢张柬之为洛州司马。数日，又问狄仁杰推荐人才，对："前荐柬之，尚未用也。"太后："已迁矣。"对："臣所荐者可为宰相，非司马也。"乃迁秋官侍郎；久之，卒用为相。

狄仁杰又曾荐夏官侍郎姚崇、监察御史桓彦范、太州刺史敬晖等数十人，率为名臣。有人对狄仁杰说："天下桃李，悉在公门矣。"狄仁杰答："荐贤为国，非为私也。"的确，这就是名相狄仁杰，他所举荐擢拔的这群人，都是读书人，都有家国天下的理想，也是后来推动唐朝回归的最重要支撑群体，足见狄公为国荐才之言不虚。

两股力量改变了武氏传位的决定，一是前仆后继的读书人，他们一批批用自己的性命和鲜血昭示天下，影响着舆论，影响着武氏；一是传统理念，传位为嗣，根深蒂固，这股看不见的力量甚至是决定人心的关键。在张柬之集团准备起事前，他们在等一个掌握兵权的重要人物回到朝中，年轻而有分量的姚崇还在西北领兵征伐。就在此时，姚崇以督粮草为由，如心灵感应般自灵武前线返回东都，张柬之、桓彦范四目相对异口同声："事济矣！"考虑到事情的风险，桓彦范把准备起事的情况告诉了母亲。他母亲说："忠孝不两全，先国后家可也。"

在以诛杀张易之、张昌宗兄弟的名义进行的宫廷政变中，形势已经倒向了李家王朝。在兵戎相见、太后不得不退位的场景下，桓彦范很强硬地进言："太子安得更归！昔天皇以爱子托陛下，今年齿已长，久居东宫，天意人心，久思李氏。群臣不忘太宗、天皇之德，故奉太子诛贼臣。愿陛下传位太子，以顺天人之望！"这群政变的人中，有李义府之子李湛。太后见到他，说："汝亦为诛易之将军邪？我于汝父子不薄，乃有今日！"李湛年轻，惭不能对。又对崔玄说："他人皆因人以进，唯卿朕所自擢，亦在此邪？"老到的大臣崔玄回答："此乃所以报陛下之大德。"

此言其实非虚。

如此，李氏子孙再次来到皇位之前，继承大统的人选确定不再姓武。皇嗣李旦这二十年来匍匐生存，知道又要被立为太子，真心后怕，坚请逊位于庐陵王，太后居然同意了。于是，再立庐陵王李哲为皇太子，复名李显。赦天下。随即，命太子为河北道元帅征讨突厥。从一开始征募将士月余不满千人，到听说是太子领衔为帅，应募者云集，没多久，应募人数超过五万。

武则天建立大周后，起用了一批通过科举考试脱颖而出的官员，擢拔了一批在地方长期历练的官员。以狄仁杰、张柬之为代表的这些人，有家国情怀，娴于政务，熟悉民情，为这一时期的经济社会的稳定发展做出了积极贡献。同样，也是他们，以极大的使命感和责任感，以最小的代价实现了这一次特殊的权力交接。

693年，"姚璹奏请令宰相撰《时政记》，月送史馆。《时政记》自此始"。这是《资治通鉴》中很不起眼的两行字，无头无尾地来这么一句，实际有很深的背景。《时政记》是武则天斗争格局的升华，她试图通过历史记录确定自己的地位和形象。此时此刻的武则天，登上大位三年，杀来杀去，杀到了又一个儿子李旦跟前。何去何从，继续杀伐，还是为自己留条后路？一路鲜血淋漓中，杀伐的拐点，就是这部在历史学家看来可能并不靠谱的《时政记》。

武则天的一生是斗争的一生，初期，靠仪式聚力；中期，靠酷吏立威；后期，靠干吏治事。她的斗争方法超出了人伦、道德底线，那些逝去的人都不过是她自我斗争的陪葬品，她的斗争对象是她的影子。斗争带来了她想要的结果，这个道理符合矛盾发展的逻辑。

一座独一无二的无字碑，引来无数解读。在这重重矛盾之中，她居然在最后找到了用无字碑的方式，向这个她争斗一生的世界表达自己。她不是一个简单的女皇帝。其实，历史事实究竟如何甚至已经不再重要。即使风雨侵蚀，将碑文隐去，无字碑也已经说明了这个人、这段事、这段历史的另一面。

第四章

豪华团队：李隆基成败基因

遇见：格局之隆

用一个字形容这个时代，应该是个"繁"字。就如它的笔画一样，繁复、繁华、繁荣、繁盛、繁杂，繁花似锦，是文化积淀的迸发，是人心交错的火花，幽明恍惚中，一个朝代成熟的光芒闪耀出最亮的底色。

盛世如斯，并非一个历史教科书的段落所能描述。如果你熟悉舞台的幕后，就能体会事物运行的规律。在灯光闪耀的背后，是交错杂乱的各种线路，不管不顾地在后台穿越，局外人永远搞不清哪一根线牵引着前台的主角，哪一根线才是真正的命脉，哪一根线决定着话筒的音量。一台大戏，生旦净末丑，宫商角徵羽，就深藏在这如蛛网般的纵横交错中。不知道这些线路是否也如蛛网般按照八卦阵的规律摆布。

每一个阶段，都会有时代的弄潮儿，在错综复杂的形势中，辨认着那一丝穿越时代的光芒。李隆基就是这个人，这个时代的主角。从进宫除掉韦后一族那天起，他就牵住了这根线，牵动着长达半个多世纪的开元盛世。千万人心的聚散离合，他深得其味。围绕这个主角，产生了与贞观时期房玄龄、杜如晦齐名的姚崇、宋璟组合。他所用之相，组成了一个支撑开元盛世的执政团队。姚崇尚通，宋璟尚法，张嘉贞尚吏，张说尚文，李元纮、杜暹尚俭，韩休、张九龄尚直，各有所长。

宰相很强，玄宗也很努力，他这个人，总能踩到事情的点子上。他曾经写诗表达对先祖太宗风采的倾慕，希望自己能重振家族雄风。他能重用有才干有主见的姚崇，重用总是让自己别扭的宋璟，重用自己兄弟张说时不忘记给他配上掣肘的副相。他在相当长的时期内，甚至组织运行了一套相当有现代执政团队意味的行政模式。

执政中期，玄宗问萧嵩谁可以接替裴光庭。萧嵩与右散骑常侍王丘私交好，准备推荐他上，没想到王丘固让于右丞韩休。萧嵩只好推荐了韩休。韩休为人峭直，不干荣利；及为相，甚允时望。起初萧嵩以为韩休恬和，会听自己的话，及与共事，守正不阿。连宋璟都感叹："不意韩休乃能如是！"更有意思的是，玄宗或宫中宴乐及后苑游猎，小有过差，辄谓左右："韩休知否？"言终，谏疏已至。面对奏折，玄宗尝临镜默然不乐，左右劝说："韩休为相，陛下殊瘦于旧，何不逐之！"玄宗叹道："吾貌虽瘦，天下必肥。萧嵩奏事常顺旨，既退，吾寝不安。韩休常力争，既退，吾寝乃安。吾用韩休，为社稷耳，非为身也。"

玄宗的好状态一直延续到张九龄因直言获罪，以此为节点，朝廷之士，皆容身保位，无复直言。当他听不到时局和舆论的涛声，他的权力就如石头沙化，一层层剥落，随风消逝。高飞的风筝一旦断线，一个丰腴的女人都能让一个王朝从此风雨飘摇！

一 天星散落如雪

行次成皋途经先圣擒建德之所缅思功业感而赋诗

李隆基

有隋政昏虐，群雄已交争。先圣按剑起，叱咤风云生。

饮马河洛竭，作气嵩华惊。克敌睿图就，擒俘帝道亨。

历史记载中若隐若现的大周王朝并非海市蜃楼，武曌从思想、政治、文化层面都做了很多努力，架构出一个特殊的王朝。武氏一族也如中奖的新贵，掌握了政治、经济的核心资源。在多股力量的交织缠斗中，这一切都转化成韦后与武三思之间的政治联盟。无论传说中他们之间的联盟多么不堪，可他们就是武氏余威的代言人，一个代表女她，一个代表男他，中宗则成了龙座上无足轻重的符号。

香消玉殒之夜

这一夜，"他"对"她"们展开了迅雷不及掩耳的攻势，较量惊心动魄。他，是血气方刚的临淄王李隆基；她们，是当朝最有权力的几个女人，野心如茅草蔓延的韦后，骄纵失去自我的安乐公主，冷酷美丽如传说的上官婉儿。这一夜过后，李淳风预言成真的阴盛阳衰时代宣告结束，"他"们重新走上权力的舞台。这一夜的历史意义怎么说也不过分，影响绝不仅仅局限于李家王朝。假如韦后野心得逞，女性在中国历史上登顶最高舞台就不再是孤例，随之而来，是否会有更多女性走向前台也未可知，这挑战和改变的可是千年的哲学体系。当然，这个夜晚必然到来，历史还在爬坡，人们还在为肚皮所困，更需要男"他"的孔武有力。所谓势所当然，人心的势已经转向"他"们。

公元710年，一日傍晚时分，李隆基微服与刘幽求一干人等闪入宫苑，来找刚刚值班回到官邸的宫苑总监钟绍京。就在当晚，他们准备对权势熏天的韦武一族实施斩首行动。出身较苦的钟绍京在这个时候有些恍惚，白天在宫中值班，心思全在游弋，晚上要干的是掉脑袋的事，结果会怎样？他能有今天不容易，从鄱阳湖边的乡村一路拼搏来到长安，靠才学，靠书法，作为一名地道的文人，担任宫苑总监，也是不得已的选择，毕竟，职位比书法更能养家糊口。心思一动，他拖拖拉拉犹犹豫豫了一会儿，没有出门。

这时，他的妻子许氏突然说出一番大道理，责备道："忘身殉国，神必助之。且同谋素定，今虽不行，庸得免乎！"被老婆大人一语点醒，钟绍京瞬间转念，趋出拜谒，倒也就换个衣衫的工夫。其实，此时门外的一干人等心里已经开始打鼓，看到钟绍京匆忙迈出门槛，欲行大礼，有求于人的李隆基一手托住，拥肩而坐，商定晚上集合人马听从号令。

成事之际，总有些意料不到的助力，比如钟妻许氏，谁都想不到她会出面促成这件事。钟绍京在这一晚是个关键人物，他负责管理宫苑事务，里面的各色人等都是他的手下。有意思的是，作为钟繇的十七世孙，钟绍京传之后世最有名的是书法。这么一个书法家兼文人雅士，担任着管理宫苑杂务的官职，配合李隆基诛除韦后一族，彪悍的人生也难以形容，后来做官却水平不高，又因为口碑不佳被贬官外放，在玄宗的关照下，得以终老长安。这一夜，实际也是他人生的关键之夜。

此时此刻，联络好的羽林将士都已经悄悄集结到玄武门。星光中，在羽林军中担任要职的葛福顺、李仙凫等人赶到李隆基的住所，报告几路人马都已悄悄集结，请号而行。"向二鼓，天星散落如雪。"李隆基此次起事最重要的伙伴、朝邑县尉刘幽求似乎自说自话道："天意如此，时不可失！"

李隆基命令，行动开始。葛福顺得令拔剑直入羽林营，斩韦璿、韦播、高嵩，然后及时宣布政策，安定人心，用他尖锐沙哑而自带威严的声音喊出："韦后鸩杀先帝，谋危社稷。今夕当共诛诸韦，马鞭以上皆斩之！立相王以安天下。敢有怀两端助逆党者，罪及三族！"羽林将士皆欣然听命。葛福顺送韦璿等人的首级到临时指挥部，李隆基取火检视，确认外围已经扫清，可以开始下一步行动了。当即与刘幽求等出宫苑南门，会合钟绍京率领丁匠二百余人，执斧扛锯，杀向后宫。同时，葛福顺率领左万骑（称为万骑，实际就是一营羽林军）攻玄德门，李仙凫率领右万骑攻白兽门，约定会合于凌烟阁前，大造声势。

韦后还不知道发生了什么，惶惑中走入飞骑营。有飞骑斩首献之于李隆基，这个过程一点曲折都没有，让人难以相信，跋扈的韦后就这样魂飞魄散。安乐公主方照镜画眉，被冲进来的军士斩首；安乐公主的丈夫武延秀被斩于肃章门外，内将军贺娄氏被斩于太极殿西。一夜之间，不可一世的韦后集团首脑灰飞烟灭。

作为一个并不显赫的亲王，李隆基带领丁匠二百余人，联络羽林军少数将领，组织谈不上严密，起事前毫无把握，为什么进展会如此顺利？

韦后弄权，实际未执权柄，甚至不知权力为何物。当是时，其借中宗的软弱和信任，弄权后宫，毁及朝野，声名狼藉，自然人人得而诛之。其中，她们犯下的最大错误是毒杀中宗，自毁最后的防护堤。安乐公主意欲韦后效仿武则天临朝执政，自己做皇太女，相与合谋，在饼馇中进毒，致中宗驾崩于神龙殿。中宗是一个没什么权威的皇帝，但他是李家王朝的一面旗帜，是他代表李家从武则天的大周王朝交接权力，他的影响力来自他代表的道统威权。韦后的势力能一时间风生水起，都是在他的影响力庇护下才得以发展生存。韦后等人此时的感觉却是，天子尚在脚下，天下尽在囊中，在权力的诱惑面前完全失去了自我。不管毒死中宗在历史上的考证结果如何，韦后一派已经在这件事情上完全站到了道统和人心的对立面。

满天星光注视下，这一夜，宣告"她"时代余烬烟飞。

丑闻蔓延过界

声名狼藉不是一天炼成的。放纵无度，卖官鬻爵，觊觎大位，以韦后和武氏宗族势力勾连形成的临时政治集团，影响恶劣，人心尽失，一步步走向毁灭。丑闻，可能是人性欲望扭曲后产生的影响，可能是权力倾轧的副产品，也可能是舆论斗争的极致形态。丑闻背后必有旋涡。

后宫是观察一个封建王朝的重要窗口。武氏集团代表人物上官婉儿，后宫新贵代表人物安乐公主，为方便享乐和交往，宫苑之外修建多处别室，驰纵张扬，出入无节，完全无视作为皇族以及公众人物该遵守的规矩。"安乐公主与长宁公主竞起第舍，以侈丽相高，拟于宫掖，而精巧过之。"当时房子的高度和宽度是有严格等级的，深门大宅绝不属于普通人。两位公主虽然不是普通人，修筑的别室参照皇室宫苑的尺寸，装饰甚至更加奢华，难免遭人非议。

"安乐公主尤骄横，宰相以下多出其门。"多出其门是个隐喻，起初指师门，后来引申到派系。在这里，同时也是实实在在的大门，趋炎附势的朝士抓住机会，在公主的别舍流连，攀附后宫，以求进达。翻阅全唐诗，称颂安乐公主新宅的诗句后署名的人物，皆一时之选，连才高八斗的宰相苏颋也不能免俗。酷爱豪饮的苏相酒后赋诗《夜宴安乐公主新宅》："车如流水马如龙，仙史高台十二重。天上初移衡汉匹，可怜歌舞夜相从。"他的诗，没有单纯地赞美亭台楼阁。但大部分的诗歌，充满了奢华而诙谐的气息，可见楼台之高耸，人心之低回。

建筑是安居之所，提供安全和温暖。建筑是艺术表达，彰显理念和品位。好的建筑是人与自然的天作之合，二者缺一不可。比如武当山，如果没有张三丰，那些巍峨耸立的建筑就会失去灵魂；比如少林寺，如果没有《易筋经》，没有扫地僧，没有那些个看似古板其实功夫高深的住持，就没有了人们津津乐道的传奇。一座没有人的建筑如果不是神仙住的地方，就会被称为鬼屋。安乐公主们的建筑，向世人宣示了一种病态的行为艺术。或者说，她们还缺少镇宅的道行。

安乐公主出生在中宗庐陵安置路途的马车上。当是时，一切都凄凄惨惨戚戚，女儿的降临，犹如黑暗中的一道柔光，那种亲情一定是温暖到骨子里，李显发誓要对这个女儿好。时移世易，安乐公主请求父亲把昆明池赐给她。中宗认为，这里毕竟是百姓所资生活的地方，不予准许，算是难得一见的拒绝。公主不悦，夺民田作定昆池，延袤数里，累石像华山，引水像天津，总之以豪华超越昆明池作为一个小目标，故名定昆。中宗也是毫无原则，巡幸定昆池，命从官赋诗。黄门侍郎李日知和诗："所愿暂思居者逸，勿使时称作者劳。"被认为是当时所有应景之作中带有谏言意味的句子。及睿宗即位，对李日知说："当是时，朕亦不敢言之。"恐怕李日知当时得以苟全，一是中宗在场，二是安乐公主对诗词背后的含义也没什么兴趣深入解读。

作为武氏家族成员，武延秀经常有机会在公主大宴宾客时，陪吃陪喝。武延秀美姿仪，善歌舞，是个有才艺的高富帅。丈夫武崇训一死，安乐公主很快就把先前已经中意的武延秀招为驸马。二婚极为隆重地举办，用的是皇后的仪仗等级。大宴群臣于两仪殿，公主出拜公卿，公卿皆伏地稽首。更夸张的是，一个公主再婚，居然颁发大赦天下的诏令。很快，任命武延秀为太常卿兼右卫将军。一切的违背常规，都会有人为非常规买单。

这批夫人公主还制造了十几年时间才得以消化的大丑闻：斜封官事件。安乐、长宁公主及皇后妹妹成国夫人、上官婕妤、婕妤母沛国夫人郑氏、尚宫柴氏、贺娄氏、女巫第五英儿、陇西夫人赵氏，依势用事，请谒受贿，屠沽臧获。官职明码标价，款项到账，将任命书放置的信袋斜封，发付中书省正式任命，此即臭名昭著的"斜封官"。斜封不仅可以封官，还可以封为和尚，"三万钱可度为僧尼"。其余如员外、同正、试、摄、检校、判、知官等，卖出各种职位和身份数以万计。斜封官实际都不是两省（中书、门下）任命，两省只是走个程序，还不敢声张。吏部员外郎李朝隐，作为斜封官员销售代理人，一人经手倒卖1400多顶官帽，怨谤纷然，一无所顾。斜封官盛行，朝廷成了韦后家开的店不说，斜封官的程序蛮横挑战了唐朝业已成型的组织人事程序，直接跨越中书、门下两省。后宫显然没把一众宰相放在眼里，挑战规则总会有后果。这件事极深地得罪了庞大的文官集团，这些人可是一帮读书人。寒窗十年不如银钱三万，教人如何不愤懑神伤拍案而起。

从奢侈无度到卖官鬻爵，都还只是胡作非为的尺度。韦后一族真正公开觊觎最高权力，是这一次在国家大礼上的身份和位置之争。"中宗将祀南郊"。南郊祭祀天地，是天子干的事，皇后一般不凑这个热闹。可现在国子祭酒祝钦明、国子司业郭山恽建言："皇后当助祭天地。"太常博士唐绍、蒋钦绪出来反驳，引经据典道："郑玄注《周礼·内司服》，惟有助祭先王先公，无助祭天地之文。皇后不当助祭南郊。"国子司业盐官褚无量也认为："祭天惟以始祖为主，不配以祖妣，故皇后不应预祭。"争来争去，宰相韦巨源出面，确定以皇后为亚献，中宗同意了。韦后助祭，参与执掌国家大礼，实际已经暴露僭越的野心。

宰相宗楚客与太常卿武延秀、司农卿赵履温、国子祭酒叶静能及诸韦共劝韦后遵武后故事，南北卫军、台阁要司都安排韦氏子弟把控，广聚党众，中外联结。但事实是，他们的所作所为，从肆无忌惮到谋取大位，韦后一派已经站到了人心的对立面。毕竟，贞观盛世让广大士民感受过唐王朝的魅力，人心思定，人心归唐，中宗在完全被动的情形下得以归位，就是例证。

他们的图谋遭遇了文官集团的强烈抗议，最极端的两件事，一是定州人郎岌上言："韦后、宗楚客将为逆乱。"韦后向中宗诉冤，杖杀郎岌。实际上是，韦后跟中宗言语了一声，就直接将郎岌乱棒打死在地。二是许州司兵参军燕钦融上言："皇后淫乱，干预国政，宗族强盛；安乐公主、武延秀、宗楚客图危宗社。"中宗召燕钦融当面诘问，燕钦融顿首抗言，神色不挠。中宗默然。宗楚客矫令飞骑扑杀，将燕钦融投于殿庭石上，折颈而死。宗楚客公然大呼称快，一个宰相，放肆如此，猖狂可见一斑。

"丑闻"二字，值得玩味。丑或者美，是主观判断；闻，指听见。合起来，是听到的关于丑的判断。从修建别舍开始，安乐公主和韦后党羽就在无限制地突破底线，在人心脆弱而敏感的区域跑马圈地纵横践踏。这一切，口耳相传，不断放大，不断异化，终将演变成滔天洪水将自已淹没。与"丑闻"对应的大约是"美名"二字，人们说有口皆碑，一般指青史留名或美名远扬。那么，为什么丑闻用耳朵听，美名用石碑刻呢？应该是丑闻传播速度快，而建立口碑则需要天长日久的积累。还有两个词，"千载留名"和"遗臭万年"，说明丑闻是多么地难以洗去，一旦有沾染，不仅日行千里，还会永久流传。所以真正的政治家在涉及会给历史留下点什么时，无不是战战兢兢如履薄冰，竭尽所能，以免青史留骂名。

杀伐止于分寸

宗楚客秘密上书，索引图谶，称韦氏宜革唐命，意图造势。逆人心而上，造势有多难？宗楚客可能比他哥哥宗秦客体会更深，此前宗秦客竭尽所能改造汉字，为武后上位造势，已然贻笑天下，此时他想要造出韦氏代唐的舆论，犹如蚍蜉撼树，套用一句现代表述就是根本没有群众基础。势的形成并非一日之功，想当年，不是李密等一干人等先行折腾隋文帝杨广，各种因素汇集造成隋王朝在起飞之际瞬间失速，也难以有太宗父子鼓行而西，一年不到的时间就号令天下的局面。逆势而行，必然左支右绌，举措失当。

刚刚毒死中宗，又图谋害殇帝（韦后等扶上皇位的小皇帝，后被太平公主拎下龙座），韦武一族唯一忌惮的势力现在只有相王和太平公主两兄妹，宗楚客与韦温、安乐公主密谋，准备对元气未复的唐王朝最后堡垒下手。在这样危急而又暗藏机遇的时刻，李隆基对形势的把握如同鹰隼在暗夜中紧盯着自己的猎物，因时而动，杀伐决断。于是有了开场那一幕，韦武一族在宫中丁匠的斧锯中，倏忽消亡。

年轻的临淄王李隆基此次出手，表现得无可挑剔。

176

一是厚结羽林军豪杰。李隆基的班底由太平公主及公主的儿子卫尉卿薛崇暕这些人组成。太平公主是当时比较低调但最有实力的一股势力，她的手腕和能力远远高于韦后、安乐公主等人，因为母亲退出历史舞台，处于蛰伏状态。此次事件她并未直接出面，在羽林军任职的儿子薛崇暕却是关键人物之一。薛崇暕非常不简单，在后来李隆基与太平公主的斗争中，他是太平公主核心体系内毫发未损的唯一一人。宫苑总监钟绍京、尚衣奏御王崇晔、前朝邑尉刘幽求、利仁府折冲麻嗣宗，这些人处在斗争的一线位置，时刻感受着扑面而来的威胁，参与谋划，支撑李隆基得以先下手为强。

他们的重点工作对象是羽林军。这支部队来源不简单，太宗选官户及蕃口骁勇者（基本为官宦子弟和大户世家子弟，入选者算是一种荣誉），着虎纹衣，跨豹纹鞯，从游猎，于马前射禽兽，称为百骑，为皇家卫队；则天时期，扩充为千骑，隶左右羽林，有卫戍部队的规模；中宗时期，发展为万骑，编制齐整，已成建制队伍。也就是说，这支部队在三朝过后，已经逐步由一支皇家卫队演变成一支较为成型的作战部队。这支部队，在实行府兵制的时期，是有战斗力的少数几批职业军人，他们有朝廷俸禄，且主要由贵族子弟组成。其他所谓部队，属于无事务农，农闲练兵，战时征召，很难在这种宫廷政变中发挥作用。直接参与此次起事的将领主要有葛福顺、李仙凫等人。

二是严控参与范围。所谓君不密则失臣，臣不密则失身，事机不密则万无一成。参与的范围越小，越有利于保密。参与的范围小，说明斗争的目标很明确，并不需要大规模和大范围造势，更不想被人利用把水搅浑。有人在起事前提醒李隆基应当告知父亲相王，李隆基说："我曹为此以徇社稷，事成福归于王，不成以身死之，不以累王也。今启而见从，则王预危事；不从，将败大计。"机密是内廷斗争的决定性因素，虽然他不告诉相王也不意味着相王不受牵连，但这件事如果相王公开介入，性质就变了。李隆基只是当时相王五个儿子中的一个，他的动作能多大程度改变局面，他能否顺利诛杀韦后一干人等，确实把握不大。只好用刘幽求开始那句话来解释：天意如此。

三是决绝斩上官昭容。上官婉儿，上官仪的孙女。上官仪因主张废除武后被处死，其孙女上官婉儿作为女眷没入掖庭。她辩慧善属文，明习吏事，这么一个身份，因为能力出众得到武则天的喜爱，自圣历以后，百司表奏多令参决。这说明在当时的概念里，罪人的家属籍没其家后，就不再是原来的自己，理论上她们应该忘记自己的出身，从一个低级的地位开始服务新的主子，以自己的能力得到重用。中宗即位，又让上官婉儿专掌制命（皇帝诏令），拜为婕妤，居于政权运转的机要核心位置。上官婉儿的身世是个传奇，她与武后的相爱相杀更是被各种演绎。她长得有多么清婉秀丽，各自体会；她有才华会作诗，毫无疑问；她有手腕，能弄权，年纪轻轻就是一个当时举足轻重的人物，这是事实。

在选边站队的问题上，上官婉儿表现了清醒的一面。上官引荐她从母（干娘）的儿子王昱出任左拾遗，此人有些见识，对上官的母亲郑氏说："武氏，天之所废，不可兴也。今婕妤附于三思，此灭族之道也，愿姨思之！"郑氏以此语告诫女儿上官昭容，起初没被重视。后来太子李重俊起兵诛杀武三思，索拿上官昭容，她才知道怕了，开始思考前途命运。想到王昱的话，权衡利弊，出于自保，开始心附帝室。具体来讲，就是在内心与武三思、安乐公主的势力划了界线，另起炉灶，各树朋党。

中宗驾崩，上官昭容起草遗制立温王，以相王辅政，就是一个折中的方案，无奈被宗楚客、韦后改立殇帝。等到李隆基杀入宫中，上官昭容执烛率宫人迎接，以制草（起草的诏书）示刘幽求，宣示了自己的立场。刘幽求为她求情，李隆基不许，斩于旗下。既然已经举起了刀，只有快刀斩乱麻。上官作为韦后与武氏之间的重要协调人，有政治手腕，有复杂背景，有前科，有丑闻，还有潜在影响力，当晚不处决，恐怕就非此时的临淄王能杀得了。毕竟，他手里这把刀，不是指挥刀，还没有协调指挥的能力，对各种没有把握的势力，李隆基选择了最简单有效的处理办法。

四是不拥立相王。斩杀韦后一干人等之时，殇帝就在太极殿。刘幽求说："众约今夕共立相王，何不早定！"意思是把殇帝直接废了，李隆基立即予以阻止。因为如此一来，就真成了政变，甚至会被视为弑君的反贼。此时，他关注的重点是搜捕诸韦在宫中及守宫门的将领，把素为韦后亲信者一一斩除。他知道这些人一旦抱团儿，就会形成难以控制的势力。天刚亮时，内外皆定，李隆基出宫拜见父亲相王，叩头谢不先启之罪（非不知，乃不语）。相王抱之泣："社稷宗庙不坠于地，汝之力也！"迎相王入辅少帝。相王奉少帝御安福门，慰谕百姓。这就是李隆基高明的地方，他平定宫中，不废殇帝，才得人心安定。否则，就把自己清理门户的事变成了谋反事件。

青年李隆基遭遇了一个人心思定、政治斗争却此起彼伏的年代。在太子李重俊诛杀武三思并把自己折进去后，一批大臣被流放，一批大臣在蛰伏，这些人中间，就有后来的姚崇、宋璟、张说、魏知古等，他有理想有抱负有情怀，想为国家和朝廷出力，想为百姓谋利，这个群体是李隆基得以在群龙无首时挺身而出，取得成功的真正基石。而他，如此清醒、坚定、决断，他的时代终将到来。值得一提的是，在准备起事前，李隆基的王妃正怀孕，他认为此时此刻可不是生孩子的时候，私底下托张说把打胎药送进王府，可是三次都没有打掉这个胎儿，这个孩子即后来的肃宗。

二 帝座及心前星有变

石淙

李旦（为相王时作）

奇峰嶙嶙箕山北，秀崿岩峣嵩镇南。

地首地肺何曾拟，天目天台倍觉惭。

树影蒙茏郭叠岫，波深汹涌落悬潭。

唯愿紫宸居得一，永欣丹宸御通三。

文如其人。李旦的诗和他的人一样，透着一股空蒙深邃虚无之感。武周时期，他唯一一次作为大臣出面说话是向母亲上疏营救凤阁侍郎刘祎之，不但无济于事，甚至等同火上浇油；他度过一次最危险的诬告谋杀，得手下太常寺优人安金藏剖腹辩白，打动自己的母亲，死里逃生。他像一个听风者，用心辨别权力的涛声，感知人心的趋向。他祈祷春风和煦，得到的总是突如其来的风暴。他没有慌乱，他懂得，俯下身子够久，风暴终将过去。

流言传来传去

虽非长子，李隆基以大功立为太子，此时羽翼未丰，但格局不乱，自有分寸。甫为太子，即迎战太平公主，在看似步步退让中一步步掌握主动，在斗争中登上大位。舆论上一退再退，实力上层层布局，关键时主动出击，与太平公主的斗争，是一场防守反击战。

太平公主方额广颐，多权略。武则天认为这个女儿或许可以继承衣钵，宠爱特厚，常与她密议天下事。老规矩，王子食邑不过千户，公主不过三百五十户，太平公主食邑却累加至三千户。很早武氏就设法让太平公主出任女官，取得参政的合法身份。以此推测，武氏肯定考虑过太平公主接班的可能性，这当然激发了太平公主对权力的渴望。

武氏拒绝了吐蕃求亲太平公主的请求，将她嫁给了太宗小女儿城阳公主的儿子薛绍。公主嫁入薛家，正值七月夏日，自兴安门南至宣阳坊西，路两旁的槐树死去多半。薛绍担心公主受宠太盛，故有此象，求问族祖户部郎中薛克构。薛克构宽解道："帝甥尚主，国家故事，苟以恭慎行之，亦何伤！然谚曰：'娶妇得公主，无事取官府。'不得不为之惧也。"也难怪薛绍忧虑，太后听说薛绍的两个兄弟妻子不是贵族，居然打算让这两兄弟休妻，理由是："我女岂可使与田舍女为姒娣邪！"后来薛绍间接牵连琅琊王李冲起事反武氏，杖一百，饿死于狱中。显然，太平公主认为这个丈夫也是可有可无，没有看到任何她出面求情的记载，否则，以她的地位，丈夫绝不至于饿死狱中。薛绍死后不久，武氏打算让太平公主嫁给自己家族的武攸暨，但武攸暨已婚，就潜使人杀其妻，再行成婚。这些人命关天、悖逆人伦、令人瞠目的举动似乎无须多虑，信手拈来，一气呵成，可见感情亲情这件事，在太平公主心中也随时可以让位给权力的需要。

太平公主开始没把这个年轻的侄儿当回事，几个回合之后，有所领教，惮其英武，怕将来不好控制，想重新选择暗弱者立为太子，达到长期实际掌权的目的。于是，不断制造流言，传递"太子非长，不当立"的信息。先放出风来，搅乱人心，采取流言的方式，有一点点问题就借题发挥，试图影响皇上。这种方式，能让一个普通人慌乱，可李隆基不是普通人。同时，李旦也不是一般的皇帝。这件事，太平公主没有抓住问题的核心，即自己的哥哥李旦和太子的哥哥宋王什么态度。非长不当立，那么就只能立长。可立长之事已成过去式，宋王也并无此野心。可见，攻击点站不住脚。温和的睿宗并不是软弱的睿宗，他明白自己的今天是怎么来的，当然也觉得流言不靠谱，制戒谕中外，以息浮议。

对权力的贪婪一旦打开闸门，就会如覆水般倾泻。散布流言不起作用，太平公主在太子左右安排耳目，戴着有色眼镜紧盯着太子的举动，动辄挑刺，纤介必闻，想用自己的态度影响皇帝哥哥的判断。本来，太平公主是李隆基歼灭韦后一族的联盟，又是亲姑姑，还是李旦真正看重的妹妹，只要不贪图绝对权力，她已经达到那个时代权力和影响力的巅峰。武则天是她母亲，她的血液里可能还是流淌着权力占有的基因。不满足于现状，也许潜意识里，自己比哥哥要强大，多年来的表现也比哥哥要抢眼。但现在，哥哥做了皇帝，立了一个显然会很强大的太子，自己的存在感将会一天不如一天。

太平公主针对太子不断布局。先是与益州长史窦怀贞等结为朋党，形成集团势力。为拉拢重臣，她指使窦怀贞的女婿唐晙邀请宰相韦安石到家里见个面。韦安石是三朝元老，颇有影响力，武后时期就进入内阁，与太平公主交情匪浅。没想到，韦安石固辞不往。作为深谙政道的老手，韦安石清楚他出现在太平公主府意味着什么。这就是表态，至于说什么、喝什么、吃什么，都无关紧要。表态就是立场，就是站队。

身为宰相，韦安石缩头式的姿态挨不过去了。皇上李旦也需要他的态度，密召韦安石，问他："闻朝廷皆倾心东宫，卿宜察之。"韦安石回答："陛下安得亡国之言！此必太平之谋耳。太子有功于社稷，仁明孝友，天下所知，愿陛下无惑谗言。"说话间，李旦突然察觉到太平公主出现在殿后，戛然而止："朕知之矣，卿勿言。"意外的是，本为密召宰相，却发生了太平公主在帘下窃听他们谈话的场景，说明太平公主火力全开，正在监控着宫中发生的一切大事。韦安石不见自己，却对皇上说出如此观点，太平公主大为恼火，捏造谣言诬陷韦安石，想趁机逮捕处决当朝宰相。幸好刚入内阁不久的新锐大臣郭元振巧妙援救，韦安石得以死里逃生。

韦安石这段冒着生命危险说出的话，代表了正在形成的士大夫团体的普遍认识。由此可见，太平公主是在和一种政治共识作对。她面临的对手将不仅仅是李隆基，更是主流知识分子对一个家国安定的追求，进一步说，甚至是当时广大群众对安定发展的一种向往。所以，当太平公主又派出豪华马车邀请当时内阁三品以上主要大员到光范门内议事，暗示易置东宫时，一众宰相大惊失色，觉得此事实在过头。宋璟抗言："东宫有大功于天下，真宗庙社稷之主，公主奈何忽有此议！"连太平公主亲自选拔的大臣陆象先也说："既以功立，当以罪废。今实无罪，象先终不敢从。"宋璟以及姚崇，都是唐朝回归的功臣，此时二次返回朝中出任要职，正在势头上，他们俩却又要因为这次的斗争，再次被外贬，成为地方官。

李旦、李隆基、太平公主是一家人，他们之间的斗争，还是皇族之间的斗争，现在，第三方出现了，就是逐渐成长起来的大臣们。唐朝的考试制度，将主流知识分子引入政治领域，他们不再纵横江湖，开始在朝廷参与决策，影响社会，施展抱负。宋璟与姚崇密奏皇上李旦："宋王陛下之元子，豳王高宗之长孙（李旦哥哥的儿子，亦是继承大统的重要顺位人选），太平公主交构其间，将使东宫不安。请出宋王及豳王皆为刺史，罢岐、薛二王左、右羽林，使为左、右率以事太子。太平公主请与武攸暨皆于东都安置。"李旦虽然没有采纳将妹妹放到洛阳的意见，但还是听进去了他们的话，采取了相应的部署，下制令："诸王、驸马自今毋得典禁兵，见任者皆改它官。"就是说，即使太平公主扶持一个王子起事，他们也不能直接指挥羽林军了。宋璟和姚崇能成一代名相，绝非浪得虚名，这个方案已经锋芒初露。

有一天，睿宗突然对侍臣说："术者言于五日当有急兵入宫，卿等为朕备之。"太子的铁哥们儿张说急了，辩解道："此必谗人欲离间东宫。愿陛下使太子监国，则流言自息矣。"一向与张说不和的姚崇也补充佐证："张说所言，社稷之至计也。"张说一语道破事机，流言的来源都是针对太子，如果太子掌权，所谓的舆情也就烟消云散。李旦听进去了。"以宋王成器为同州刺史，豳王守礼为豳州刺史，左羽林大将军岐王隆范为左卫率，右羽林大将军薛王隆业为右卫率；太平公主蒲州安置。"这是一个名义上的安置，这些人只是具有上述身份，人还在都城生活。几轮明争暗斗下来，太子方面取得了阶段性胜利。终于，命太子监国，六品以下除官及徒罪以下，并取太子处分。太子掌握一定事权，也意味着站到了更加凶险的风口浪尖。更严峻的挑战马上来了。

人在一种状态下长久地生活着，就会入戏，成为生活给你安排的那个角色。相王当了几十年低着头走路的相王，即使成了睿宗，当了皇上，也还是温和的，做不成一个强势的皇帝，甚至说，他已经难以成为一个铁腕治理者。主角的温和，导致一切似乎没有落定，流言就会自己长出腿来。各种猜测、议论，各种居心叵测，各种跟风造谣。这样一个时期，拼的是看谁立得住脚跟。

斜封官舆情发酵

《斜封官语》：姚宋为相，邪不如正。太平用事，正不如邪。

姚崇、宋璟这一段负责人事和军队，主要的工作是整顿官场秩序，提出全面罢免斜封官，引得朝野震动。

殿中侍御史崔莅、太子中允薛照素对睿宗说："斜封官皆先帝所除，恩命已布，姚崇等建议，一朝尽夺之，彰先帝之过，为陛下招怨。今众口沸腾，遍于海内，恐生非常之变。"这话虽是和稀泥，倒也不算一面之词。上万名官员，买官不能说都是草包或奸佞，症结也在于有人卖官，而卖官的人，又都是皇帝身边的人，也并没有被阻止，具有一定的合法性，怎么着这笔账都能算到皇帝头上。说来说去，斜封官也是走了程序的，虽然这个程序来路不正，但程序不都是皇室定的吗？当时实际操办这件事的吏部员外郎李朝隐，越过中书、门下两省，直接对韦后和安乐公主负责，也没人出来反对呀。太平公主当然会抓住这个机会给太子制造麻烦，睿宗也认为他们的观点不无道理，至少反映了一些实际情况。逼得急了，由斜封而得官的这一批人，很容易倒向太平公主一边。于是下令："诸缘斜封别敕授官，先停任者，并量材叙用。"停止了一棍子打死斜封官的政策。这件事牵扯到大量官员的利益，政策背后更是实力集团的较量。太平公主实际上也是斜封官的出品人之一，如果政策彻底执行，她的力量会损失过半。

同时，太平公主知道了姚崇、宋璟此前对睿宗的提议，关于自己的安排处置意见让她勃然大怒。入朝直接对太子发飙，当着李旦的面以姑姑的身份训了太子一顿，双方斗争台面化。李隆基只好以退为进，进奏姚崇、宋璟离间姑兄，请严肃处理。结果当刺史的不是宋王，太平公主也没有东都安置。反倒是贬姚崇为申州刺史，宋璟为楚州刺史。中书舍人、参知机务刘幽求罢为户部尚书。以太子少保韦安石为侍中，韦安石与李日知代姚、宋为政。韦安石不失大局，失于调和；李日知有才且敢言，做官的水平和能力却一般。最关键的是，此时说了算的并不是他二人，而是幕后的太平公主。"自是纲纪紊乱，复如景龙之世（中宗二次继位，韦后干政时期）矣。"

虽然太平公主取得了表面上的优势，但关于斜封官处置的政策反复，导致舆情开始发酵。前右率府铠曹参军柳泽上疏，以为："斜封官皆因仆妾汲引，岂出孝和之意！陛下一切黜之，天下莫不称明。一旦忽尽收斜，善恶不安，反复相攻，何陛下政令之不一也！议者咸称太平公主令胡僧慧范曲引此曹，诳误陛下。臣恐积小成大，为祸不细。"三层意思，斜封官违法，完全是韦后和安乐公主的胡作非为；废止斜封官，彰显政治清明；突然停止执行，造成混乱。反映一个事实：这事同时也是太平公主指使胡僧慧范出面代理的"政治买卖"，误国误民。睿宗本想和个稀泥维护这唯一的妹妹，但舆论矛头直接针对太平公主，议论汹汹。

当然，可以看到太子在背后支持废止斜封官等处置措施的身影。明面上，他只能一退再退，以退为进，才能在舆论上占据道德高地，毕竟对手是自己的姑姑。自剪羽翼还不能让太平公主满意，为了给自己争取时间，太子请让位于哥哥宋王。这个举动风险很大，假如对手策划到位，借坡下驴，他会难以招架。好在如他所料，睿宗不许。那么，请召太平公主还京师，这是睿宗愿意看到的举动，睿宗欣然同意。

在太平公主和太子明争暗斗之际，大臣们的选择，在权力之争的天平上有了一席之地，有了些话语权。虽无人明言，朝中主流大臣们已经形成了无须明言的共识。蒲州刺史萧至忠主动依附太平公主，被提拔为刑部尚书。萧至忠素有雅望，名声在外。华州长史蒋钦绪，萧的妹夫，这位前年反对韦后上位的书生，职位下降了，头脑更加清醒，劝说大舅哥："如子之才，何忧不达！勿为非分妄求。"萧至忠不应，他的才华已经让他摁不住对更大权力的渴求。让一个人在捷径面前止步，太难。蒋钦绪感叹："九代卿族，一举灭之，可哀也哉！"有一天，萧至忠从太平公主府中出来，路遇宋璟，宋璟也忍不住说了句："非所望于萧君也。"萧至忠笑笑："善乎宋生之言！"策马扬鞭而去，实际疾蹄踏上一条不归路。蒋钦绪作为萧的妹夫，说得很直接；宋璟则很含蓄，非所望而已。这也是他们基于自身前途的选择。这就形成了一个势，也就是说，大家都在分析形势，以备刀光剑影时不站错队伍。

就在各方蓄势待发，斗争即将白热化的当口，太平公主派术士进言天象："彗所以除旧布新，又帝座及心前星皆有变，皇太子当为天子。"本来，这是想把太子推到风口浪尖，挑起李旦对太子的不满，如能废掉太子，当然最好，至少也能离间一把。总之是极为恶毒的一招。没想到，李旦说："传德避灾，吾志决矣！"顺势一推，天大的难事在李旦这里成了顺水推舟的好事，完美诠释了什么是退一步海阔天空。波澜起伏的河流因某个契机意外骤然越过山石，奔涌而去，这就是历史的精彩。一个针对太子精心策划的阴谋，到李旦这里忽然遭遇化骨绵掌，展现了李旦神一样存在的修为，令人啼笑皆非。

搬起石头砸到了自己的脚，太平公主始料不及，赶紧组织党羽力谏，以为不可传位。睿宗说："中宗之时，群奸用事，天变屡臻。朕时请中宗择贤子立之以应灾异，中宗不悦，朕忧恐，数日不食。岂可在彼则能劝之，在己则不能邪！"本来太平公主希望他把星象解读成太子要篡权。

不知道李旦是洞若观火，还是早有此意，总之，他的星象解读让太平公主顿失方寸，乱了手脚。

形势大好，太子却需要及时表达自己谨慎的态度。李隆基得到消息当即奔入朝中，自投于地，叩头请辞："臣以微功，不次为嗣，惧不克堪，未审陛下遽以大位传之，何也？"睿宗很坚决："社稷所以再安，吾之所以得天下，皆汝力也。今帝座有灾，故以授汝，转祸为福，汝何疑邪！"太子坚辞，睿宗也不想啰唆，直接说："汝为孝子，何必待柩前然后即位邪！"诏令传位于太子，太子又上表固辞（此为必须要做的样子）。没想到的是，这种上皇在世的情形到玄宗晚年再次上演，他自己不得不因应形势，作为上皇，带着复杂的心情在一段时期注视着儿子肃宗执政。

太平公主擅权谋也非虚传。此种情况下，她能因时而变，及时调整策略，力劝睿宗，虽然传位太子，政事不能放手，目的当然是为自己下一步运作赢得空间和时间。睿宗知道自己平稳交接的任务还没有完成，对太子说："汝以天下事重，欲朕兼理之邪？昔舜禅禹，犹亲巡狩。朕虽传位，岂忘家国？其军国大事，当兼省之。"在父亲有意无意的帮助下，李隆基对太平公主的斗争已经取得了决定性的胜利。接下来，就是太平公主的选择了。如果她选择和平，在睿宗的庇护下，安享荣华没有问题；选择战斗，就是孤注一掷，最有利的结局也不过是两败俱伤。

舆情爆发，是利益集团兵戎相见的余波。大臣们已经各自明确了选择，斗争白热化。一个重大舆情后面，往往藏有神秘的身影。

舆情除了是黑天鹅，也可能是灰犀牛。等到犀牛咆哮时，才启动应急机制；等到兔子急了开始咬人，才匆忙出招。不得不说，李旦高明。他在灰犀牛还没长大到不可控制的时候，及时出手，将一个难以收拾的局面引上良性轨道。他才是此时掌控局面的人，若隐若现，恰如老子言，神龙见首不见尾之谓也。

青山遮不住

游太平公主山庄

韩愈

公主当年欲占春，故将台榭押城闉。

欲知前面花多少，直到南山不属人。

玄宗即位，尊睿宗为太上皇。"上皇自称曰朕，命曰诰，五日一受朝于太极殿。皇帝自称曰予，命曰制、敕，日受朝于武德殿。三品以上除授及大刑政决于上皇，余皆决于皇帝。"我们可能习惯在影视剧中看到皇帝自称孤家寡人，而自称"予"的，恐怕您不一定见过。这是一个特殊的过渡阶段。这个阶段很有意思，充满希望，也有点尴尬，谁都想早点度过去，却不能说出来。

玄宗这个皇帝还不好当。此时，太平公主紧紧缠住哥哥，擅权用事，宰相七人，五出其门。她与窦怀贞、岑羲、萧至忠、崔湜、太子少保薛稷、雍州长史新兴王李晋、左羽林大将军常元楷、知右羽林将军李慈、左金吾将军李钦、中书舍人李猷、右散骑常侍贾膺福、鸿胪卿唐晙及胡僧慧范等密谋废立，甚至与宫人元氏密谋于赤箭粉中置毒进于皇上。这是图穷匕见的节奏到了。常元楷、李慈多次出现在太平公主府，相与结谋。为什么单提此二人？因为这两人是羽林军的主要将领，他们与王室的来往是极其敏感的政治动向。前太子李重俊诛杀武三思依靠羽林军，李隆基诛杀韦后得力于羽林军，为防范此事，睿宗已经禁止李隆基的兄弟们兼任羽林军的实职。

太平公主的势力强大，但多为趋附者，实力也就褪了些成色。仔细分析，这股当时朝廷最嚣张的势力有几个特点。

一是没有清晰政治目标。太平公主毕竟是女流，废立二字，少了一半，即使废成功，立谁呢？模糊不清，也许太平公主心中还有自己上位的执念，或者找一个相王的其他儿子，或者立太平公主的儿子，还是怎样。是模糊地带，也是敏感地带。如果这个问题不解决，依附她的这些人，就都没有政治目标和理想，更谈不上远见，多为趋炎附势之徒并非虚妄。

二是没有团队执行核心，太平公主居于幕后，七个宰相中虽然五出其门，却没有一个能号令团体的人物，整个群体是一个攀附式的权力组合，谈不上是一个结构完整的权力集团，这样的势力弄权捞钱没有任何问题，能量很大，如长期得势，搞垮一个朝廷也不在话下，但要建立一个朝廷，即使毒死了玄宗，也很难长时间存在。

三是鱼龙混杂，由于太平公主的身份本身暧昧，她需要各种身份的人物传递信息指挥运作，在团队成员中间就难免需要胡僧慧范这样的江湖人士。这些人，无非江湖混混儿，办点不上档次的事可以，要运筹把握朝廷政务，简直像刘姥姥进了大观园。这里简单说两句题外话，从高祖时期高僧法雅，到武氏宠僧怀义，到太平帮手慧范，各有特点，似乎是宗教参与政治，但其实这些人的作为非弘佛义，仅为私欲。

更要命的是，他们的对手是李隆基。玄宗不但具有所有他们缺失的上述条件，而且这个朝廷就是他提着脑袋拿下来的。荆州长史崔日用入奏事，对玄宗说："太平谋逆有日，陛下往在东宫，犹为臣子，若欲讨之，须用谋力。今既光临大宝，但下一制书，谁敢不从？万一奸宄得志，悔之何及！"玄宗说："诚如卿言。直恐惊动上皇。"崔日用认为："天子之孝在于安四海。若奸人得志，则社稷为墟，安在其为孝乎！"崔日用把话说到了玄宗的心里，很快，他被任命为吏部侍郎，主要负责部署人事。

此时，张说在东都，姚崇在申州，宋璟在楚州。危机迫近，玄宗还在拿捏时机。王琚警示玄宗："事迫矣，不可不速发！"左丞张说从东都派人带来了自己的佩刀，意思不言自明。张说的意见很重要，这把佩刀给了玄宗信心，让他下了决心。玄宗真正信任的人就是他，甚至在后来张说两个儿子表现极不争气时，都因为他们有这个老子得以活命。这一年七月，姚崇一手提拔的魏知古传来密报，"公主欲以是月四日作乱"，基本部署是令常元楷、李慈以羽林兵突入武德殿，窦怀贞、萧至忠、岑羲等于南牙举兵响应。

玄宗先下手为强，召集岐王李范、薛王李业、郭元振及龙武将军王毛仲、殿中少监姜皎、太仆少卿李令问、尚乘奉御王守一、内给事高力士、果毅李守德等，商定了平乱除奸方案。决策停当，行动倒也简单。玄宗安排王毛仲领三百人马从武德殿入虔化门埋伏，召见常元楷、李慈，趁其不备，直接斩首；擒拿贾膺福、李猷于内客省；执萧至忠、岑羲于朝堂，现场处斩。至此，萧至忠一笑而去的潇洒迎来了血洒当场的结局。俗话说，听人劝，吃饱饭，大家看好他的才华，不看好他的投靠。集体意见的命中率，相当高。

上皇李旦闻变，登承天门楼。早已有备的郭元振上奏，皇帝奉命诛杀窦怀贞等事。随即，玄宗赶到承天门楼向上皇请罪。上皇李旦随机应变的本领实在一流，这也是当年在母亲武则天治下艰难活过来历练的本事，他马上下诰宣布窦怀贞等罪状，并赦天下。太平公主逃入山寺，三日才被迫出山，赐死于家中，同时公主几个儿子及死党数十人也被处死。

查抄太平公主家，财货山积，珍物侔于御府，厩牧羊马、田园息钱，收之数年不尽。慧范家产亦数十万缗。薛稷赐死于万年狱。薛崇暕因为多次苦谏其母反被鞭挞，特免死，赐姓李，官爵如故。

"百官素为公主所善及恶之者，或黜或陟，终岁不尽。"一场政治变故，肃清影响，并不是件容易的事。起初，太平公主与其党羽密谋废立，窦怀贞、萧至忠、岑羲、崔湜皆以为然，陆象先独以为不可。公主诘问："废长立少，已为不顺；且又失德，若之何不去？"陆象先还是不紧不慢地分析道："既以功立，当以罪废。今实无罪，象先终不敢从。"此时穷治公主支党，关联太多人，陆象先密为申理，保全了不少人；更让人肃然起敬的是，在处境尴尬的时候，他没有一句话为自己辩护，甚至没有人知道他没有为自己说话。玄宗召见陆象先，有点拉拢地说："岁寒知松柏，信哉！"陆象先后来治理地方，为政宽简，名声很好。

李隆基主导的两次重大事变，一为发动，一为清除，均进退得当，一举成功。看似轻松，其实难度很高。一是主动发难诛韦后，强势进攻，以迅雷不及掩耳之势拿下敌人各方主将，去恶务尽。当机立断却不举大旗，不提废立。是为清君侧，正朝纲。二是防守反击除太平，以退为进，时刻谨记自己太子的身份，挨至不得不发时一举拿下，只问元凶，不及旁支，是为自己之后的治理留下余地。至此，玄宗真正掌权，开始了他长达半个世纪的主角生涯，直至马嵬事件发生。

三 孙叔杀蛇而致福

夜渡江

姚崇

夜渚带浮烟，苍茫晦远天。舟轻不觉动，缆急始知牵。

听笛遥寻岸，闻香暗识莲。唯看去帆影，常恐客心悬。

变局中，形势云谲波诡，舆论嘈杂纷乱，力量盘根错节。姚崇从武则天一朝崛起，历经韦后乱政、睿宗守政、太平争政，直至玄宗执政，随时俯仰，三落三起，个人的通达与时代的起伏紧密相连。此时的大唐，迎来一个新的局面，要破中求立，要稳续前行，需要有人在纷至沓来的矛盾冲突和利益纠葛中求得平衡。姚崇自身就是一个矛盾集合体，他所有过往似乎都是为此而来，他让一个个难题在权变机谋中手起刀落，他用自己的变通和坚守在纷繁复杂中找到了一个下刀的黄金比例。

通达姚崇的眼泪

姚崇三兼兵部尚书，起于营垒，却是地道的儒生。

696年，契丹入寇，军务繁重庞杂，姚崇任夏官郎中（即原兵部中层官员。《周礼》分职事为天官、地官、春官、夏官、秋官、冬官，后世沿而为吏部、户部、礼部、兵部、刑部、工部。武则天时按周礼旧制复称六部为六官），处理军情冗务有条不紊，举重若轻，皆有条理，得到太后的赏识，擢为夏官侍郎。如果他早十年遇到太后，未必有此机遇。但话说两头，以他的才干、见识、手腕，总有出头之日。

武氏执政后期，想立牌坊，但受累于劣迹太多，故意欲转移焦点，掩埋一段并不光彩的过往。一日，太后若似无意对侍臣们提起："顷者周兴、来俊臣按狱，多连引朝臣，云其谋反；国有常法，朕安敢违！中间疑其不实，使近臣就狱引问，得其手状，皆自承服，朕不以为疑。自兴、俊臣死，不复闻有反者，然则前死者不有冤邪？"这虽然是一个自问自答的解套，但说明了一个重要事实，酷吏在，反者众，酷吏去，反者无，反者难道随着酷吏消失了？一加一还等于二吗？正常人都会知道是怎么回事，太后更知道是怎么回事。只有坐实来、周之残酷，才能认定酷吏才是冤案的始作俑者。

面对太后这么一个似乎已经有答案的问题，大家一时间转不过这中间的好几道弯，觉得怎么回答都不是太后要的答案。看着面面相觑的领导和同事们，脑子快、胆子大的夏官侍郎姚崇接下这左右都烫手的问题，答："自垂拱以来坐谋反死者，率皆兴等罗织，自以为功。陛下使近臣问之，近臣亦不自保，何敢动摇！所问者若有翻覆，惧遭惨毒，不若速死。赖天启圣心，兴等伏诛，臣以百口为陛下保，自今内外之臣无复反者；若微有实状，臣请受知而不告之罪。"

这包括好几层意思。其一，太后执政以来，其实没有谋反者，大家也不想反，那些被冤枉致死的所谓谋反者，都是周兴、来俊臣等酷吏罗织罪名，滥用天威编造出来的。其二，您让身边人去督查了解情况，但人人自危，也不敢为被诬陷的臣子平反。被冤枉的臣子对来、周的手段感到恐惧，虽然屈打成招，但也只能坚持错误，否则，生不如死。其三，天恩浩荡，周兴等被处决了，我以全家族的性命向陛下担保，现在的内外之臣决不会像从前那样，不会出现被冤枉的谋反者，如果有，我认罪。即兴的几句话，替太后捋顺了烦乱到打了结的思路，熨平了太后的担心，维护了太后的自尊，回应了朝野的关切，唯一赌上自己的身家，却也是一道幌子。实际上是怎么回事呢，就如坊间谈话出现了死结，他出来打了个圆场。

太后听着这上道的话，高兴了，借坡下驴道："向时宰相皆顺成其事，陷朕为淫刑之主；闻卿所言，深合朕心。"赐钱千缗。姚相虽年轻，却一眼看穿太后的需求，跳过几个逻辑层次，直接把责任推给酷吏周兴等，既然死无对证，何不让太后有个好感觉。保全太后的声誉，换个逻辑就行。当然，这可以解读为谄媚，只不过显得高明一些。在伴君如伴虎的应答如流中，真正难得的不是才华，而是胆识。

大家注意，此时，太后已经把他和宰相放在一起作比，而且他比原来的宰相好。仅仅不到两年时间，公元698年，以夏官侍郎姚崇、秘书少监李峤并同平章事。姚崇已经从部门副职的职位升到享受内阁大臣的待遇。不久，升为凤阁侍郎、同凤阁鸾台三品。

正当春风得意马蹄疾之时，姚崇却以母亲年老为由，固请归侍，以相王府长史的身份回家养亲，保留秩位并同三品。这是一个非同一般的安排，个中内幕尚待研究，为何少壮得志的姚崇有此举动？为何让姚崇在相王府保留虚职，应该不只是随口任命这么简单。这一次调整，不但让姚崇躲过太后晚年的政治纷争，还与王朝的后来两任皇帝建立了联系，为第二次、第三次出任宰相打下了天然基础。

真正让姚崇获得名声的是一次哭泣。

擢拔原因虽不相同，历史选择让姚崇几乎和张柬之同时出现在风雨飘摇的太后宫中。张柬之、桓彦范等五大臣以诛杀张易之兄弟的名义，让朝廷回到李家手中。年迈的太后，无力抗拒，也无心抗拒了。毕竟，是将政权交给自己的儿子。奄奄一息的太后被迁往上阳宫居住。这一天，对许多人来说，来得太晚了。搬迁工作平静而理所当然。

此时此刻，几家欢喜几家愁。武氏一族自保不暇，中宗在突如其来的变化中努力抑制着内心的激动，韦后应该正心花怒放。大臣们，老练的大臣们，此刻最好的表现是没有表现。唯独太仆卿、同中书门下三品姚崇呜咽流涕，潸然泪下。该高兴的人哭了，桓彦范、张柬之着急了，带着爱护的意味责备他："今日岂公涕泣时邪！恐公祸由此始。"姚崇发自肺腑地说出了自己的理由："元之事则天皇帝久，乍此辞违，悲不能忍。且元之前日从公诛奸逆，人臣之义也；今日别旧君，亦人臣之义也，虽获罪，实所甘心。"姚崇在此时此刻坚持武氏的皇帝身份。果然，当日，他被外放为亳州刺史。这是代价，或许这是姚崇真正的需要。

情字打底，义字当头，可谓一哭成名。作为维护唐朝正统的功臣，姚崇此哭绝不是做作。此哭也有后果，从内阁大臣降为地方官员，这次贬官到底是远见还是因祸得福，结果已不言自明。留在朝中体会成功胜利的张柬之、敬晖几位，都惨遭横祸。他，却因为这次由衷的涕泣，在地方等到了再次出相的机会。他对忠义二字，又绝不是虚与委蛇的表现，权重一时之后，姚崇起用的一个人，就和他的遭遇非常类似。新兴王李晋依附太平公主，事败，被处极刑，僚吏皆奔散，唯司功李捻步从，不失在官之礼，仍哭其尸。姚崇听说后，评价道："栾布之俦也。"出任宰相后，擢拔李捻为尚书郎。这件事，体现了姚崇的境界，也说明了他的价值观。为他这一哭做了最好的注释。

这可不是一般的流泪。历史上像这样值得记载的眼泪不多。以姚崇的权谋，发乎于情，而借机脱离是非的可能，不是没有。当是时，太后虽然退位，实力犹存，朝中情况异常复杂，武氏一族、太平公主以及刚从黢觫中缓过劲来的中宗，各方势力相当，而中宗与姚相并无交集，也无感情。这一哭，形成了政治影响力，塑造了姚相守正义、重情义的形象，引导了官场风气，树立了为人臣子的典范。这一哭，让他在第一次时局巨变风波中生存了下来。姚相和张柬之、桓彦范等谋划的是惊天动地的大事，诛张易之兄弟，逼则天退位，扶中宗即位，都是唐王朝极为关键时刻发生的重大事件。此时此刻，作为诛奸的重要人物，不管是无意还是有意，全身而退？何其难也。

　　古龙有一部小说叫《七种武器》，写的是丁喜的剑、小马的拳等看得见的武器，想说的却是义气、友情、亲情等内在的力量。甚至，他认为微笑是比大刀更有力的武器。都说姚相擅长权谋，但他在这短短几年时间中，从超常擢拔到回家侍母，从谋划返政到泣别太后，此时他真正的武器，也是唯一拥有的武器可能也只是亲情和义气。大场面、大事件中，谁的眼泪在飞，谁的笑靥如花，谁在声嘶力竭，谁能波澜不惊，都不是看起来那么简单的。

马背八项约定

郊庙歌辞·享龙池乐章·第一章

姚崇

恭闻帝里生灵沼，应报明君鼎业新。

既协翠泉光宝命，还符白水出真人。

此时舜海潜龙跃，此地尧河带马巡。

独有前池一小雁，叨承旧惠入天津。

救己本能，抑或天意；救时之相，端倪已现。此后一段时间，韦后专权干政，与武三思等沆瀣一气，将维护李家朝廷的忠臣诛杀殆尽，连年逾八旬的张柬之在几经流放后，也未能幸免于难。终于，一个天星如雪的夜里，李隆基带领羽林军手刃韦后一干人等，唐朝迎来了中兴的契机。但真正的中兴时代，始于姚崇、宋璟、张说、张九龄等一批名相的登台。

姚崇二度上位，并没有位居中枢，而是以兵部尚书参政。作为实际权力的执行者，再次面临错综复杂的变局。吏部尚书宋璟与姚崇协心革中宗弊政，进忠良，退不肖，赏罚尽公，请托不行，纲纪修举，当时翕然，以为复有贞观、永徽之风。姚、宋一个执掌兵部，一个执掌吏部，且皆入相，可惜两个最佳拍档合作时间太短。

进退赏罚，都是人事。革弊政，首先是换人。换人也要师出有名，除了日常的操作，姚崇、宋璟及御史大夫毕构试图对前朝最大的弊政之一斜封官下手，建言"先朝斜封官悉宜停废"，一时间罢免斜封官数千人。假如此次拨乱反正实施成功，不仅是给读书人一个说法，还将把韦后、安乐公主，甚至太平公主等宫闱势力连根拔起。一时间，舆情汹汹，这场官场地震，演变成太子李隆基和太平公主的角力。在太平公主的压力下，睿宗被迫叫停这项政策，姚、宋更被外贬州郡，改革半途而废。

雄心勃勃、准备大干一番的宋璟与姚崇还提出了关于太平公主东都安置的理性建议，如果他们关于太平公主和太子哥哥宋王等人的处置方案得以实施，李旦也不至于再失去唯一的妹妹。这是一个政治家集团极有远见的部署，何谓救时，此为救时。李旦的兄弟不是被母亲处死，就是被家人毒死，他下不了这个决心。这次事件，虽然没有达成目的，但姚、宋启动了官员结构调整，为李隆基的上位打下基础。他们俩此时还不是李隆基身边人，代表的是以政治稳定清明为理想的知识分子团体。

李隆基除掉太平公主一系后，百废待兴，形势复杂，他首先想到了姚崇。此时，姚崇已经由申州刺史改任同州刺史。玄宗猎于渭川，名为出猎，实际是要在地方官姚崇的地盘考察任用姚崇。在起用姚相这件事上，李隆基充分展现了自己识人用人的远见魄力。这件大事，他要办得有些铺垫，御驾亲临，要让姚崇感受到王朝的重托。这是玄宗的艺术。

打算以姚崇为相，玄宗的意图被张说察觉到了。张说是玄宗最信任的人，没有之一，但玄宗在这个阶段并不想用张说为相，他意识到拨乱更新的艰难时期，必须有姚崇这样的干才。张说和姚崇有矛盾，玄宗也知道，所以当张说派御史大夫赵彦昭反对任用姚崇时，玄宗顾左右而言他，装作没听见。张说只好再出一招，请同为起事功臣的殿中监姜皎进言："陛下常欲择河东总管而难其人，臣今得之矣。"问为谁，姜皎按照商量好的口径回答："姚崇文武全才，真其人也。"这是司马昭之心，玄宗何等人也，现场训斥了姜皎："此张说之意也，汝何得面欺，罪当死！"玄宗一看，拖下去还不知道这张说又出什么幺蛾子，马上遣中使召姚崇赶往见驾。

姚崇策马赶到时，玄宗正在驰骋猎兔，两人马背上谈妥了八项约定，其中一项为拜兵部尚书、同中书门下三品。敢在马背上和皇上谈条件，可见姚崇的胆识。当然，这里面有姚崇和李隆基的交情，也有君臣互相倾慕中的试探磨合。想当年，姚崇为相王府长史，自然与李隆基有交集，他是武后超常擢拔的人，来到相王府，也是一个受到防范的人。显然，姚崇当时并没有俯下身子融入相王一家，而是不卑不亢地当着长史这个闲官，展示自己的才能。机缘际遇加各种巧合，年方半百的姚崇三度入阁。

姚崇吏事明敏，兼兵部尚书，缘边屯戍斥候，士马储械，无不默记。玄宗初即位，励精图治，每事访于姚崇。姚崇应答如响，同僚皆唯诺而已，故上专委任之。姚崇得到玄宗的倚重，靠的还是自己的才干。当然，他还有比才干更重要的品质。"元之请抑权幸，爱爵赏，纳谏诤，却贡献，不与群臣亵狎；上皆纳之。"这句话的五个动词，生动形象地表达了三度为相的姚崇对时政的精准把握。

抑权幸，权幸是谁？一来自皇族天然产生的王子公主们，二来自上皇李旦的亲信人等，三来自玄宗身边那些立下大功的人等。这都是宰相也得罪不起的人，此时不能也不需要对这些人动大的手术，抑制即可，目标是能保持他们权力不满溢且可控。

爱爵赏，倡导新风尚。这个阶段的爵赏，和贞观时期不同。此时的爵赏是和平时期的爵赏，功臣多为在权力斗争中出力的人，并不是征战沙场的功臣。这件事本无可能一碗水端平，这些人位置太高，勋格过隆，容易陷入争权夺利的泥潭，在争斗不休中迷失自我。加之原来斜封官的滥觞，有官有职的庸人一抓一大把。很多人一方面争宠邀功不已，转过身又把爵位和名声视若敝屣。此项提议极有针对性，诚信、感恩、荣誉感，应成为官员内心的追求。

纳谏诤，不搞一言堂。姚崇虽然大张旗鼓地提出这项重要建议，其实他在这个方面着力不多。他的办法是提前摊开自己的条件（马背约定），把话先说透了，之后尽量不再絮絮叨叨烦扰皇帝，可能是他和玄宗尚处磨合阶段，还需要维护皇上的权威，一味强调广开言路，会表现出对皇上的不敬。这个阶段玄宗容易倾听不同声音，这种处理方式正体现他为政艺术的精要之处。宋璟此后将这一条发扬光大，取得极大的成就，也是因为后来玄宗更需要强有力的劝谏。

却贡献，是对当时地方发展的保护。经历了则天的折腾、韦后的胡闹、太平的奢靡，地方并不富裕不说，各种地方进贡和属国的献礼，容易产生腐败，影响官场风气。这既是休养生息的政策，也是当时的外交政策，为地方经济的修复起到重要作用。

不亵狎，主要因为玄宗上台，有一帮兄弟舍命相随，这些人，与皇上有过命的交情，容易称兄道弟不分尊卑，如何满足这些人的需求又不伤害朝政，考验皇帝的手腕。而皇上自己是不太好出面驳老兄弟面子的，怎么办？他来得罪人，替皇帝办事。这都是不能明面上说透的事，就如当年武则天想把责任推给周兴等人一样，此等心理，姚相尽在把握中，算是政治手腕中的小技术，不在话下。

此前二次入相时，他和宋璟的主要作为是：进忠良，退不肖，赏罚尽公，请托不行，纲纪修举。这两次的施政思路明显各有侧重，当时进忠良、退不肖，此时抑权幸；当时赏罚尽公、请托不行，此时惜爵赏、却贡献；当时修举纲纪，此时不与群臣亵狎。形势和环境不同，施政重点因时而变，思路清晰得当。

"姚崇为相，紫微令张说惧。"张说没有拦住和自己有过节的姚崇来主理朝政，自己的位置怎么摆，会不会因此被政敌击倒？一山难容二虎，张说担心姚崇乘机对自己不利。作为玄宗最信任的人，这些问题需要解答并找到出路。张说不是一般人，也不会一味莽撞，他悄悄来到私交很好的岐王府中，寻求解决办法。但这一举动犯了忌讳，当朝大臣与亲王交往，不是那么随便的。

姚崇也在思考他和张说之间的关系，甚至不仅仅是他们俩的关系。张说后面有一干鼎力助玄宗上位的大臣，此时是最有分量的利益集团。这些人横在中间，他姚崇再有本事，也会掣肘连连难以施展。他决定抓住张说主动出招后这个稍纵即逝的漏洞。他要达成政治理想，就必须得罪皇帝不好得罪的这一干人等。一日，姚崇在便殿被玄宗召见，说一些不便公开说的事。便和不便，是便还是不便，不好直接分辨。往往是在便殿，才好说不便大声说的事。姚崇"行微蹇"，走路姿势有些踉跄。玄宗问："有足疾乎？"对："臣有腹心之疾，非足疾也。"问其故。对："岐王陛下爱弟，张说为辅臣，而密乘车入王家，恐为所误，故忧之。"玄宗听懂了姚崇的话。洞若观火的玄宗皇帝，此时真是英武果断，迅速在姚崇等干员和自己身边兄弟之间做了个选择。

不日，张说左迁相州刺史。右仆射、同中书门下三品刘幽求亦罢为太子少保。不是说张说、刘幽求能力不够，而是玄宗担心他们的心态难以摆正。作为玄宗上位的关键人物，这几个人会觉得出将入相理所当然，拥有权力，不思进取，耽于享乐，都是完全有可能的。而姚崇、卢怀慎则不同，他们有能力有抱负，此次政变并无大功，如果给他机会，他将会感恩戴德，全力以赴，展现才能，求取更大功勋。事实果然如此。姚崇对张说，展现了权力斗争的手腕。但从大局出发时，姚相对张说并不是一味的斗争，张说对姚崇也不是一棍子打死，他们都展现了知识分子的做派。在维护当朝利益等大是大非问题面前，即使私下有矛盾，互相也会伸以援手，这就是政治家。

何谓时局？其实就是当前的形势。有经验的农夫就会根据云彩的变化，安排明天后天的农活。懂不懂云，是一个农夫的境界。懂不懂形势，对当前和将来局面的变化能不能作出预判，是脱颖而出的关键。一个人，能够嗅到风云的变幻已属难得，还能够乘风而起，长袖善舞，因势利导，谋取风吹云散的清朗局面，何其难也。

救时之相姚崇

三度为相，姚崇得以实施自己的政治主张。姚相施政，颇具唯物主义精神，他是个足智多谋的人，敢于斗争，善于斗争，战果斐然。

1300年前，天灾不叫自然灾害，而叫上天的惩罚。如何应对关于自然灾害的舆情，比如何应对灾害本身更难。自然灾害的结果是百姓没饭吃；舆情应对不当的结果是官员要丢官。以身当祸，需要的不仅是勇气，更需要认识论上的突破。姚崇对于蝗虫的态度，在很多人看来，就是在和苍天作对。救时之相姚崇就做到了苍生为天。

当时，山东（函谷关以东，包括河南、河北广大地区）大蝗，百姓在田旁焚香拜祭害虫而不敢杀。姚崇派遣御史到各州县督促捕捉掩埋，居然遭遇很大阻力。很多大臣提出，蝗虫满天，不可能除尽；玄宗也拿不准，对捕杀措施是否有效心存疑虑。姚崇呼吁："今蝗满山东，河南、北之人，流亡殆尽，岂可坐视食苗，曾不救乎！借使除之不尽，犹胜养以成灾。"副相卢怀慎更有意思，认为杀蝗太多，恐伤和气。姚崇哭笑不得，只好引经据典解释："昔楚庄吞蛭而愈疾，孙叔杀蛇而致福，奈何不忍于蝗，而忍人之饥死乎？若使杀蝗有祸，崇请当之！"山东地方官员倪若水拒绝执行姚崇颁发的灭蝗令，称："蝗乃天灾，非人力所及，宜修德以禳之。刘聪时，常捕埋之，为害益甚。"姚崇直接写了封信作为公文发给倪若水："刘聪伪主，德不胜妖；今日圣朝，妖不胜德。古之良守，蝗不入境。若其修德可免，彼岂无德致然？"倪若水在近乎训斥的命令面前，才勉强执行。各地捕杀不力，姚崇颇为头疼，只好派出督查组赴各地督查，将捕捉蝗虫的业绩计入政绩考核体系，并且予以公开。

现在蝗虫灾害还相当可怕。可以想象当是时，人们怎么理解蝗虫灾害，又是如何评价姚相的灭蝗决定。没有科学认识，做不到；没有绝对权威，做不到。姚相在这件事上，体现了当朝宰相的绝对责任感，对朝廷负责，不惧陋识陈规，不惧失去乌纱。他的爱民之心也跃然纸上，没有粮食，百姓怎么办。幸亏姚相如此力度，才能在连续几年蝗灾发生时，没有导致大饥荒。这是一个良相的责任担当。

整治寺庙，也反映出姚相敢于担当的精神。"中宗以来，贵戚争营佛寺，奏度人为僧，兼以伪妄"。就如武后时期的白马寺，佛寺实际成为高官贵戚的会所，各种江湖术士参杂其间，玩神弄怪，不但败坏风气，影响不好，还容易成为政治集团结盟议事的场所。很多有钱人家的子弟"削发以避徭役"，寺庙出现和尚比香客多的情形。这些人是假和尚。寺庙分流了强壮男丁，成为征兵难的一个重要因素，也造成了社会不公，导致舆论纷纷，败坏真正佛门清誉。姚崇上言："佛图澄不能存赵，鸠摩罗什不能存秦，齐襄、梁武，未免祸殃。但使苍生安乐，即是佛身；何用妄度奸人，使坏正法！"于是，命令有关部门沙汰天下僧尼，以伪妄还俗者一万二千余人。寺庙的清理整顿，触动诸多利益集团，体现了姚崇的非凡手段。在施政中，他还需面临更多复杂的局面。

薛王李业的亲舅舅王仙童，侵暴百姓，被御史上奏弹劾；李业为舅舅求情，玄宗给了个台阶，"敕紫微、黄门覆按"。拿到现在说，就是交给高院复审，结果当然存在被推翻的可能。姚崇、卢怀慎等奏："仙童罪状明白，御史所言无所枉，不可纵舍。"玄宗本来也无可无不可，借机开脱，反正让宰相出面得罪人。如此一来，"贵戚束手"。

申王李成义请给自己府中参事阎楚珪升职，想直接任命为参军，这是亲兄弟的请求，玄宗当场许诺。姚崇、卢怀慎又上言："先尝得旨，云王公、驸马有所奏请，非墨敕皆勿行。臣窃以量材授官，当归有司；若缘亲故之恩，得以官爵为惠，踾习近事，实紊纪纲。"意思是，斜封官的教训不能忘记，即使亲王提拔自己人，也得按规矩走程序。两个宰相明确反对，没办法，也只好这样算了。由此，"请谒不行"。

直接针对皇亲贵族的种种违规下手，以至于"贵戚束手、请谒不行"，这是姚崇整顿纲纪、纠正作风的典型案件。从高宗后期以来，唐王朝权力多次非常态更迭，后宫干政频繁，李义府等培植私人势力，韦后、安乐公主卖官鬻爵，斜封官并没有真正被淘汰，在这一背景下，姚相重拳相向，基本扭转了芜杂混乱的吏治局面，后来宋璟萧规曹随，执法刚毅，更进一步促进了吏治清明，这应是开元走向盛世的重要原因之一。

有人举报太子少保刘幽求、太子詹事钟绍京"有怨望语"，也就是公开发了牢骚。两位功臣被下紫微省（即中书省，开元初期，改中书省为紫微省，后很快改回中书省）按问，刘幽求等当然不服。姚崇、卢怀慎、薛讷和他们本算政敌，此时对玄宗进言说的却是："幽求等皆功臣，乍就闲职，微有沮丧，人情或然。功业既大，荣宠亦深，一朝下狱，虑惊远听。"这个话，在这两位宰相说出来，绝非虚言。他们不仅为刘幽求等辩护，更考虑到，这件事如果常规处理，将几位功臣趁势处理掉，既不是玄宗想看到的结果，更会造成很坏的影响。在他们几位当权的大臣斡旋下，看起来是政治竞争对手的几位功臣得以保全。根本上讲，也是姚相他们在这个位置必须和这个功臣集团讲和，取得一种平衡。这三个人如果要喊声冤枉，也没有人能反驳，这个朝廷，就是那晚他们拼着性命保下的。何谓通达？有大局意识，能为政治对手开脱，是了不起的见识。

而与魏知古之间的纠葛，才彻底显露出姚相的个性和手腕。黄门监魏知古，本起于小吏，因姚崇引荐，一路升迁，以至同朝为相。对自己一手提拔的魏知古，姚相有点托大，让他兼吏部尚书、知东都选事，但涉及人事方面的安排他还得报朝中吏部尚书宋璟定夺。魏知古自视甚高，觉得姚崇这是刻意压自己一头，就记了这个仇。总之，姚相得罪了这个自己一手提拔的人。

姚崇的两个儿子在东都洛阳任职，仗着魏叔叔管人事，招权请托，帮人办事，以为父亲的旧部一定会如何如何。没想到，魏知古回长安述职时，把姚崇这两个儿子的行为顺带也告诉了玄宗。玄宗也坏，有一天故作从容问姚崇："卿子才性何如？今何官也？"姚崇没有天真地以为玄宗是在关心自己，脑子转了好几个弯，回答却直奔主题："臣有三子，两在东都，为人多欲而不谨，是必以事干魏知古，臣未及问之耳。"玄宗开始以为，姚崇必然为自己的儿子开脱，听到如此回答，虽感安慰，但还是有点惊讶："卿安从知之？"姚崇也不躲闪，说："知古微时，臣卵而翼之。臣子愚，以为知古必德臣，容其为非，故敢干之耳。"这次，他差一点点把自己装进去，毕竟，皇上的亲戚他都没有给面子，自己儿子如果去庇护，那即使玄宗为他隐瞒，对他来讲，也是品德上大打折扣的事。

玄宗由此更以姚崇无私，看轻了魏知古，认为他魏知古辜负了姚崇的信任和栽培，准备贬斥他。姚崇固请："臣子无状，挠陛下法，陛下赦其罪，已幸矣；苟因臣逐知古，天下必以陛下为私于臣，累圣政矣。"玄宗犹豫了许久，算是给了姚相的面子没有处理魏知古，但不讲人情的印象算是留下了，没多久还是将魏知古罢为工部尚书。其间谁是谁非，错综复杂，人情世故与政治权谋交杂其间，叹为观止。不过，后来姚相的退位，还是因为身边人没有管好，牵涉自己，而退出权力核心。

姚崇曾因家事休假十多天。他不在，公文堆积如山，其他人望洋兴叹，压力山大。等他回来，三下五除二，没多久裁决俱尽。看着案头公文有条不紊地一件件被领走，姚相成就感爆棚，颇有得色，转身对紫微舍人齐瀚凡尔赛般求点赞："余为相，可比何人？"齐瀚还在找词，姚崇已迫不及待追问："何如管、晏？"顺势拍个马屁其实也没什么，可年轻气盛的齐瀚没有顺着领导的意思走，居然说："管、晏之法虽不能施于后，犹能没身。公所为法，随复更之，似不及也。"姚崇有点扫兴，只好再问："然则竟如何？"齐澣说："公可谓救时之相耳。"这个评语精准到位，姚崇投笔感慨："救时之相，岂易得乎！"齐澣作为直接下属，因为不迎合，有主见，敢说话，居然一语道出千年来对姚崇最精准的评价：救时之相。可惜，有才而傲气的齐澣，后为李林甫所排挤，郁郁而终。

救时之相得以产生，其实也来自李隆基执政用人的格局。刚刚从同州刺史任上进京的姚崇，事事谨慎，想按程序调整补充一批中书、门下省的侍郎和舍人，基本算中高级干部。奏报后，玄宗仰视殿屋，姚崇重复三遍，始终不应。姚崇心里没底，不知哪个地方出了岔子，散朝后走得有点步履凌乱。高力士看不下去了，进谏："陛下新总万机，宰臣奏事，当面加可否，奈何一不省察！"玄宗这才解释道："朕任元之以庶政，大事当奏闻共议之；郎吏卑秩，乃一一以烦朕邪？"庶政，即日常政务。高力士会做人，借到中书省宣事机会把皇上的意思跟姚崇说了，姚崇大喜。在场不在场的中高级官员从此知道，姚相将决定自己的命运。

张说和姚崇本为政治对手，张说于玄宗而言，更为亲近和信任。但他能让张说暂居地方，而起用姚崇，是他清醒地看到当是时，需要姚崇力挽时局。卢怀慎与姚崇同时为相，自以才不及姚崇，自甘做甩手掌柜，被称为"伴食宰相"。其实，卢怀慎具功不揽，清谨谦让，时论有调侃意味。听到如此议论，倒是玄宗会做思想工作："朕以天下事委姚崇，以卿坐镇雅俗耳。"虽是给卢怀慎宽解，却实在让人哭笑不得。

笔者理解，武功有两种体系可称为最高境界，一是构建强大的自我体系，遇到任何对手都用自己的体系对抗，如宋璟；一是在完成自我体系构建后，将自己的功夫体系与外界融合，有化于无，行走江湖，见招拆招，遇强则强，如姚崇。大家都说，时也，命也。于姚相而言，时也，势也。顺时进退，乘势而为，此谓救时之相。时代需要姚崇，姚崇也幸运地遇见了这个时代。

四 日食修德，月食修刑

奉和御制璟与张说源乾曜同日上官命宴都堂赐诗应制

宋璟

丞相邦之重，非贤谅不居。老臣慵且惫，何德以当诸。

厚秩先为忝，崇班复此除。太常陈礼乐，中掖降簪裾。

守正之相，刚直宋璟的硬派形象，是由软实力支撑起来的。宋璟就像是上天派给李隆基的"一尊佛"，在几起几落的锤炼后，本色不改，在姚崇拨乱反正之后，他来守正求全。房谋杜断，姚通宋直。能和房杜二人并称，足见此二人的历史地位。无论姚、宋，都经历了四朝皇帝的历练，起落之间，成色越发澄澈。

官场"硬汉"

宋璟出场就是一身正气，几乎就是和"坏人"作对而来。先是和各种权势熏天的人作对，后来和皇帝作对，外放一次名声大过一次，在斗争中练就了一道如护体真气般的光环。回过头来看，似乎他坚持原则也不是那么难，因为事实证明他一直在做对的选择；可放到每一个当下，他坚持原则的做法无异于把脑袋别在裤腰带上。他并不是一个横竖不齐的人，却在各种艰难的对抗中把自己做成了一个质量认证机构，各种油盐不进，把自己炒成了一粒铜豌豆，让假冒伪劣现形，让反派人物害怕。

第一个成就他的反派人物是张昌宗、张易之兄弟。

当时，武则天宠幸张昌宗、张易之兄弟，读书人出身的大臣却少有人真正尊重他俩。甚至，戏弄二人成为朝臣们博取名声的手段。一天，武氏宴请重臣亲贵，按头衔，二人座位在宋璟之上。宋璟文名正盛，自带威严，搞得不可一世的张易之看到他总有点敬畏，"素惮璟，欲悦其意"，于是请他坐在自己兄弟上首，并道："公方今第一人，何乃下坐？"这是拉拢的意思，算是给足了面子。这兄弟俩也是人精，为谋划太后驾崩之后在朝中的一席之地，频频出手干预人事和朝政，交结这些有影响和有前途的大臣。可惜，宋璟根本不买账，说："才劣位卑，张卿以为第一，何也？"挑衅嘲弄意味已经相当浓厚，但还有人不满意。天官侍郎郑杲对宋璟说："中丞奈何卿五郎？"表面是批评，实际公然挑剔宋璟对张易之的称呼，在这些读书人出身的大臣眼里，张易之兄弟类似娼优，何来官称？宋璟的应对极尽戏谑："以官言之，正当为卿。足下非张卿家奴，何郎之有！"两人唱双簧般地戏弄权倾一时的张易之，吓得举座悚惕，哪还能好好吃饭喝酒。

当时除了做着皇帝梦的武三思外，没几个人敢当面得罪张易之兄弟，宋璟"独不为之礼"。刚正也好，远见也罢，总之，宋璟的斗争方式，有别于很多人，他在这种坚守中积攒着自己的软实力。"诸张积怒，常欲中伤之；太后知之，故得免。"武则天倒也不是无故偏袒宋璟，经历了许多的她，深谙平衡权力结构的重要性。

同在朝中，针尖麦芒，难免不爆发冲突。又一桩针对张易之兄弟的公案出现时，宋璟强硬出手，把斗争推向水火不容阶段。

许州人杨元嗣告发"昌宗尝召术士李弘泰占相，弘泰言昌宗有天子相，劝于定州造佛寺，则天下归心"。这件事，牵涉自己大位，又是对枕边人的指控，不好马虎，武氏派了几个相关职位的官员问讯，其中就有御史中丞宋璟。从内心讲，她是不信的，张昌宗兄弟几斤几两，她还是心中有数。按程序询问后，查证此事的人分成了两派，承庆、神庆的说法是，张昌宗承认有此事，但已经报告过了，应该原谅，术士弘泰妖言中伤，应该处理。宋璟与全祯的矛头则指向昌宗招揽术士的行为，认为张昌宗地位之隆，已难复加，居然还召术士占相，想干什么？虽然报告过情况，终究包藏祸心，法当处斩。

看起来各有套路，找事的节奏却摆在了案板上。武氏久久不应，宋璟不依不饶，又奏："傥不即收系，恐其摇动众心。"左拾遗李邕也出来帮腔，这位才高八斗的大书法家硬生生地表达自己的观点："向观宋璟所奏，志安社稷，非为身谋，愿陛下可其奏。"至此，宋璟实际上代表朝廷大臣直接展开了和张昌宗、张易之兄弟的斗争。武氏只好亲自出面解围，说张昌宗确实跟我报告过此事，这事就这样了。宋璟等人却咬定，这次不处理张昌宗，国法不容，大家不答应。

太后有点烦，让张昌宗去御史台做个说明，实际是低个头道个歉，宋璟也退一步，赶紧了结此事。宋璟站在御史台大庭等他，张昌宗一到就被当作犯人按在桌前，现场审问。没问完，太后派的宫女已经到了，特敕张昌宗直接把人带走了。宋璟感叹："不先击小子脑裂，负此恨矣！"宋璟的这番动作伤害性不大，侮辱性却极强，虽然击节叹息，其实比现场击杀张昌宗效果好得多。从此，张昌宗兄弟在宋璟面前已经完全没有了话语权，在朝中说话逐渐失去影响力。

宋璟这一来二去，确实也很烦。太后寻思让他去外地出差，别在这里搞事。安排他巡视扬州，没明确任务，多好一差事，他不去；又安排他去幽州负责审查幽州都督屈突仲翔赃污一案，他不去；再安排他配合李峤去川中安抚陇、蜀，做慰问大使，他不去。宋璟还都有不去的理由，他说按老规矩，州县官有罪，级别高的由我副手出面，级别低的派个监察御史就可以了。不是军国大事，御史中丞不当出使地方。我不是抗旨，是不能坏了规矩。他拿准了太后在规则面前的顾虑，抗旨而有理，让普通人脑洞大开。

在宋璟一干人等的努力下，实际上形成了对太后的舆论围攻之势。朝廷的风向已经转向李家，太后退出历史舞台的日子来到。中宗上位后，宋璟的品牌价值帮助他在官场位置上更进一步。中宗欣赏倚重宋璟忠直，年内数次升迁，很快至权力中枢，任黄门侍郎。权力还真不是谁都能触摸其边际的，有的人炙手可热，其实手中并无一点权力；有的人深居简出，却一言九鼎，朝野瞩目。有意思的是，有了刚直的名声后，很多时候，无须出手，只要坚持立场原则，他就赢了。

宋璟的名声终于变成了影响力。宋璟成了刚直的代名词。种种事情的发生和应对，逐渐形成了他的政治品格风范，这是做官的一种境界，也是做人的一种境界。一旦能够拥有这个品质和名声，就有了类似于护体神功一般的武器，能在无形中达成目的。比如和姚崇搭档的卢怀慎，玄宗其实就是用他的名声和才华以镇雅俗，卢怀慎是公认的才子，口碑又好，让他在副相那个位置，大家服气。当然，拥有刚直的名声还能脱颖而出，要有很多机缘巧合，否则，随便冒出个同僚就会让你止步于小吏。后来也有很多类似刚直的官员，但都没法坐到宋璟这么高的位置。这和时代有关，也和个人综合素质有关。宋璟的能力体系，拥有的可不仅仅是刚直。

中宗时期，不管是硬怼武三思，还是处理即将要发生的皇室丑闻，宋璟次次顶着冒犯天威的后果坚持斗争，实属难得。也许，在朝局变换中，宋璟意识到，得罪所有人，就是不得罪人。

一桩丑闻公案，再次将宋璟推到皇上和权贵的对立面。

处士韦月将上疏告武三思"潜通宫掖，必为逆乱"，说的是武三思和韦后之间的腌臜事。中宗大怒，也不想多说什么，下令将此人直接斩了。这是为人夫的正常反应，也是为人主的一种处理方法，未等扩散，先灭掉信息源。如何应对丑闻，皇帝表现出的态度并不是没有套路。没想到，黄门侍郎宋璟奏请公开审理此案，中宗怒火不打一处来，"不及整巾，屣履出侧门"，对宋璟说："朕谓已斩，乃犹未邪！"可见皇帝是真急了。更没想到，宋璟说出的理由似乎处处为皇室考虑，他认为："人言中宫私于三思，陛下不问而诛之，臣恐天下必有窃议。"大家议论皇室丑闻，你这是逃避的做法，必然再次引发纷纷舆议。真要从皇帝个人角度考虑，这种事能问出个什么结果呢，横竖让自己蒙羞，中宗不许。宋璟的横劲也犯了："必欲斩月将，请先斩臣！不然，臣终不敢奉诏！"中宗被搞得有些混乱。他可能也意识到，这件事，既然在民间都传开了，想不了了之，恐怕也难。

当然，这宋璟如此坚持的背后，是看到了痛击武三思的机会。可是，皇上的感受呢？也得有人照顾和考虑吧。还是这几个人找到了一个折中的办法，说服皇上暂时压下心中的羞愧、愤怒和无助。左御史大夫苏珦、给事中徐坚、大理卿尹思贞一起上奏，认为正值盛夏，执行死刑，有违时令，还是按照传统规矩等到秋后问斩较妥。这算暂时救下韦月将一命，中宗命令打80大板，流放岭南，总之走得越远越好。过秋分一日，天刚亮，广州都督周仁轨奉密旨将此人处决。终究，这件事掀开了韦后、武氏一族丑行的盖子，触到了皇上的痛处。

劣迹斑斑的皇室实在经不起宋璟这样折腾，武三思恨透了宋璟，左左右右又找不到他的把柄，只好决定让他保有侍郎身份外出兼任贝州刺史。好在宋璟书生意气般的表现，已经博取了朝野中的名望，虽让那些权力的追逐和践踏者很烦，但对他不好轻易动杀机。

睿宗上位，颇具声望的宋璟再次被起用。以洛州长史宋璟检校吏部尚书、同中书门下三品，算是入相，成为政事决策的核心成员。接下来与太平公主的直接斗争，宣示了宋璟正式作为名相参与皇室更迭大计。就在这一时期，姚、宋提出了关于太子、诸王和太平公主权力结构的整体部署，全面布局大唐中兴。可惜，时候未到。很快，宋璟被贬为楚州刺史，再贬为睦州刺史。即使外贬，他还能坚持着自己的坚持，做一个地方官，意料不到求之不得地按照一个优秀的干部成长路径自我发展着、努力着。

总有百姓期望天理昭彰，总有官员强调人心所向。生活中，我们会说人在做，天在看，宣示人世间还有一种虚无缥缈的规律存在，可能是重力平衡，可能是量子纠缠。不管多么复杂的权力角逐，最后都会显露出主要矛盾的两个方面。在权力对抗中，明显弱势的一方如果过早或被迫踏入角逐场，很可能被消灭于不声不响中。好在社会的结构总是在寻找一种平衡，人们发现在权力的争斗中，有一个类似于裁判的第三方，无处不在却又神龙见首不见尾，有人说叫民意，有人说众口铄金，有人说天意难违。如果你认为自己在坚持正义，又不得不面对强敌，最好的掩护就是将看不见的第三方拉入战阵，即使自己在对方的砧板上，由于有千万看客，对方一定会在下手前考虑看客的感受，如此一来，也许能在夹缝中求得一条生路。不识时务的宋璟，就这么跌跌撞撞、起起落落，等待着自己从政生涯的高光时刻。

守正之相

这年十二月，玄宗准备到东都洛阳待一段时间，他这一干消费能力强的人住到东都，也能缓解一些粮食运输西进长安的压力。姚相有些若即若离，身体也不好，朝廷得有镇得住的人才行。姚崇因为自己家里人和身边人没管好，与玄宗产生了隔阂，信任打了折，多次恳请让出相位，举荐广州都督宋璟代替自己。姚相有点狼狈地谋求全身而退之际，并没有忘记自己的职责。从他推荐宋璟的举动看，姚相对朝廷、对玄宗，是大忠大智，有读书人最宝贵的那份担当。

玄宗终于下决心起用广州都督宋璟。用人大胆而精准的李隆基，一步到位，先是任命宋璟为刑部尚书、西京留守。一个多月内，姚崇罢为开府仪同三司，源乾曜罢为京兆尹、西京留守，以刑部尚书宋璟为吏部尚书兼黄门监，紫微侍郎苏颋同平章事。权力打包转移到了宋璟处。

这个权力交换很有点重新组阁的感觉，有主有次有辅，相权的任用被玄宗继承，他将一众平章事和同平章事，也就是一个宰相班子予以整合，有了首辅的概念。所谓权责对等，如果姚崇、宋璟等没有被赋予如此权力，他们也不可能有此作为。太宗时期，几个宰相之间的权力互相制衡更强，很难说哪一个位置显然高出其他人，到玄宗时期，他采用一个主要官员领衔组成施政团队的方式，所以才在使用姚崇时需要把张说一干人外放州郡。同样，一直到姚崇退出相位时，宋璟的从政生涯才迎来真正的高峰。

要求宋璟马上到任。玄宗派最信任的内侍、将军杨思勖前往迎接。宋璟风度凝远，莫测其际，在从广州赴任长安途中，一路竟然不与皇帝的特使杨思勖说话。杨思勖素来贵幸，回来后，有点委屈地报上实情，算是打个小报告，也是履行职责。没想到，这不说话，比说话管用，玄宗嗟叹良久，更加看重宋璟。试想玄宗身边的杨思勖是谁都想结交巴结的人物，宋璟却没什么话跟他说，而且并没有套近乎的任何意思。这让杨思勖本人感到稀奇，传递到玄宗那里，却是一个强大的信号。不谄近贵幸，是他将要担任职位的重要素质。他会想，宋璟当得起这个名声，也就当得起朝廷的重任。宋璟已经不是当年的宋璟，经历了中央和地方官员的几度反复，历练成为不露声色且莫测其深的气质。宋璟的政治智慧让他的一举一动都散发着特有的气息。他一定在深刻地思考，皇上起用自己，是需要什么，是期待什么。在见到杨思勖之前，他也一定想过，这段路程该怎么和他相处。这是一种信息传递方式，需要同样段位的皇上，才能接收到并接得住这样的信息。

宋璟虽然一贬再贬，担任边远地区的地方官，但他并不消沉，没有让自己和当地民众失望。任广州都督期间，励精图治，爱民而轻罚，按照整肃纲纪、简政不扰的施政理念，给这地处边远的岭南一隅带来了一股吏治清风。甚至在他走后，广州吏民要为宋璟立遗爱碑。宋璟很清醒，虽然担得起这个口碑和官声，但他想借机刹住这种风气，向玄宗建言："臣在州无它异迹，今以臣光宠，成彼谄谀；欲革此风，望自臣始，请敕下禁止。"玄宗批示同意。于是其他州也不再敢树碑立传，自我颂扬。

你方唱罢我登场。玄宗即位之初，起用姚崇，收拾旧局，应对变化。通达以应时变，都是姚相长项，以致快刀斩乱麻之后，不免自鸣得意地思考自己在历史上的地位。折腾过后，建章立制，需要持重立威，宋璟以天下为己任，守正而稳大局，正当其时。这的确是时代的需要和幸运，时势造英雄，雄鹰展翅是因它有一片天空。宋璟守正，最大的对手是谁？唐玄宗。玄宗对宋璟的态度，有点当年太宗对魏徵的感觉，甚为敬惮，虽不合意，也委屈自己尊重宋璟。

此时，太平日子有些久了，宋璟担心皇上文治有道，转好武功，更怕好事者竞生徼倖之心，在好大喜功方面刺激玄宗。边境功臣郝灵佺就成了一个撞到枪口的标本。事情是这样的，突厥默啜早年臣服太宗，但自则天时代起，不断袭扰，几十年来朝廷花了极大的代价，不能平定。边将郝灵佺在一次战斗中，意外斩杀默啜，当然认为自己立下了不世奇功。没想到他满满的期望遇上了宋璟"不夸威武，为国生事"的理念。宋璟"痛抑其赏，逾年始授郎将"，就当没看见他的不世奇功，"灵佺恸哭而死"。郁闷至死，显得夸张，从郝灵佺个人来讲，确实委屈。但是，为了让玄宗内心不燃起征伐四夷的冲动之火，宋璟一再强调不赏边臣的施政导向，郝灵佺算是撞在了枪口上。但平心而论，这件事处理得有点过于简单。

717年，"春，正月，太庙四室坏，玄宗素服避正殿"。这时正是玄宗打算去东都待一段时间的日子，太庙损坏，是不是祖先的警醒提示？玄宗征求宋璟、苏颋的意见，希望他俩给个解决方案，没想到这两人马上借题发挥，说服他不要去东都，称："陛下三年之制未终，遽尔行幸，恐未契天心，灾异为戒；愿且停车驾。"这可不是玄宗想听的答案，他只好去找半退休状态的姚崇要个想要的说法。姚崇解答截然不同："太庙屋材，皆苻坚时物，岁久朽腐而坏，适与行期相会，何足异也！且王者以四海为家，陛下以关中不稔幸东都，百司供拟已备，不可失信；但应迁神主于太极殿，更修太庙，如期自行耳。"玄宗想听到这个答案，合情合理，合乎心意，大喜，赐姚崇绢二百匹。

对灾异的解读，从来就是公说公有理，婆说婆有理。如何解读，决定决策方向。姚崇不信邪，简直就是早期的唯物主义者，他根本不把这

218

种巧合联系在一起，认为去东都是因为关中歉收，太庙倾垮是因为木材老旧，这本身就是两件事。皇上想走，突然走不了了，是不是很不爽？可宋璟不这么想。他的理由是，三年之制未完，即睿宗去世没满三年，幸东都可能未契天心，所以用这种方式示警。我们必须回应上天或者祖宗的暗示，改变去东都的行程。他相信，头上三尺有神明，不懂敬畏，或有灾祸。对于他们俩的观点，自然形成两派。如右散骑常侍褚无量就站在宋璟一边，认为："隋文帝富有天下，迁都之日，岂取苻氏旧材以立太庙乎？此特谀臣之言耳。愿陛卜克谨天戒，纳忠谏，远谄谀。"这是直接反对姚崇的观点，玄宗未必不知，可他不想听。

这么一个巧合的事件，如何解读的背后是价值观、世界观的综合体现，也是为官之道的考验。这件事，两位名相难得同台，充分反映了各自的风格特点。看起来，宋璟的谏言诠释了一个忠臣该有的立场，姚崇的方式似乎透着讨好皇上，为皇上的选择寻找台阶。但换一个角度看，姚崇的观点更需要担当精神，因为他有理有据有选择。玄宗选择认同姚崇的判断，因为这是他要的判断。于是，下令姚崇五日一朝，参与大事要情决策，仍入阁供奉，恩礼更厚。皇上还离不开姚崇，但并没有姚宋龃龉的事发生，这是政治家和权佞小人的差距。东都之行还是定了，后来我们知道关中缺粮是皇帝老往洛阳跑的真正原因。唐朝之后，长安不再以都城的身份出现，也是因为经济发展的东南导向，让政治中心逐渐向东南迁移。

玄宗行幸东都途中发生的一件事，反映出宋璟爱民持正却不迂腐的特点。皇上一行到达崤谷，道路狭窄而颠簸，有时候甚至要停下来现场施工才能让皇上的车驾通过。本来就有些顾忌太庙之事，道路的阻碍让玄宗颇为不爽，当场就要免掉河南尹及知顿使官。宋璟急谏："陛下方事巡幸，今以此罪二臣，臣恐将来民受其弊。"宋璟考虑深刻，他当过地方官，真正有民生的概念。如果这两个地方官因为路没有修好获罪，那么，后任必将不顾民众的感受，全力以赴修路架桥，甚至为了讨好皇上，不惜大兴土木，最终苦的还是当地百姓。玄宗也明白过来了，赶紧让放人。

这年五月，有日食发生。玄宗有点紧张，素服以俟变，表示虔诚；彻乐减膳，表达态度诚恳；命中书、门下察系囚，赈饥乏，劝农功，多渠道、多方面对上天的警示给予回应。如何应对天象，是每一任宰相都要面对的问题。宋璟看到玄宗有点小题大做，说出一段著名的话："陛下勤恤人隐，此诚苍生之福。然臣闻日食修德，月食修刑。亲君子，远小人，绝女谒，除谗慝，所谓修德也。君子耻言浮于行，苟推至诚以行之，不必数下制书也。"其中一个意思是，皇上，您这折腾得有点大了，就是个日食，不用下那么多文件，搞那么多动作。

玄宗与宋璟，虽为君臣，一来一往间却如绝顶高手过招。一招一式都大有来历，都包含了数种变化和后手。剑锋划出半圆，对方的身子微微往左前方一摆，这个回合就结束了。武林中，一个绝顶高手如果没有对手，容易走火入魔，伤人伤己。皇帝做到这个份上，没有规矩的限制，容易好大喜功、逞奢纵欲。

公开公正

宋璟在王朝斗争的腥风血雨中三落三起，修炼到往朝堂一站，即是规矩的境界。他的到来，是要让权力在方圆之间平稳运行。那时候也没有多少发展经济的政策措施，他要做的主要是管好事、用对人。

怎么管好事？宋璟的办法是政务公开。宋璟见识和经历了太多密室政治，深谙其弊。中宗后期，许敬宗、李义府当权，执政怀有私心，办事目的不纯，议事进奏往往支开左右大臣，靠近御座说悄悄话，监奏御史及待制官只能远远站立候着一起退朝；谏官、史官成了升朝散朝程序的一部分，仪式结束就跟着仪仗队散了，不再参与记录重要政事。武后时期，把谏官、御史当成了整人的利器，所谓以法制群下，实际上是以刀治群臣，谏官、御史风闻言事，自御史大夫至监察互相弹奏，你来我往，你死我活，种种乱象不一而足。

"贞观之制，中书、门下及三品官入奏事，必使谏官、史官随之，有失则匡正，美恶必记之；诸司皆于正牙奏事，御史弹百官，服豸冠，对仗读弹文；故大臣不得专君而小臣不得为谗慝。"宋璟执政，恢复贞观时期的做法，明确"自今事非的须秘密者，皆令对仗奏闻，史官自依故事"。

对仗奏闻，实际上就是上奏必须一定程度公开，有第三方在场。

一是三品以上官员向皇帝请示报告或听取旨意，必须有谏官和史官在场履职。皇帝的职位被要求在人前人后一个样，做到慎独，当然，这是一个最高的追求，很难做到。既然如此，不用考验人性，通过制度来限制皇帝，同时限制大臣。比如李义府当时对中宗很不敬，接近于威胁皇上，如果有谏官和史官能在现场，他未必就敢如此造次。这个制度设计的逻辑起点是，朝政非皇室私事，讨论朝政就必须公开，避免密室效应，规避密室政治，这是一项通过公开监督决策的重要设计，也是一个王朝得以兴盛的重要制度。宋璟历经四任皇帝，觉得制度比人管用，这是他对开元盛世的重要贡献。

二是臣子们奏事必须在朝堂，而不是皇帝的书房等别的地方。御史要弹劾官员，必须着官服，按弹文的格式把理由写充分，当面宣读，讲究仪式感，以程序规范制约权力滥用。一切放在明面上，政治的难题就解决了一大半。可以实现大臣不专横把持君权，最大限度避免假传圣旨；

小臣不谄媚诋毁恶意攻击，不用把心思都花在揣摩上意之中。

"宋璟为相，务在择人，随材授任，使百官各称其职；刑赏无私，敢犯颜正谏。"一句话把宋璟为政的重点所在、用人的核心理念概括得明明白白，通鉴耐读，此处可见一斑。

如何用对人，宋璟的办法是量才使用、要在称职；能上能下，唯才是举；抵制歪风，手腕强硬。选拔干部主要看能力和职位匹配度，资历被放到次要的位置，有破格提拔的，也有长期徘徊的。此外，州县一级官员根据情况任命，可上可下，可远可近。这位兼任吏部尚书，有时候看起来似乎不近人情，却少有地在一个时期让官员任用达到一个动态的公正状态。

最有名的是他对大才子李邕和郑勉的任免建议。宋璟奏："括州员外司马李邕、仪州司马郑勉，并有才略文词，但性多异端，好是非改变；若全引进，则咎悔必至，若长弃捐，则才用可惜，请除渝、硖二州刺史。"宋璟很客观，看到这两位才子的缺陷有一说一，今是明非，大用容易坏事，不用又颇为可惜，那就干个不怎么重要的地方官吧，在实践中历练历练，能行则行，不行也可以增加工作的实践经验。有才情与会做官还真是两码事，李邕真要感谢宋璟，如果他一直待在朝中，以他的才情和性格，不可能熬到70岁，早被李林甫杖死厅中。这样，也就没有了后来和杜甫整晚畅聊的佳话，更难有传之千古的《麓山寺碑》《李思训碑》了。

陆象先也是大才子，虽然是太平公主起用的官员，宋璟有独到评价："闲于政体，宽不容非，请以为河南尹。"认为他政治素养高，施政的程序很熟，宽容却不容许有原则性的错误，虽然也是一名文人官员，却可以做河南尹这个重要的职位，当时河南尹执掌东都洛阳所属区域的行政、司法、民政等，亦属京畿要地，这种地方的主要官员既要治理有方，又要服务中央，须有较强协调能力和手腕。陆象先家学渊源深厚，个人风格崇尚清静，治理理念强调无为而治，他所治理过的地方，各项工作都井井有条，政声很好。

有重要人物向宋璟推荐山人范知璿。此人以文学知名，推荐信后附上一大摞他的个人作品。宋璟读了他的文章并给出评价："观其《良宰论》，颇涉佞谀。山人当极言说议，岂宜偷合苟容！文章若高，自宜从选举求试，不可别奏。"作为山人，没有经过选举考试。宋璟认为这样的身份应当有一些不同的意见和高远的见识，可这位山人却都是一些迎合的思路。马屁拍到了马脚上，宋璟刚硬回绝，如果文章真的好，就应该从正式的渠道选拔，不要走终南捷径。

有更重要的人物给宋璟写来了条子。玄宗熬不住各种关系牵涉的故人之情，准备给岐山令王仁琛一些照顾，此人属玄宗还是临淄王时期的藩邸故吏，所以墨敕令与五品官。也就是说，玄宗给宋璟写了个条子，希望给他安排个五品官。宋璟奏："故旧恩私，则有大例，除官资历，非无公道。仁琛向缘旧恩，已获优改，今若再蒙超奖，遂于诸人不类；又是后族，须杜舆言。乞下吏部检勘，苟无负犯，于格应留，请依资稍优注拟。"三个意思，提拔当官有规矩和程序要求；王仁琛已经破格照顾了，还是皇后的族亲，再破格，恐怕影响不好；当然，您皇上都开口了，会适当照顾。面对宋璟，玄宗也只好算说过了。

不让人上，还好说理由；让人下，就确实不容易了。一天，宋璟进奏，大理卿元行冲素来口碑不错，刚上任时表现称职，可干着干着暴露出不少问题，各方面对他的意见越来越多，建议让他做回左散骑常侍。给人升了官，又因为人不称职要打回去，需要了不起的魄力。

宋璟罢相后，裴光庭兼吏部尚书，用人思路大变，一切按资历来，退一个补一个，不问能力，只按年头一一递补，不破格提拔，不犯错只升不降。结果是"庸愚沉滞者皆喜，而才俊之士无不怨叹"。

玄宗起用宋璟，是给自己请了"一尊佛"。宋璟是什么样的人，姚崇知道，玄宗知道，朝野都知道，还要用他，是因为他能稳住场面，他能镇住妖邪，他能行稳致远。宋璟执政，也没什么绝招，他不像姚崇那样足智多谋，也没有张说那样强势敢为，他就是一招，"赤膊上阵"，把事情放在桌面上来办。就是这么一个招式，在中国历史上有多难，有多强，各自体会。

书生宋璟

读《玄宗幸蜀记》

贯休

宋璟姚崇死，中庸遂变移。如何游万里，只为一胡儿。

泣溺乾坤色，飘零日月旗。火从龙阙起，泪向马嵬垂。

始忆张丞相，全师郭子仪。百官皆剽劫，九庙尽崩隳。

尘扑银轮暗，雷奔栈阁危。幸臣方赐死，野老不胜悲。

及溜飘沦日，行宫寂寞时。人心虽未厌，天意亦难知。

圣两归丹禁，承乾动四夷。因知纳谏诤，始是太平基。

挑战陈规陋习，宋璟得罪的人有点多了。比如，不让朝集使打点京官。朝集使每年十二月底进京，代表地方报告财政等情况，联络六部领导，交流各地信息，第二年春天返回。年节之中，带些当地特产，送给上级部门，似乎人之常情。到明清时期，因首都冬天寒冷，这种送土产的方式基本固定为夏天冰进，冬天炭进。朝集使责任重大，工作成效直接影响到地方官员的升黜转调。作为一个威权集中的王朝，朝集使现象实际上是难以治理的。但宋璟认为，这简直就是风气败坏，让各部把收受的特产都退了，朝集使带回。这下好了，上上下下怨声一片。这样的原则坚持，即使是完全正确，也因为触动利益面太广，会自然形成反作用力。

两件大事直接导致名相宋璟罢官。一是终审制。有罪的人还到处告状，刑部干过侍郎，御史台干过中丞的宋璟觉得刁民无行，搞了个终审制。此终审非彼终审，不是现在这种最高法院的终审概念，而是判不让上诉。"侍中宋璟痛恨负罪而妄诉不已者，悉付御史台治之。"刁民难缠，让宋相烦不胜烦。他对御史中丞李谨度说，那些服从判决同意不上诉的放了，没完没了要上诉的先关着。这个方式确实有点简单粗暴，一下炸了锅。

恰逢这年天旱，皇上照例安排演戏，戏的内容就是灭掉魃，算是一种意象，寓意把申冤不得造成旱灾的冤魂驱除。有人抓住了这个机会，安排了一场讽谏的戏码，"优人作魃状戏于上前。问魃：何为出？魃对：奉相公处分。又问：何故？魃对：负冤者三百余人，相公悉以系狱抑之，故魃不得不出"。意思明显，是宋璟制造的冤狱，导致了上天震怒，以干旱惩罚世人。玄宗早就听到了朝野议论。此时已经开始寻仙问道的皇上，心以为然，主动地接受了戏曲传达的暗示，在心里埋下了一粒不满的种子。与此同时，宋璟与中书侍郎、同平章事苏颋还在谋划一件大事，准备严禁恶钱。

所谓恶钱，是一种非法进入流通领域的私制劣质货币，反映经济压力增大，出现事实上的通货膨胀现象。他们的建议得到了玄宗的认可，发出一道很有名的敕令：《禁恶钱敕》，强调"若轻重得中，则利可和义，若真伪相杂，则官失其守；顷者用钱，不论此道，深恐贫窭日困，奸豪岁滋"。相信这道敕令就出自宋、苏二人之手。敕令深刻地认识到，如果恶钱泛滥，通货膨胀，穷人更穷，富人更富，社会不公加剧，矛盾就会集中爆发。敕令很深刻，一是从伦理上强调，利义相关，不可弃义取利；二是地方官员要守住阵地，不让恶钱入市。这两条都很有道理，货币后面有伦理，地方官员应救市。可是，实际应对手段大而化之，当时的地方官员真正懂经济和市场的恐怕不多，这些堂而皇之的应对措施就基本停留在纸面上。

禁恶钱，规定重二铢四分以上的银钱才能上市流通，成色不足分量不够的就是恶钱。官方把能收集或缴获到的恶钱再熔化，制成可以流通的标准银钱。宋璟导演的良币驱逐劣币的行动上演，可惜由于没有具体手段支撑良好的意愿，演变成一场政治灾难。市面上的事，纸面上可管不住。一时间，京城纷然，买卖殆绝，出现了百姓惜售、流通不畅的问题。宋璟、苏颋动用政府储备金，搞了一大批政府采购，目的是保证流通和正常交易。政府出手干预市场，利益集团也在出手干预政府决策。双方暗中较劲，斗争慢慢就延伸到人事上。

消灭恶钱期间，出了一档子官恨民怨的事件，让宋、苏二相极为被动。当时，经济活跃的江淮地区恶钱最甚，货币良莠混杂，市场管理混乱，宋璟派出监察御史萧隐之作为特使前往处置。萧隐之此人，严急烦扰，看起来是执行能力强，实际上是简单粗暴一刀切，走到哪里都搞得怨声载道。各地州郡纷纷告状，玄宗只好免掉了萧隐之的官职。此事没完，权力的对手开始出招，借着这次金融危机，各种指责直指当朝宰相。不但把恶钱造成的经济乱象算到宋璟头上，还让他背上导致恶钱盛行的大锅。

终于，玄宗架不住各方压力，他自己也有点受够了宋璟的原则约束。于是，宋璟罢相，待遇不变；副相苏颋降为礼部尚书。把原来姚崇的搭档，正执掌首都长安政务的京兆尹源乾曜任命为黄门侍郎，并州长史张嘉贞任命为中书侍郎，并同平章事。

严禁恶钱，试图实现良币驱逐劣币。可历史经验一再告诉我们，劣币驱逐良币有大的利益博弈，如果禁止劣币的手段不够高明，经济问题容易演变成政治事件。终审制和禁恶钱，两项政策背后有太多的力量博弈，可以说是多个利益集团的轮番参与，交织构陷。

宋璟刚直，老而弥笃。他并没有因为失去权力而改变自己的刚直和坚守。大将军王毛仲有宠，百官极尽巴结。王毛仲嫁女，玄宗问他还缺什么？王毛仲说了句心里话：万事已备，但未得客。玄宗心里明白，故意说当朝宰相张说、源乾曜你请不动吗？王毛仲说，这个没问题。玄宗笑了说，我明天帮你请宋璟吧。第二天早朝后，皇上对大臣们说："朕奴毛仲有婚事，卿等宜与诸达官悉诣其第。"等于发出了个喜帖。当然，他也只好说大家都要去这样的话，不好下个敕令让大家参加奴才的婚礼。干过类似荒唐事的皇帝不少，玄宗不糊涂，他有点把这种事当作娱乐事件。当天，已近日中，一众喝喜酒的贵客未敢举箸，坐等宋璟，其中包括现任宰相张说、源乾曜等几乎所有权臣。等来等去，宋璟总算来了，举杯对着皇宫方向抿了一口，没喝完就说肚子疼，走了。算是给皇帝面子。

美人迟暮，烈士暮年，均叹壮志难酬，其实是自己没变，时代变了。人心如水，总是往下流。如宋璟，是将人心导入良田的沟渠，是朝廷的砥柱，是社会的良心。他的腰弯下去，王朝的大厦即将摇晃。权力将移向弄臣，人心将充满愁怨。

五 宰相，时来则为之

灉湖山寺

张说

楚老游山寺，提携观画壁。扬袂指辟支，瞑眴相斗阅。

险哉透撞儿，千金赌一掷。成败身自受，傍人那叹息。

　　张说卸任宰相后，晚年主要工作是主持修史，读到自己的故事，难免五味杂陈，虽然诸多英雄事迹，总有些瑕疵，如能有所修饰，自然锦上添花。他知道是吴兢记录整理的，却假装说："刘五殊不相借。"意思是刘知幾把我写成这样，真不给面子。吴兢起身反驳："此乃兢所为，史草具在，不可使明公枉怨死者。"张说一生风云，说一不二，脾气极大，被一个著作郎当场怼回，同僚皆失色。还好，张说看在历史的面子上没跟这小子计较，当然，很可能是张说还想要找他帮忙的原因。改日，张说私下找来吴兢，和这位年轻人商量，关于自己的记载能不能改几个字，吴兢说："若徇公请，则此史不为直笔，何以取信于后！"这位吴兢，正是《贞观政要》作者吴兢。

证人张说：临阵反戈，青史留名

　　张说在关键时刻的选择，奠定了他在这个风云年代的地位。其实，改不改那几个字，似乎不影响他的影响力。

228

张说想改几个字的这个事件，是武则天后期，年轻的他参与的一场政治斗争。刘五即《史通》作者刘知幾，名子玄，为避玄宗的玄字，以字行，一般都称知幾。刘知幾和著作郎吴兢撰《则天实录》，记载了张说为魏元忠被诬陷事做证的过程。为此，他和当朝宰相魏元忠同被流放岭南。这是高级政治家被拖入很不高级的政治斗争，对真正的政治家来说，斗争越低级，他就越危险。双脚陷在烂泥中，能不能拔出来，可能是每一个政治家在成名前都要面临的考验。在这种泼皮无赖的低级手段中危险无处不在，要经受最严峻的考验。在这一个个泥潭中，张说、宋璟等日后朝野瞩目的人物以各种形式崭露头角。

诬陷，在则天后期越来越少了。武则天的权力稳固后，也就不需要那么多告密和诬陷来达到目的。武氏晚年，生病的次数增多。最近一次不豫，让张昌宗隐约担忧，怕太后一日晏驾，自己兄弟为宰相魏元忠诛杀。魏相等一帮书生出身的大臣已经威胁到了他们兄弟的未来。于是，趁太后病中，张昌宗诬告魏元忠与高戬私议，"太后老矣，不若挟太子为久长"。这类诬陷直奔要害，几乎都会奏效，何况他还是太后身边的红人。太后大怒，将魏元忠、高戬下狱。好在这个时候的武则天，不是当年打打杀杀的武后了，同意安排一次当庭对质。

伪证，有时候就是砸自己脚的那块石头。张昌宗秘密找到凤阁舍人张说，让他证明魏元忠说过此话。张说此时虽位居枢要，还只是个中级官员，论级别上头还有凤阁侍郎这个副职。在高官厚禄诱惑面前，张说表示同意。至于为什么张昌宗会找到张说，值得玩味。张说后来也是一代名相，为何会同意做伪证？估计一方面是受到胁迫，另一方面也是看看再说的意思。张说贪财，可能在年轻时这个特点已经初露端倪。张说一代文才，颇擅权谋，各种了难的事干过不少，包括帮当时不想让王妃生子的临淄王李隆基送打胎药等。所谓苍蝇不叮无缝的蛋，诸如此类，应该都是他混迹官场时，被昌宗兄弟感受到的痕迹。张昌宗兄弟搬起这块石头，要对魏元忠一击致命。

第二日，太后主持，太子、相王及各位宰相一堂聚齐，让魏元忠与张昌宗当场对质，各说各话，往复不决，谁都没法证明，谁都没有妥协。此时，张昌宗准备祭出撒手锏，胸有成竹地说："张说闻元忠言，请召问之。"太后立即召张说进来做证。此时，张说的证词，决定两个人，甚至两股势力的命运。

张说起身将入，就在这几步之间，同为凤阁舍人的宋璟对张说语重心长来了一番话："名义至重，鬼神难欺，不可党邪陷正以求苟免。若获罪流窜，其荣多矣。若事有不测，璟当叩阁力争，与子同死。努力为之，万代瞻仰，在此举也！"殿中侍御史张廷珪似乎自言自语地大声说："朝闻道，夕死可矣！"左史刘知幾放下了史官客观中立公正的架子，祭出历史的大旗，挺直了有些佝偻的腰杆，朗声道："无污青史，为子孙累！"

和张说同在凤阁值班的几位兄弟后来都是赫赫有名的人物，此时可没什么好招，只好从道义上给张说一些支持和说服，意思只有一个，清名还是污名，怎么选？兄弟你好好掂量。除了考虑名声，还要考虑张昌宗、张易之还能火多久？则天圣上能否主持正义？以张说的政治智慧，所做的权衡，只会比这些个说辞更复杂深入，只不过当时大家还看不到这一点。有意思的是，姚崇当时已经位居凤阁侍郎，比他们几个职位都高，应该也在凤阁值班，但他没有蹚这浑水。以能够在机要机关值守的朝廷官员看，舆论一边倒向魏元忠一边。张昌宗、张易之兄弟原本想一石二鸟，没想到捅翻了许多马蜂窝。

一场争夺继承权的家庭式辩论拉开帷幕。看到张说施施然进来，魏元忠急了，质疑张说："张说欲与昌宗共罗织魏元忠邪！"张说是他的直接下属，此话是恐惧中的慌乱反应，切实反映了魏元忠内心的担忧。这个张说，平时表现亦正亦邪，交往不拒三教九流，才高而不羁，有点拿不准啊。这是张说年轻时的状态，这种人，正是暗中布局蓄势的李隆基需要的人才。在张说眼中，决心既下，太后都没放在眼里，哪还有宰相的高高在上，反驳道："元忠为宰相，何乃效委巷小人之言！"意思是你魏元忠高居相位，说出街头阿三的话来，站位太低了吧。元忠正直，老实人，吵架没经验，先把自己的担心露了出来，难怪张说敢当场顶撞。看这个情形，张昌宗"从旁迫趣说，使速言"。看着张昌宗丑态毕露，正是张说要的效果。他说："陛下视之，在陛下前，犹逼臣如是，况在外乎！臣今对广朝，不敢不以实对。臣实不闻元忠有是言，但昌宗逼臣使诬证之耳！"

这就是传说中的绝地反击，也是公开宣战。何种勇气，一个中级官员在这个时间段敢公开和张昌宗兄弟宣战？要知道，比他高几个级别的宰相魏元忠已经被人按在了砧板之上，他却选择和引颈待戮的人站在一边，在所不惧。张易之、张昌宗兄弟的嚣张气焰被瞬间击灭，无意再辩论，歇斯底里道："张说与魏元忠同反！"为什么说这是一场低级的政治斗争？因为对手简直就是无赖小儿，既然如此，那么赖上你就是了。太后心里明白了，对枕边人真是怒其不争，问张易之为什么说他们同反，有证据吗，张说不是来给你们做证的吗？

张昌宗、张易之兄弟突然遭此重击，一时无奈，好在吵架还是有些经验，既然如此，就将张说也一起按下水去，分辩道："说尝谓元忠为伊、周；伊尹放太甲，周公摄王位，非欲反而何？"张说还真说过这些话。但张说以科举考试策论第一的成绩入选，要解读文言文，他只要把成年前学的知识用一点就会超过这两兄弟："易之兄弟小人，徒闻伊、周之语，安知伊、周之道！日者元忠初衣紫，臣以郎官往贺，元忠语客曰：'无功受宠，不胜惭惧。'臣实言曰：'明公居伊、周之任，何愧三品！'彼伊尹、周公皆为臣至忠，古今慕仰。陛下用宰相，不使学伊、周，当使学谁邪？且臣岂不知今日附昌宗立取台衡，附元忠立致族灭！但臣畏元忠冤魂，不敢诬之耳。"话说到这个份上，已经完全占据了道德的制高点。换句话讲，也是给太后下了份战书。

太后当场被逼入墙角，怒道："张说反覆小人，宜并系治之。"武则天此时完全是一个家长的表现，反正要帮那兄弟俩出口气。当场辩论不过张说，只好一罪了之。但过后思考，太后一定会知道谁理亏。于是，想给张说一个台阶，将他叫来问话。没想到张说应对如前，并没有翻供的意思。太后真怒了，命宰相杨再思与河内王武懿宗一起审讯，张说所执如初。欲加之罪，何患无辞。张说此番，能否渡过难关？他的内心也许有所彷徨，但他选择了名垂青史。

张说的遭遇已经引起朝野热议。朱敬则抗疏申辩："元忠素称忠正，张说所坐无名，若令抵罪，失天下望。"苏安恒上疏以为："陛下革命之初，人以为纳谏之主；暮年以来，人以为受佞之主。自元忠下狱，里巷恟恟，皆以为陛下委信奸宄，斥逐贤良。忠臣烈士，皆抚髀于私室而钳口于公朝，畏连易之等意，徒取死而无益。方今赋役烦重，百姓凋弊，重以谗慝专恣，刑赏失中，窃恐人心不安，别生它变，争锋于朱雀门内，问鼎于大明殿前，陛下将何以谢之，何以御之？"

不管大臣们怎么闹，面子还是不能不要。即日，贬魏元忠为高要尉，高戬、张说流放岭表。张说为他的选择付出代价，也为日后的出相奠定基础。三人远流，没有牺牲，就是成功。这场流放有点无厘头，所以魏元忠还有机会和太后告别。辞别当日，对太后涕泣："臣老矣，今向岭南，十死一生。陛下他日必有思臣之时。"太后问此话怎讲，魏元忠手指旁边的张易之、张昌宗："此二小儿，终为乱阶。"吓得这兄弟俩赶紧下殿，呼天抢地喊冤。太后无奈叹气："元忠去矣！"

殿中侍御史王晙复奏，为魏元忠等申辩，可谓前赴后继地对张昌宗兄弟发起攻击。宋璟劝他不要多此一举了。一直看着这场戏的宋璟有清醒的判断，认为："魏公幸已得全，今子复冒威怒，得无狼狈乎！"王晙答："魏公以忠获罪，晙为义所激，颠沛无恨。"宋璟为之感叹："璟不能申魏公之枉，深负朝廷矣！"宋璟说的这个朝廷，是唐王朝，也是国家的概念，不再是则天圣上的大周了。武则天也就是在这种种事件中一点一点地失去了知识分子的忠诚。

张说有如此举动并不是心血来潮，他也不是一个莽撞书生。作为当时殿试策论第一的儒生，他的才气已经充分展露，并与相王之子李隆基关系非同一般。在那样一个特殊的动荡时期，他意识到站位如何，则前途如何。还有，他和姚崇或主动或被动做了同样的选择，暂时离开朝廷这个风向不定的旋涡，让自己在蛰伏中挺到风平浪静之日。当然，他们并不是躲避，只不过是在等待时机。机会显现之日，他们都会出现在最关键的位置。

证者，正解也。做证的目的是还原事实。证人是受外界影响的人，所以证人的选择才是证言的关键。张说这次演绎的是司法被权力和舆论干预的故事，还原他的心路历程，可以断定他周边各种说服的声音层出不穷，这种压力是无形的，但和他内心的价值观、世界观、人生观趋于一致；而来自张昌宗兄弟的压力是直接的、看得见的，是恐吓与引诱双管齐下的威胁。张说选择了舆论的选择，选择了内心的坚持，选择了一条被流放的路，冒着杀头的风险，与魏元忠等人站在了一边。因为当他一脚踏进这个朝野关注的是非之中后，他已经没有选择。从官司上看，魏元忠必败，可他的身后是一边倒的舆论支持。张说的选择看来是博弈中风险最大的选项，却也是获利回吐最大的选项。他押注的是人心和未来。

文人张说：自东都遣人呈上佩刀

张说是学而优则仕，虽然是个学霸出身，却没什么学究气，集文人的才气和政治家的胆识于一身，堪称剑胆文心，处处演绎传奇。

711年，睿宗执政，以太仆卿郭元振、中书侍郎张说并同平章事。睿宗有一次对身边的大臣们说："术者言于五日当有急兵入宫，卿等为朕备之。"张说观点鲜明地提出反驳："此必谗人欲离间东宫。愿陛下使太子监国，则流言自息矣。"刚刚起复的姚崇，一向与张说不和，在这件事上却附和说："张说所言，社稷之至计也。"他们的表态给睿宗吃了定心丸，政见不同的人持相同的观点，影响力倍增。

张说第一次入相，很快就因为李隆基与太平公主的斗争而外任左丞，留守东都。李隆基以皇帝的身份，并不能制约太平公主。当时双方对峙白热化，李隆基还在犹豫何时出手。王琚急谏："事迫矣，不可不速发！"荆州长史崔日用入朝奏事，趁机进谏："太平谋逆有日，陛下往在东宫，犹为臣子，若欲讨之，须用谋力。今既光临大宝，但下一制书，谁敢不从？万一奸宄得志，悔之何及！"玄宗表达的忧虑是："诚如卿言。直恐惊动上皇。"崔日用把话说得很明白了："天子之孝在于安四海。若奸人得志，则社稷为墟，安在其为孝乎！请先定北军，后收逆党，则不惊动上皇矣。"如此等等，并没有促动李隆基下最后的决断。

直到张说的意见到来。东都留守左丞张说的表达形式和他们不同，当然也是没在身边，没机会当面表达的缘故。他没有选择呈上书信，而是从东都遣人呈上随身佩刀，简单明了告诉皇帝自己的态度，敦促当机立断之意再没有比一把刀更加强烈的。这就是张说，魄力和决断跃然眼前，个性魅力扑面而来，和张公谨当年把太宗算卦的工具直接丢在地上异曲同工，显示了非同一般的眼界和气魄。

张说有才智而好贿，"百官白事有不合者，好面折之，至于叱骂"。三度出相，多年掌管文翰，做了很多事，得罪了很多人，始终没有失去的是与玄宗的交情。他为何能和皇帝保持一辈子的交情，甚至世代的交情，几近通家之好？这当然和他年轻时就和玄宗来往密切，多次关键时刻立下大功有关，但同气相交、脾气秉性可能是更重要的因素。张说是个爱憎情仇个性鲜明的人，才高而气大，缺点也摆在那里，虽然到明代张岱说出"人无癖不可与交"的理论，可见玄宗早就已经践行此理论。玄宗用了那么多宰相，个个都特长突出，极少中庸之才。可人无完人，在玄宗大胆放手的管理学之下，每人各展所长。

张说提议改革兵役制度，军队职业化得以成型。起初，各卫府兵，属半农半兵。当时，男子自成年后就必须服兵役，忙时耕种，闲时服役，直到六十岁。亦兵亦农，家庭不免杂徭，浸以贫弱，大家想尽办法逃脱兵役。张说建议，以皇室卫队的名义招募壮士，不问出身，提高待遇，已经出逃的壮丁必然争相应募。果然，几十日工夫，得精兵十三万，充实到各卫戍部队。"兵农之分，从此始矣。"有观点认为，军队的职业化，为后来的军阀割据制造了机会，总之后来唐朝政局因之发生大的变化确是事实。另一个角度，这可能是他迎合玄宗好大喜功需求的一种谄媚。太平天子当了一段时间后，文治武功必然成为一个皇帝的追求，要威服四夷，得有强大的军队。作为玄宗的好朋友，自然会帮助他实现天下一统的梦想。不过，他和玄宗的想法，受到了宋璟的抑制。谁都不吝的宋璟脑子里只有国家，靠着自己刚直，让王朝在稳定的轨道上走得更远。

尽管在政治、军事领域纵横捭阖，张说始终未改文人的底色。前广州都督裴伷先（就是当年为叔父裴炎叫屈，叩阁直接顶撞武则天的裴伷先）下狱，玄宗与宰相议其罪。张嘉贞认为应上杖刑，张说反对，提出："臣闻刑不上大夫，为其近于君，且所以养廉耻也。故士可杀不可辱。臣向巡北边，闻杖姜皎于朝堂。皎官登三品，亦有微功，有罪应死则死，应流则流，奈何轻加笞辱，以皁隶待之！姜皎事往，不可复追，伷先据状当流，岂可复蹈前失！"玄宗深以为然。裴伷先此次没被杖刑，很可能是托姜皎的福。姜皎是诛杀韦后功臣，且与张说私交甚笃，在朝堂被杖刑，张说其时正在边境巡视军队，未能援救，事后颇为不忿。张嘉贞没办法，退朝后对张说抱怨："何论事之深也！"大概意思是，兄弟，不至于扯这么远吧！张说此时此刻表现相当强横，说出了流传甚广的著名言论："宰相，时来则为之。若国之大臣皆可笞辱，但恐行及吾辈。吾此言非为伷先，乃为天下士君子也。"张说三度起落，三度为相。这句话，实为脱口而出。话说到这个份上，张嘉贞无言以对。

置丽正书院，聚文学之士。张说为修书使，带领秘书监徐坚、太常博士贺知章、监察御史赵冬曦等，或修书，或侍讲。因为他，这批人后勤保障优厚，大家感受到书中自有黄金屋。中书舍人陆坚提出，如此花钱修书，无益于国，太过浪费，应该停止。这哥们没脑子的提议触怒了张说，被训斥："自古帝王于国家无事之时，莫不崇宫室，广声色。今天子独延礼文儒，发挥典籍，所益者大，所损者微。陆子之言，何不达也！"玄宗听说此事，"重说而薄坚"，对自己这个兄弟不免更加高看一层。所谓一言而得进，一言而见黜，因一言中已见高下优劣。

张说用人，较之姚、宋，任性得多了，如果要形容，那就是常说的一言堂。他对自己在乎的事说一不二，不在乎的事一笑置之。山东干旱，玄宗命选几位台阁名臣补任地方刺史，目的是选拔有权威有能力的大臣到地方治水以保农桑。很快，张说选定黄门侍郎王丘、中书侍郎崔沔、礼部侍郎韩休等五人出为刺史。为什么是他们五个人呢？内有玄机。比如其中崔沔是张说引荐出任的中书侍郎。按张说的意思，作为副职，主要是履行签名的程序，"承宣制皆出宰相，侍郎署位而已"。没想到崔沔也是极有主意之人，要推翻潜规则，当上这个侍郎后，不满足于画个圈的权力，说："设官分职，上下相维，各申所见，事乃无失。侍郎，令之贰也，岂得拱默而已！"这道理一点都没错，不当抱拳打拱的副手，把副手干成二把手，实在是制度设计的初衷，可得看一把手是谁。很多时候，一把手出演抱拳打拱的角色，也不稀奇。崔沔持这样的理念，遇事就会提出自己的看法，有自己的做法，中书、门下，每日万机，这位侍郎尽心竭力，遇事和宰相张说必然多所异同。张说找了个老是提不同意见的副手，心里不爽。就找了个理由把崔沔外放刺史，崔沔你老是提不同意见或是有自己的意见，那就让你去当一把手吧。此外，韩休平时不哼不哈，提起意见来也总是尖锐到位，一同被外放。

"群臣屡上表请封禅。"于是，玄宗下诏，计划于第二年十一月十日封禅泰山。这事是张说牵的头，而副相源乾曜不同意这么干。于是，张说和他又龃龉上了。这虽是观点之争，但由此可见，张说与副手搞不好关系很可能还不都是副手的原因。张说因观点之争树敌不是一个两个。比如对宇文融这个人，他充分体现了一个文人宰相的风格。御史中丞宇文融贪婪奸诈而阴鸷多谋，张说恶其为人，且患其权重，宇文融提交的奏折，多被他压下不报。中书舍人张九龄提醒张说："宇文融承恩用事，

237

辩给多权数，不可不备。"张说没当回事，不屑地说："鼠辈何能为！"

夜路走多了，总会碰见鬼。得罪人太多，容易阴沟里翻船。这年夏天，他骂过、贬过、得罪过的这些人，崔隐甫、宇文融及御史中丞李林甫一起上奏弹劾，说他"引术士占星，徇私僭侈，受纳贿赂"。这三个人，崔隐甫耿直中正但对张说成见颇深；宇文融恨他牙根痒痒根本就不共戴天；李林甫趁火打劫欲借机上位。玄宗敕源乾曜及刑部尚书韦抗、大理少卿明珪与崔隐甫等同于御史台审问张说，这些人跟他各种不对付。虽然皇上最终没把他怎么样，但这日子好过不了。就在这各方不利的舆论中，张说退居二线，开始修史和兴文。

王皇后去世后，玄宗想立武惠妃为皇后，有人反对，理由是："武氏乃不戴天之仇，岂可以为国母！人间盛言张说欲取立后之功，更图入相之计。且太子非惠妃所生，惠妃复自有子，若登宸极，太子必危。"这里面好几层关节，如武氏背景、太子安危、大臣介入等，都是不能爆的雷，玄宗只好暂时按下不提。但对待武惠妃，宫中礼制，一如皇后。此事可以看出，什么事难搞，矛盾的焦点处总有张说的身影，张说的为人和行事，几乎就是舆议热点的代名词。后来的事实证明，他并没有借推动武惠妃立后再次上位的举动，或者说，他要再次上位，也不需要用这层关系和这般路径。

可是不论出于什么情况，当面训斥别人一顿，总是有后果的。张说与玄宗关系特殊，与历任副手龃龉不断，与姚相的矛盾地球人都知道，有与张昌宗兄弟斗争的传奇经历，还干过那么多稀奇古怪别人可能想都不敢想的事，坊间议论会怎么形容他呢？舆论对他的评价较复杂。有个流传很广的故事：死姚崇算计活张说，说明他的个性是鲜明而坦荡的，否则，也不会在姚崇并不阴损的计策下中招。他风云一生，的确被姚崇遗言算计，倒是体现出他的人情人性一面，其实，他与姚崇也就是政见和人生观不同。

无疑，与塑造文学形象一样，传说中的张说应该和真实的张说出入不小。我们已经习惯了从媒体描述的形象来判断一个人，尤其是一个公众人物。就借用并引申西方传播学者麦克卢汉的观点，时钟是时间散发的气味，那一个个的公众人物形象，不过是视觉通过媒介的延伸。

六 风度得如九龄不

感遇（摘句）
张九龄

西日下山隐，北风乘夕流。燕雀感昏旦，檐楹呼匹俦。

鸿鹄虽自远，哀音非所求。贵人弃疵贱，下士尝殷忧。

众情累外物，恕己忘内修。感叹长如此，使我心悠悠。

江南有丹橘，经冬犹绿林。岂伊地气暖，自有岁寒心。

可以荐嘉客，奈何阻重深。运命唯所遇，循环不可寻。

徒言树桃李，此木岂无阴。

740年春，正月，癸巳，已经干了三十来年皇帝的玄宗带着杨玉环在骊山温泉度假。就在此时，他得到荆州长史张九龄病逝的奏报。虽然当年以张九龄忤旨逐出京城，然终爱重其人，每每宰相举荐任命官员，总会问一句："风度得如九龄不？"

819年，唐宪宗元和十四年乙巳，宪宗问宰相崔群："玄宗之政，先理而后乱，何也？"崔群对："玄宗用姚崇、宋璟、卢怀慎、苏颋、韩休、张九龄则理；用宇文融、李林甫、杨国忠则乱。故用人得失，所系非轻。人皆以天宝十四年安禄山反为乱之始，臣独以为开元二十四年罢张九龄相，专任李林甫，此理乱之所分也。愿陛下以开元初为法，以天宝末为戒，乃社稷无疆之福！"

张九龄入相前期有张说掌权，后期有李林甫弄权。左右不合时宜的张九龄，只能全力为理想抗争得以彰显书生的价值。他是一个读书人，他代表的是一种精神。

惟名与器不可以假人

时任左拾遗的曲江人张九龄，以姚崇有众望，为皇上所信任，劝其远谄躁，进纯厚，谈出一番用人的策略："任人当才，为政大体，与之共理，无出此途。而向之用才，非无知人之鉴，其所以失溺，在缘情之举。"于用人者而言，任用不称职的人，易失之于一个情字。又："自君侯职相国之重，持用人之权，而浅中弱植之徒，已延颈企踵而至，诏亲戚以求誉，媚宾客以取容，其间岂不有才，所失在于无耻。"于求进者而言，钻营谋求者中并不乏人才，但失之于一个耻字。无耻，则无行。姚崇嘉纳其言，从此对他青眼有加。这番话，其实是张九龄自己的镜诫和追求。他以此为标尺，积极理政，直至病故于荆州任上。

张九龄似乎并不擅长经济工作。他入相后提出：不禁铸钱（类似于不禁恶钱，但程度和方式有所不同）。玄宗经历了宋璟禁恶钱风波后，也有点拿不准，敕令百官审议这件大事。与张九龄私交甚笃的侍中裴耀卿等一干人都明确反对，认为："一启此门，恐小人弃农逐利，而滥恶更甚。"秘书监崔沔担心的是："若税铜折役，则官冶可成，计估度庸，则私铸无利，易而可久，简而难诬。且夫钱之为物，贵以通货，利不在多，何待私铸然后足用也！"刘知幾的儿子，右监门录事参军刘秩的担忧更体现对实际情况的掌握："夫人富则不可以赏劝，贫则不可以威禁，若许其私铸，贫者必不能为之；臣恐贫者益贫而役于富，富者益富而逞其欲。汉文帝时，吴王濞富埒天子，铸钱所致也。"玄宗的议事机制可谓健全，一番政策辩论，理明事清，于是这项政策提议终止。也可能因为此番挫折，张九龄此后极少就经济政策提出意见。这也导致了宇文融得宠，因为他善于算计和理财，玄宗虽不喜欢他，却两次大用他。

边帅张守珪攻破契丹。玄宗欣赏他的为人，想大大奖赏他的功勋，甚至打算任命为宰相。张九龄听说了，急忙进谏："宰相者，代天理物，非赏功之官也。"他总有一套理论，宰相，不是用来奖赏的职位。玄宗可不是好说服的，退一步道："假以其名而不使任其职，可乎？"给个头衔总可以吧，事情还是你来做。张九龄继续阐释自己的观点："不可。惟名与器不可以假人，君之所司也。且守珪才破契丹，陛下即以为宰相；若尽灭奚、厥，将以何官赏之？"孔老夫子的话都搬出来了。玄宗也不好再说什么。张守珪得胜还朝，到东都献捷，拜右羽林大将军，兼御史大夫，赐二子官，赏赉甚厚。玄宗还是没有完全让步，让张守珪在勋赏之外，兼了个御史大夫。以九相的看法，御史大夫当然也是不能用来奖赏的官职。

张守珪派平卢讨击使、左骁卫将军安禄山征讨奚、契丹叛军。安禄山恃勇轻进，为虏所败，张守珪奏请处斩。安禄山临刑喊冤："大夫不欲灭奚、契丹邪！奈何杀禄山！"张守珪其实也舍不得这员勇将，想方设法给他一个活命的机会，决定押送京师，交由皇上定夺。安禄山是张守珪义子，杀他实属无奈。送过来，自然是请皇命让他戴罪立功的意思。侥幸得活命，于公，得一猛将，于私，活一义子。张九龄不管这一套，作出批示："昔穰苴诛庄贾，孙武斩宫嫔。守珪军令若行，禄山不宜免死。"玄宗何等人物，一看就已明白张守珪的意图，成人之美，也惜其才，敕令仅免去安禄山官职，以白衣将领戴罪立功。张九龄固争："禄山失律丧师，于法不可不诛。且臣观其貌有反相，不杀必为后患。"玄宗不想多理论此事，说："卿勿以王夷甫识石勒，枉害忠良。"赦免死罪，放虎归山。虽然后来证明九相的相面之术并非虚妄，可他哪怕在这种问题上都不愿意顺着玄宗来一次皆大欢喜，亦属固执到家。

相由心生。张九龄仪表堂堂，不仅长得帅，关键是风度气质出众折服玄宗。这堂堂正气后面是他的家国理念，在他心中，天下至重在民，民心稳则朝廷安，国家比眼前这个皇帝还重要。所以他成了一个家国的守护者，一个不同意见者。皇帝也打心眼里尊重他，但久而久之，很难亲近他。他看起来很得宠，其实活得比谁都难。这就是理想主义者必然要承受的重量吧！求官不齿下流，赏功珍视名器，执法不讲情面，俱为理想而已。

河湟使典怎能骤居清要

朔方节度使牛仙客，在河西任职时，能节用度，勤职业，仓库充实，器械精利，很有名声。背后实际上是李林甫的多方运作，玄宗才得以知道他的成绩。听说有此等人才，求才心切的玄宗准备起用牛仙客，任命为尚书。张九龄的不同意见又来了："不可。尚书，古之纳言，唐兴以来，惟旧相（有过宰相资历的人）及扬历中外有德望者乃为之。仙客本河湟使典，今骤居清要，恐羞朝廷。"

玄宗算怕了他，退一步："然则但加实封可乎？"就是给他爵位和土地，还是干他现在的职务，以示奖励。九相完全无视皇上的态度："不可。封爵所以劝有功也。边将实仓库，修器械，乃常务耳，不足为功。陛下赏其勤，赐之金帛可也；裂土封之，恐非其宜。"玄宗默然，气得不说话了。也说不上多生气，就是有点堵得慌。李林甫抓住机会赶紧说："仙客，宰相才也，何有于尚书！九龄书生，不达大体。"玄宗气顺了点。别说，李林甫的这句话还是点出了一些问题实质，张九龄确实书生意气。

在唐朝前期的体制下，皇上的敕令，不仅由中书、门下起草，对外发布也需要两省的核定。任命朝中大臣，玄宗还必须跟这难搞的宰相张九龄商量计议。第二天，再次提及任命牛仙客，张九龄固执如初。玄宗终于怒了，变色愤怒道："事皆由卿邪？"什么事都听你的！玄宗实在憋不住了。张九龄顿首谢罪："陛下不知臣愚，使待罪宰相，事有未允，臣不敢不尽言。"

玄宗也是无奈，忍不住挤对他："卿嫌仙客寒微，如卿有何阀阅！"这话就有点意思了，你嫌牛仙客寒酸，你家世很显赫吗？在当时，世家子弟是做官的主流，门第是一道很难绕过的坎。是科举考试让读书人有了机会，加上太宗、武后和玄宗都大力选拔人才，一定程度上超越了门第概念，才有了张九龄等名相的出现。玄宗这个话已经很重了，张九龄被触到痛处，宣泄道："臣岭海孤贱（他来自岭南韶关，当时已极为偏远，属流放之地域），不如仙客生于中华；然臣出入台阁，典司诰命有年矣。仙客边隅小吏，目不知书，若大任之，恐不惬众望。"他说的众望，其实也可以解释为一种偏见，牛仙客作为一方主官，苦于没文化，就被一个读书人这么看不起，足见教化的影响力。

李林甫此时还惮于玄宗对张九龄的倚重，不敢当场介入这场尴尬的谈话。临时表达观点也不是他的风格，但也是忍不住，退出朝堂前嘟哝了一句："苟有才识，何必辞学！天子用人，有何不可！"毕竟，玄宗要用人，谁也拦不住。很快，赐牛仙客爵陇西县公，食实封三百户。张九龄参乎的这件事，又是四方不满意的结局：皇上无奈折中不爽，李林甫弄权未成忿，牛仙客虽封未相不满，张九龄力争遇挫不快。

一直到李林甫入相这件事，终于把张九龄这点可怜的坚持彻底击破。理想终究抵不过权力的贪婪和毒辣。玄宗年纪越来越大，威望越来越高，看中李林甫能干且顺承旨意，意用为相，问中书令张九龄的意见。张九龄虽一直唱反调，还真不是个人成见作祟，这一次，他说得格外认真："宰相系国安危，陛下相林甫，臣恐异日为庙社之忧。"这话够重，以至于十几年后逃至四川，玄宗已成太上皇，想起张九龄之先见，为之流涕，遣中使至他老家曲江祭奠，厚恤其家。可是这件事，玄宗要自己做主，不但起用李林甫为相，甚至逐渐将政务都交由李林甫打理。"时九龄方以文学为上所重，林甫虽恨，犹曲意事之。侍中裴耀卿与九龄善，林甫并疾之。"他们俩，都将在李林甫的阴谋和斗争中黯然离去。

省中岂容"伏猎侍郎"

"（玄宗）在位岁久，渐肆奢欲，怠于政事。而九龄遇事无细大皆力争；林甫巧伺上意，日思所以中伤之。"此时此刻，九相的理想遇到了权力斗争的旋涡，已处危地而尚不自觉，或者他只是虽千万人吾往之。总之，他还是义无反顾地坚持自己，哪怕不合时宜。终于，在一次嘲笑官员念错字引发的舆情事件中，九相被迫用相位为自己的清高买了单。

李林甫提拔举荐萧炅为户部侍郎。此人不学无术，曾当着中书侍郎严挺之的面将"伏腊"读为"伏猎"。这严挺之也是十年寒窗读书出来的，觉得这也太丢人。就气愤地对张九龄提议："省中（中书、门下两省，指行政中枢）岂容有'伏猎侍郎'！"由是，将萧炅外放为岐州刺史。因这件事，李林甫与严挺之结仇。而张九龄与严挺之关系近，想举荐他入相，自己一个人说了不算，就只好给严挺之做工作："李尚书方承恩，足下宜一造门，与之款昵。"这真是无奈之举，张九龄毕竟为相，并没有迂腐到家，建议手下该做的工作还是要做。没想到严挺之更恃才负气，看不起李林甫为人，就是不上门低个头。李林甫本来也只是跟权力过不去，他这一来二去的不屑，恨之益深。

水至清无鱼，眼里容不下沙子，却很难保证自己没有辫子。这严挺之可没有张九龄的才华和操守，皇上也不是他的坚强后盾。严挺之曾经休过一任妻子，此妇颇有些姿色，改嫁对象还是不小的官员，即蔚州刺史王元琰。没想到这王元琰坐赃罪被下三司审问后，严挺之居然为这位前妻改嫁的后夫做了不少营救的工作。其间缘由尚须考据，可能这两兄弟不止这点交情。总之，严挺之是陷在这摊浑水里了。李林甫如鹰隼般锐利地抓住了打击政敌的机会，马上安排人通过后宫佳丽将此事说给皇上知道。为什么要选择这个渠道？因为这件事涉及私情，在后宫流传合情合理，如果玄宗不愿意以此为由做文章，那么，属于后宫闲话；如果玄宗要表达自己的不满，这就是递出了把手，由此我们对李林甫玩弄权术的手腕可窥一斑。

李林甫对形势的判断没错，玄宗早就对这帮书生不满，现成的一个硬伤，总要做些文章。玄宗对一众宰相说："挺之为罪人请属所由。"这严挺之为罪人说话算怎么回事？张九龄出来解围：此乃挺之出妻（休掉的前妻），不宜有情（他为她出面不合常理）。玄宗不再给面子，裁定："虽离乃复有私。"于是新账旧账算到一起，裁定裴耀卿、张九龄结党营私。"以耀卿为左丞相，九龄为右丞相，并罢政事。"与此同时，李林甫兼中书令；牛仙客为工部尚书、同中书门下三品，令朔方节度如故。严挺之贬洺州刺史，王元琰流岭南。

表面上是一个舆情事件，背后是两个政治集团势力之争。而开元盛

246

世，也就随着九相的离去而渐行渐远。张九龄和宋璟都以忠直著称，可两人的作为和结局大不同。原因是，忠臣换了个人还是忠臣，皇帝没换人却已经不是当年的皇帝。当然，如果张九龄宰相做得风生水起，恐怕我们就看不到那么多闪耀星空的诗篇了。

七 恐有俚言污浊圣听

题应圣观（观即李林甫旧宅）

王建

精思堂上画三身，回作仙宫度美人。

赐额御书金字贵，行香天乐羽衣新。

空廊鸟啄花砖缝，小殿虫缘玉像尘。

头白女冠犹说得，蔷薇不似已前春。

李林甫有个头脑清醒的儿子。李林甫儿子李岫担任将作监（宫廷营造、修缮等方面主管，是个肥差，宫廷营造不是简单的事，得有一些艺术天赋）。户部侍郎兼御史大夫、京兆尹王铁的儿子王淮为卫尉少卿（警卫部队副长官），他俩都在禁宫担任要职，算是宫中不可或缺两块差事的主要官员。王淮三天两头凌辱李岫，李岫也不拿自己老子说事，常让着他。李岫"为将作监，颇以满盈为惧"，年纪轻轻就明白油水多了容易滑倒的道理，难得地谨慎。

有一天，李岫陪着做宰相的老子李林甫游后园，突然指着干活的工人说："大人久处钧轴，怨仇满天下，一朝祸至，欲为此，得乎？"作为权倾朝野的宰相之子，最牛的官二代，又在皇帝身边工作，有如此见识和头脑，不简单。林甫不乐："势已如此，将若之何？"李林甫虽然不高兴，对着儿子还是说了句内心话，正所谓人在江湖，身不由己。这种情

248

况不是一天形成的，即使在刀尖上行走，又怎么样呢？有权不好吗，难不成还可以放手吗？事实还可能是，放手会死得更难看。这满城万家，我遮天的手能因为风雨飘摇收起来吗？

人有病，天知否

李林甫的权势，来自他对权力的独特理解和精准操作。他不仅善伺人主意，还善于弄权生事。他对玄宗展开的是一场思想对思想的按摩行动，所有的行动导向，都服务于玄宗的所思所想。

任吏部侍郎时的李林甫，就展示出柔佞多狡的个性。每次上位，靠的不是政绩，而是迎合与游说。他潜心结交宦官及妃嫔，侍候皇上动静，皇上关心的那点事总能第一时间掌握。每次升朝奏对，总直接回应皇帝的关注点，体现出非凡的能力和学问。当时武惠妃宠幸冠后宫，所生之子为寿王李瑁，子以母贵，受宠程度非但其他王子不能比肩，连太子也日渐被疏远轻慢。李林甫决定把握这个机会，择机通过宦官向惠妃表态，愿尽力保护寿王。惠妃不傻，阴为内助，李林甫很快擢升为黄门侍郎，进而为礼部尚书、同中书门下三品，得以入相。此时中书令为张九龄，他是反对李林甫入相的，可李林甫走的是后宫的路子，和当年李义府类似，一般的反对拦不住。

当时的礼部管思想文化方面工作。礼部尚书李林甫此时就认识到，如果皇上看到什么听到什么都由我来安排，那权力不就在我手里了吗？于是召见所有谏官，具体生动阐释了他理解的谏官工作性质："今明主在上，群臣将顺之不暇，毋用多言！诸君不见立仗马乎？食三品料，一鸣辄斥去，悔之何及！"在权力面前，谏官束口。对皇帝而言，没有人进谏，也是件很舒服的事，顺理成章可以解读为天下太平、政治清明。

玄宗欲广求天下人才，命通一艺以上的人都到京师候旨，参与选拔。所谓五经六艺，诗书春秋，礼乐御数，通一艺以上的人，虽然不好说就是知识分子，也是有教养的人了。这么一大群有知识有想法有追求的人到了京城，叽叽喳喳是免不了的，实际情况、不同声音难免传播到玄宗耳中。这些人还要参加考试，所作策论也是一个下情上达的重要渠道。

李林甫唯恐草野之士在作应对策论时趁机进言，暴露自己的奸恶，对吏部提出："举人多卑贱愚聩，恐有俚言污浊圣听。"要求郡县长官对这些应试人员前期精加试练，灼然超绝者（符合标准者），才能具名送省，由尚书复试，御史中丞监试，取名实相副者闻奏。上下其手几番操作过后，有个性有才气的基本淘汰，留下中规中矩不说人话的一帮人，再加试以诗、赋、论，结果让人大跌眼镜。居然无一人及第，即天下无可选之才。用审查去掉有个性的，用难题考倒有韧性的，没有选到一个符合条件的，怎么交差呢？李林甫的歪点子多得很，上表贺"野无遗贤"，将尴尬化于无形。这倒好，以抓好落实的名义，把皇帝求贤的思路大张旗鼓地废了。钱肯定没少花，事等于没办。李林甫的真正目的并不是压制人才，而是堵塞言路，将皇帝的信息来源牢牢控制在自己手中。

李林甫在弄权方面，做到了极致，以至于李隆基放心到无以复加的程度，想把政事一股脑儿全都托付给他，自己做逍遥皇帝。玄宗后期经常不上朝，各部门排着队在李林甫家门口等着汇报工作，三省六部办公室甚至空无一人。副相陈希烈"虽坐府，无一人入谒者"，幸好他以求道问仙取悦玄宗，没有像崔沔一样觉得副手是二把手，否则李林甫可不是张说。玄宗感觉盛世升平，天下无复可忧，深居禁中，专以声色自娱，朝廷实际成了李林甫把持的朝廷。"林甫媚事左右，迎合上意，以固其宠；杜绝言路，掩蔽聪明，以成其奸；妒贤疾能，排抑胜己，以保其位；屡起大狱，诛逐贵臣，以张其势。自皇太子以下，畏之侧足。凡在相位十九年，养成天下之乱，而上不之寤也。"

一个人病了，却觉得自己很好，很舒服，这是麻木。一个国家病了，统治者感觉很好，那就是下情不达，上意不通，也是麻木。很多时候，民意是看不见摸不着的，民意的流动就如人体的毛细血管，堵塞几根毛细血管没有感觉，不断堵塞，就会生病。人病了，人体要经历一个或去除病灶或自然修复的过程。国家病了，这个过程就伴随着一次次的政治动荡。

口蜜腹剑一手遮天

李林甫为相，三种人是他的对手：才望功业高于他的，皇上显示出喜爱的，势位日隆可能影响到他的。只要是这三类人，露头就打，千方百计要从朝中清除，李林甫从来没顾忌过手段之恶劣阴毒。这三类人中，李林甫最恨最怕文学之士。他知道皇上喜欢有才华的人，恰恰自己没有，所以他虽然不公开和有才华的人作对，却是表面一套背后一套，两面三刀，将对方置之死地而后快。由此，李林甫"口有蜜，腹有剑"的名声在外，流传至今。李林甫一直很警觉，为了保位当权多年后还经常重金贿赂皇上左右，侦测皇上举动。

玄宗曾经在勤政楼垂帘观人，兵部侍郎卢绚垂鞭按辔，轻骑横过楼下，风标清粹（气宇轩昂、神清气爽之类），玄宗眼前一亮，目送直至背影消失，并感叹此人有气质有内涵。得知玄宗的感慨，李林甫担心卢绚大用，威胁自己地位，眉头一皱，心生一计。改日，召卢绚儿子见面，假装关心地表示："尊君素望清崇，今交、广藉才，圣上欲以尊君为之，可乎？若惮远行，则当左迁；不然，以宾、詹分务东洛，亦优贤之命也，何如？"意思是皇上决定把你父亲外放交州或广州，如果嫌弃偏远，那就得降职使用。此话传到卢绚耳中，本来期待玄宗大用的他内心一激灵。此事真假不辨，但想想李林甫的手段，聪明的卢绚决定自降身价，回复可以只任宾客、詹事的职位。李林甫看卢绚上道，也怕大家议论自己太过，决定先让卢绚出任华州刺史。到华州任刺史没多久，诬陷卢绚病重难愈，导致州事不理，转为詹事、员外同正（就是一个参议类的闲职），东都安置。于卢绚而言，万万没想到是优秀断送了大好前程，只能怪自己晚生了几十年，时也，命也。

发现并重用人才，是玄宗一直以来的习惯。看着朝中大臣一茬不如一茬，他也是着急。一天又问宰相李林甫："严挺之今安在？是人亦可用。"严挺之因前妻事件贬黜外州，时为绛州刺史。李林甫当年正是抓住他的把柄，由此逼退张九龄。如果皇上起用此人，对自己意味着什么，他当然清楚。退朝后，李林甫找来严挺之弟弟严损之，表达了皇上对他哥哥的关心，并贴心地送上进阶之策："上待尊兄意甚厚，盍为见上之策，奏称风疾，求还京师就医。"这话听起来完全是好意。严挺之文才不错，权略却不尽如人意，认为这是个办法。自然，这厢哄骗停当，那厢李林甫向皇上报告的情况却是："挺之衰老得风疾，宜且授以散秩，使便医药。"好不容易认可的一个人才，身体却不行了，玄宗很是感慨了一番。那该照顾照顾吧，严挺之被任命为詹事，于东京养疾，算是退居二线。这下倒好，本来假病的严挺之估计该真气出病了。同时被李林甫借故任命闲职的还有齐瀚，即年纪轻轻就敢说姚崇仅可称"救时之相"的齐瀚。此时齐瀚也是名声在外，既为朝廷宿望，那必然成为李林甫的眼中钉，从汴州刺史、河南采访使调任少詹事，做严挺之副手。

开元时期一众宰相多是读书出身，讲究以德服人，以德度自处，不事威势。什么意思呢？就是原来这些做宰相的，惯于轻装简行，出门随从不过数人，上路不避百姓。当时除了皇上出门仪仗较盛，在街上遇到宰相，也属正常的事情。当了宰相被免，过几年又当宰相的情况也多见，姚、宋都是三度为相。李林甫就不同了，知道自己结怨太多，常担心刺客，出门至少步骑百余人为左右护卫，金吾卫静街清道数百步，公卿遇上也得回避；相府也是重关复壁，以石甃地，墙中置板，如防大敌，一个晚上可能换好几个房间，即使家人也不知道他睡在哪个房间。

此等排场，对别的宰相可能没有必要，对李林甫而言，真的很必要。当时，因冤报仇，刺杀涉事官员的事情多有发生，其中有名的一件事是，殿中侍御史杨汪设计杀了张审素，更名杨万顷，试图隐姓埋名，也没有逃过张审素两个儿子张瑝、张琇复仇。两兄弟追杀杨万顷于都城，作案的斧子上留下书信，写明冤状。以李林甫的作为，找他报仇的不会只有一个两个。"宰相骑从之盛，自林甫始。"

李林甫对上蒙蔽，对下压制，目的当然不在政理事通，而在大权独揽。上行下效，他的做法同样被他的手下复制，弄出一些丑闻。李林甫虽兼任吏部尚书，但精力放在皇帝身边，因此具体人事选拔都委托给亲信侍郎宋遥、苗晋卿。御史中丞张倚是玄宗新近宠幸的大臣，宋遥、苗晋卿想方设法攀附张倚。当年士子大选，盛况空前，竞争激烈，赶赴京城考试的超过万人，入等者仅六十四人，算是千里挑一。榜单公布后，张倚的儿子张奭名列榜首，有太多人知道此公子不学无术的情况，一时间，群议沸腾。不过，即使如此，又能如何呢？毕竟，京城还没人敢在李林甫和张倚的头上动土。绝对想不到的情节发生了，此时唯一比李林甫在皇帝面前还好说话的安禄山正好在长安。前任蓟令苏孝韫把这个舆情热点告诉了正在京城搞交际的老领导安禄山。安禄山一直想成为宰相，出将入相，如能集于一身，是不是有可能避免安史之乱这八年的血战，倒也不好说。他揣测玄宗一定会重视这件事，认为这是自己主持正义、介入朝政的机会。于是入宫时找机会对玄宗说起此事，说大家很不满，这帮人太不像话。果然，这件事触动了玄宗的底线，将这六十四人都召入朝中当场面试，张奭手持试纸，终日不成一字，即当时有名的"曳白"事件。随即，宋遥被贬武当太守，苗晋卿被贬安康太守，张倚被贬淮阳太守，同考判官礼部郎中裴朏等皆被贬岭南官。

李林甫还干了一件破规矩的事，被认为是造成安史之乱的重要原因。

贞观以来，边帅任用的一个重要标准是忠厚名臣，且"不久任，不遥领，不兼统"，任期不能长，必须到任而不能在朝中挂名，也不能一个人兼任几处边防。功名显著的边防将领，大多入朝为相，如李勣、李纲、狄仁杰、郭元振等，都任过边帅。出身少数民族的将领，才略如阿史那社尔、契苾何力等人，也不会让他们独自领军一方专大将之任，一定会派出朝中大臣加以牵制。

开元中期，玄宗有吞四夷之志，强军备战，上述规矩不断被破。比如有的边将任期超过十年；皇子如李庆、李忠，宰相如萧嵩、牛仙客等，开启遥领节度使的先例，人在京城，兼着边将的职务；盖嘉运、王忠嗣等一人专制数道，开兼统先例。这些功高权大的实力派都盼着入朝为相，可李林甫忌惮边将功高入相，影响自己的权力，想方设法杜绝边帅入相之路。为达到这一目的，李林甫想了一招从根子上解决问题的办法，起用胡人为边将，如此一来，总不能让这些胡人将领也入朝为相吧。他进奏："文臣为将，怯当矢石，不若用寒畯胡人；胡人则勇决习战，寒族则孤立无党，陛下诚心恩洽其心，彼必能为朝廷尽死。"玄宗的目的在军队能打仗，认为办法不错，起用安禄山等出身胡人的将领。后期，"诸道节度使尽用胡人，精兵咸戍北边，天下之势偏重，卒使禄山倾覆天下，皆出于林甫专宠固位之谋"。

要对一个精明的皇帝屏蔽一个王朝的信息，至少有三个阶段，一是取得绝对信任，李林甫做到了；二是报送皇上想看到的信息，审查过滤掉不能让皇上看到的信息，李林甫做到了；三是在政治布局上取得绝对的控制权，如边关将领都起用胡人，短时间内没有能力与皇上对接沟通，李林甫也做到了。但李林甫绞尽脑汁做到这一切，只是享受到了现实的权力，从拥有权力的政治追求和理想方面讲，他始终是一个低层次的弄权者。他应该永远不会有感觉人生达到巅峰的那个时刻。

八 胡腹中正有赤心耳

安禄山古谶

两角女子绿衣裳，端坐太行邀君王，一止之月必消亡。

安禄山崛起太快，身份太特殊，受到猜忌是必然的。他政治生涯的大部分时期都在掩盖事实、释放虚假信息迷惑朝廷，他的一举一动都在传递忠诚信号，他是一个发布信息和政治说服的高手。

故事里的忠心

公元743年，是安禄山收获满满的一年。一年之中他讲了两个故事，获得三次迁升，甚至开始兼任朝中文官职务，一切都在为入相做着准备。

春，正月，刚以营州都督升任平卢节度使的安禄山入朝谢恩，玄宗宠待甚厚，谒见无时，有时候很晚了还召见他。这也真是一段很特殊的缘分！在一次小范围召见时，安禄山讲了第一个故事："去秋营州虫食苗，臣焚香祝天云：'臣若操心不正，事君不忠，愿使虫食臣心；若不负神祇，愿使虫散。'即有群鸟从北来，食虫立尽。请宣付史官。"此时的安禄山，为一方诸侯，早非昔日吴下阿蒙。他要告诉皇帝的只有两个字：忠诚。他通过故事表示自己要将忠心记入史册，绝不反悔。这是安禄山高明的地方，他几乎直接就戳中了他与玄宗关系的本质，或者说把握到了玄宗对他真正唯一的担心，那就是忠诚。忠心的表白很快有了回报，三月，以平卢节度使安禄山兼范阳节度使。

冬，十月，甲午，安禄山又进奏了一个故事："臣讨契丹至北平郡，梦先朝名将李靖、李勣从臣求食。"梦醒之后，马上为他们立庙，并在庙成之日祭奠之际，庙宇梁上长出灵芝。这是典型的蹭名声，自抬身价，虽低级但实用，效果不错。真是玄宗缺什么，他就补什么。难得他一个地方将领，能准确把握到玄宗内心的需要。很快，以范阳、平卢节度使安禄山兼御史大夫。想当年张守珪兼一个御史大夫费了多少功夫，玄宗这里尺度一放宽，边将的好日子即将到来。就差入相了。

安禄山确实是一个会讲故事的人，放在大众传媒时代，他一定是粉丝千万的大V。在皇上跟前，应对敏给，杂以诙谐，把所有的政治目的都极其自然地放在了生动的应对和表述中。这是一种能力，可能还是很多官员缺少的能力。

两个听起来即使不信也会感动的故事，足以说服一个正需要大将的唐玄宗。玄宗有一堆的名相，姚、宋媲美房、杜，可是，掰起手指头数来，手下无李靖、李勣般的大将，这可能是玄宗对安禄山如此偏倚的重要原因。作为一个成就斐然的皇帝，麾下若无名将，犹如无长缨在手，是历史性的缺憾。

玄宗曾经拿他的大腹便便开玩笑，戏指其腹："此胡腹中何所有，其大乃尔！"这类问题没法准备，安禄山居然灵机一动，答道："更无余物，正有赤心耳！"看来，只要把握住了事物的中心，高一点，低一点，都是恰到好处。

玄宗让他见过太子，安禄山居然不行跪拜之礼。左右人等赶紧提醒他应该拜见，安禄山亦真亦假地拱手道："臣胡人，不习朝仪，不知太子者何官？"玄宗耐心解释："此储君也，朕千秋万岁后，代朕君汝者也。"安禄山的回答令人叫绝："臣愚，向者惟知有陛下一人，不知乃更有储君。"如此这般一番做作后，不得已，然后拜。不拜太子，传递眼中只有皇帝的信息，皇上即使不信，心里也会受用，更觉此人有趣。其实可能还有一个背后的原因是，太子李亨多数时候并不得宠，先是被李林甫威胁，后是和杨国忠暗斗，很不容易地熬着日子，自然在朝中地位不是那么高，精于此道的安禄山因此拿太子开涮不是没有可能的。

玄宗与贵妃一起接见安禄山，安禄山先拜贵妃。玄宗问何故，对："胡人先母而后父。"先拜贵妃，虽属娱乐，却让皇帝心里舒坦。因为，当时皇上对贵妃的宠爱已经引起了很多大臣的议论，贵妃的地位需要有人来抬，可那些想进阶的文武大臣即使有这个心，也不能如此拉下这个面子。事实上安禄山并非不懂，不过借着胡人不懂套路的幌子，办非常之事而已。

安禄山与杨贵妃的交往更是耐人寻味。玄宗在勤政楼设宴，百官列坐楼下，独独为安禄山在御座东间设金鸡障，置榻使坐其前，并卷帘以示荣宠（就是安禄山能直接看到一众佳丽面容）。让杨铦、杨锜、贵妃三兄妹与安禄山以兄弟相称。安禄山出入禁中，借机认贵妃为干娘（和她兄弟则互称兄弟，可见伦理在政治需要面前还是弱不禁风的）。他无非要通过贵妃传递自己的忠心，体现皇上的绝对权威，利用爱屋及乌的心理，得到玄宗的绝对信任。

安禄山生日，玄宗及贵妃赐衣服、宝器、酒馔甚厚。借着生日庆祝，贵妃连续三天召禄山入禁中，"以锦绣为大襁褓，裹禄山，使宫人以彩舆昇之"。这是真正的朝中大臣不可能承受的戏弄，在安禄山这里，一切都那么自然。以至于玄宗听到后宫喧笑，询问其故，"左右以贵妃三日洗禄儿对"。玄宗还亲自去看这个热闹，赐贵妃洗儿金银钱，厚赐禄山，尽欢而罢。"自是禄山出入宫掖不禁，或与贵妃对食，或通宵不出，颇有丑声闻于外，玄宗亦不疑也。"已有异志的安禄山，此时如何制造和应对丑闻，绝非一般大臣思维能够想象，可能释放的信息是，自己沉湎于皇室的宠爱和荣华，亲如一家，绝不可能反叛。丑闻和忠诚比起来，简直是小儿科。

如果你是总公司派驻各地的50个分公司中的一个负责人，什么样的信息报送能让总公司一把手关注你个人？仔细研究，你会发现在这么多分公司经理中，除了业绩最好的分公司被挂在嘴上，战略位置最重要的分公司经常被更换领导外，提拔最快的往往是一个你想不到的人，这里有不会拿出来说的原因，即这个人一定是一把手最信任的人。

公司做大了，最信任的不一定是自己亲戚和家人。那么一个外人，怎么能让一把手感受到自己的忠诚呢？安禄山做出了示范。简单总结有三点：一是通过公司的报刊让一把手知道你在干他想干的事，要在公开报道中让领导感受到你的思路；二是要在公开的场合让一把手知道他是唯一的领导，和一干副总仅仅是工作关系；三是和一把手身边的人建立紧密关系，纵观公司架构中的所有人，唯一可能说你好话而不会打埋伏的，只有领导的身边人，只有他与你没有竞争关系。

信息发布高手

安禄山能受到玄宗如此眷顾，与他的一段传奇经历有关。可以说，他是玄宗从刀下救出的一员大将，他有理由对玄宗忠心感恩。

任平卢讨击使、左骁卫将军时，安禄山在一次战斗中恃勇轻进，大败而归。即使是主帅张守珪的义子，也不得不按律令处斩。安禄山临刑呼叫："大夫不欲灭奚、契丹邪！奈何杀禄山！"安禄山为什么能靠这句话死里逃生？因为他说的是张守珪的心中所想。一句话，给了张守珪台阶，实际也是张守珪爱惜他骁勇能战，想给他一次机会。于是执送京师，交给皇上定夺。真正救自己的，是安禄山临刑前的这句话，所谓会说，是他释放的信息打动了张守珪，更重要的是敢说，他要说出来才有转圜的余地。尽人事，听天命，交给皇上处置吧。

此时的玄宗，政治理想开始膨胀为文治武功，对将才正是求之不得之际。而他当然也明白张守珪把义子安禄山交给朝廷处置的用意，给了个台阶，为自己手下分忧，为军中将领留种，不顾张九龄的一再坚持，给了安禄山一次活命机会。

所谓大难不死必有后福，这句话适用于安禄山。安禄山"倾巧，善事人，人多誉之"，重视且善于建立自己的形象，注重舆论，更注重通过朝中来人传递信息，增加在皇上心中的美誉度。几年工夫，做上了平卢兵马使的安禄山，凡是皇上左右人等来到平卢，都极尽招待能事，并送上厚礼。御史中丞张利贞出任河北采访使，到平卢调研，安禄山摸准张利贞偏好，处处想在他前面，让他满意而归，让他随从满载而归。张利贞入朝报告调研情况，重点强调了安禄山不错。接待工作做好了不简单，效果也非同凡响，断断续续的信息让玄宗觉得这个刀下余生的将领救对了。

皇上曾经从刀下救下此人，肯定乐意听到他的好消息，佐证自己当时的决定正确。在此期间，"礼部尚书席建侯为河北黜陟使，称禄山公直；李林甫、裴宽皆顺旨称其美"。很快，任命安禄山为营州都督，充平卢军使，两蕃、勃海、黑水四府经略使。这些皇上信任的人，都说一个人好话，你能说他不是真的干得好吗？于是，安禄山在玄宗脑海中的干将形象生根发芽。"安禄山体充肥，腹垂过膝，尝自称重三百斤。外若痴直，内实狡黠。"强调自己三百斤传递两个概念，一是厚重意味着可靠，二是异常厚重意味着天赋异禀。当然，那个时候的一斤应该相当于现在七两多的样子，也就是说安禄山是个两百多斤的大块头而已。

这么一个看似粗犷憨直，实则心细如发的人，高度重视情报工作。他安排亲信将领刘骆谷以各种名义长期滞留长安，探听侦测朝中大事和动向，建立了及时传递信息的情报线路。对朝廷下达的政令及时反应，有时甚至就由刘骆谷代表他起草回文，这样操作下来，他的表现经常赶在其他节度使前头，让皇上觉得他是最忠实、坚决的政令执行者。还年年加大进贡力度，杂畜、奇禽、异兽、珍玩之物，不绝于路，以至于沿途郡县疲于递运。

公元754年，随着安禄山军政实力的增强，实力捂都有点捂不住了。自然，认为他可能反叛的声音多起来。面对北方军事势力的崛起，主要势力在剑南一带的杨国忠更为敏感，公开宣称安禄山反叛之心已显。为了证实自己的判断，他进谏玄宗："陛下试召之，必不来。"玄宗想，召见倒不是什么大不了的事，那就试试看，赌赌你们的见识。没想到，安禄山闻命即至。安禄山入朝，在华清宫拜见玄宗，泣诉："臣本胡人，陛下宠擢至此，为国忠所疾，臣死无日矣！"这个表达尽显安禄山高明之处，此时此刻，他不能再揣着明白装糊涂。他只有赌，挑明皇上召见自己的意图，把自己和皇上的矛盾转化成自己与杨国忠的矛盾。玄宗也是老了，觉得安禄山真心不容易，如此情形，还应声即至，狐疑全消，赏赐巨万。安禄山以身家性命豪赌，换取了玄宗的再一次信任，一时间杨国忠在玄宗这里失去了话语权。

假如此时朝中宰相还是让他见面后衣衫汗湿的李林甫，估计安禄山就不敢这么赌了。其实，判断安禄山必反的，是很多人，可惜，这时玄宗什么都听不进去了，连太子进谏，也不为所动。安禄山在京的这一个月左右，考验堪比他第一次被押缚进京核准死刑，应该是他最艰难的日子之一。但自从安禄山应召入朝后，再有进奏安禄山反叛者，皇上都把他绑了送到安禄山这里。这么一来，大家知道他要反，也不会有人敢说什么了。

又一次涉险过关的安禄山还面临一个难题，什么时候离开长安，怎么离开长安？这段时间，他制造了诸多消息，营造出辖区亟须他回去处理公务的氛围。终于，他提出申请，辞归范阳。玄宗没有理由不同意，为表达信任，"解御衣以赐之"，安禄山惊喜不已。做戏，本是他的长项，这么多年，演技已炉火纯青。一经奏准，担心杨国忠奏请滞留，疾驱出关，乘船沿河而下，命令船夫执绳板立于岸侧，十五里一更换，昼夜兼行，日行数百里，过郡县不下船。此种情景，拍成电影，剧情得有多曲折，氛围得有多紧张，场面得有多惊心！安禄山离开长安时，玄宗让高力士代表自己在长乐坡饯行。高力士回朝后，玄宗关心的还是安禄山的感受："禄山慰意乎？"对："观其意怏怏（表演功夫真正一流），必知欲命为相而中止故也。"对安禄山未能入相这事，精明一世的玄宗可能还在自责，而他从此将不再以臣子身份回来。

可惜，形势比人强，藩镇的崛起，让皇帝的命令也开始逊色，似乎谁也抵挡不住更大权力的诱惑。一方秣马厉兵，另一方却自己将自己蒙在鼓里。在复杂的权力斗争中，有时候行胜于言，有时候却言胜于行。有的话要当面说，不容第三个人在场；有的话要公开说，媒体不报道，等于没说；有的话要别人代替说，自己说就不是一个意思；有的话，说了还不如不说。

九 西京爱情故事

赠张云容舞

杨玉环

罗袖动香香不已，红蕖裛裛秋烟里。

轻云岭上乍摇风，嫩柳池边初拂水。

丰腴的绚烂倏忽消亡，贵妃醉酒千年余香。杨贵妃似乎并不弄权，顶多是跟玄宗使使性子，但她撒娇的对象是玄宗而不是作为男人的李隆基，因此后果就要严重一些了。在她丰腴的美貌中，弥漫开的是权力的泛滥，是对民意的践踏，如盛开的罂粟。这一段发生在西京长安的爱情故事造成了国家权力和个人权威错位，谁才是故事的主角？贵妃醉酒，倒下的却是一个王朝的兴盛。

一骑红尘妃子笑

杨太真的故事，在这个朝代并不算离奇。"初，武惠妃薨，上悼念不已，后宫数千，无当意者。"武惠妃受宠十几年，也搞了不少事，与李林甫勾连，目的主要在太子的废立。因为武氏一族的出身，她在朝中难有强大外援，干政没有基础，儿子终究没有成为太子，她也没有成为名义上的皇后，但她与玄宗的关系一时间难有替代者。"有谄媚者（其心可诛），密言寿王妃杨氏之美，绝世无双。"虽是儿媳妇，玄宗还是见了面，

263

一见钟情。皇上难以自持，权力就会说话。于是安排杨妃自愿申请成为女官，号太真。这当然是个幌子，而是悄悄把杨太真安排进宫中，同时为寿王娶左卫郎将韦昭训女儿。

"太真肌态丰艳，晓音律，性警颖，善承迎上意"（不止貌美如花这般简单），不过几个月工夫，宠遇如惠妃，宫中号曰"娘子"，凡仪体皆如皇后。随即，册封杨太真为贵妃；其父杨玄琰已逝，赠兵部尚书，以其叔父杨玄珪为光禄卿，从兄杨铦为殿中少监，杨锜为驸马都尉。贵妃三姐妹，赐第京师，宠贵赫然。三人皆有才色，皇上呼之为姨，出入宫掖，并承恩泽，势倾天下。

杨家三姐妹，杨铦、杨锜两兄弟，共五家，凡有请托，府县承迎，他们的要求比皇上下旨管用；四方赂遗，辐辏其门，唯恐居后，朝夕如市。皇上所赐予及四方献遗，五家如一，竞开第舍，极其壮丽，一堂之费，运逾千万。其实，皇室亲贵自建豪宅的情况也不少见，但他们豪横到什么地步呢？凡是见别人的宅院有比自己好的，就让人拆了重建，直到比自己的差。虢国夫人尤为豪侈，一个白天，带领工徒突入大臣韦嗣立的宅子，强拆旧屋，自为新第，给韦氏以隙地（夹缝之地）十亩作为补偿而已。

杨贵妃有宠，乘马须由高力士（虽是宦官，实为李隆基当年起事功臣）执辔授鞭，织绣之工专供贵妃院者七百人，中外争献器服珍玩。岭南经略使张九章，广陵长史王翼，因所献精美，张九章官加三品，王翼入朝出任户部侍郎。天下从风而靡，连风气时尚都跟着变了。民间歌谣："生男勿喜女勿悲，君今看女作门楣。""一骑红尘妃子笑，无人知是荔枝来。"贵妃爱吃新鲜荔枝，每年安排岭南六百里快递，保证荔枝送到长安，色味不变。

美人总是能做到普通人做不到的事，贵妃和玄宗两次闹矛盾，反而让两人感情升温，难离难弃中的纵容，背后是人性之恶的盛开和蔓延。

一天，贵妃妒悍不逊，吃醋发飙，惹怒皇上，被送到她哥哥杨铦家里反省。送走当日，皇上不怿，日中正午，粒米未进，左右动不称旨，横被棰挞。高力士服务玄宗几十年，从皇上的一举一动即知其意，故将后宫各种珍稀物品装载百余车送往贵妃处，其中包括皇上亲自挑选的御膳。当晚，高力士奏请迎贵妃归院，开禁门入宫，以表皇上的歉意。从此恩遇愈隆，后宫宠爱集于一身。何谓一日不见如隔三秋，这个应该就是最生动的诠释。

又一天，"杨贵妃复忤旨，送归私第"。户部郎中吉温通过宦官进言："妇人识虑不远，违忤圣心，陛下何爱宫中一席之地，不使之就死，岂忍辱之于外舍邪？"这个话是说给贵妃听的，此时没有人相信皇上会舍得贵妃离开。实际上，玄宗已经开始后悔和思念，这个老人的爱情闸门一旦被冲开，腐朽的门阃就再难关严。玄宗派遣中使送去御膳，贵妃也是聪慧异常，对使者涕泣："妾罪当死，陛下幸不杀而归之。今当永离掖庭，金玉珍玩，皆陛下所赐，不足为献，惟发者父母所与，敢以荐诚。"不接受赏赐，但回赠了一缕秀发，智商情商之高可见一斑。自然，"皇上遽使高力士召还，宠待益深"。

难怪关于玄宗和贵妃的爱情故事传唱千年不衰，恐怕还是有相当的事实和细节作为创作基础的。她，到底干了什么，在中国历史上留下不绝余音？她短暂的一生中集合了太多适合传播的要素，每个点都击中人们心中呼之欲出的私念。她的美，美到难以言喻。她的死，凄切到所有人欲言又止。她的罪，若有若无，苦患无辞。她的痛，撩动心弦，寸心自知。她带来的丰腴之美、凄切之美，冲击着中国历史发展中的审美观。一个人，一段情，勾连着大唐王朝由盛转衰的转折，到哪里寻找比这还鬼斧神工的厚重剧情？

丰腴止于马嵬

此前对贵妃三姐妹和两个兄弟的介绍中，有一个杨氏一门中的关键人物尚未出场。他就是杨钊（后赐名国忠），贵妃的从祖兄。和已经受封的两个叔伯兄弟不同，他算是更远一点的堂兄弟，加上不学无术，名声一般，为宗党所鄙，没赶上起初贵妃家族那一大拨封赏。

"杨钊从军于蜀，得新都尉"，一个任期结束，混到家贫没有回家路费的境地，但他在四川的两个关系为他日后显达埋下伏笔。一是贵妃父亲杨玄琰当时也在四川做官，杨钊往来于这个远房亲戚家中，与贵妃二姐关系暧昧，算是建立了一种特殊关系。二是结交了新政大户鲜于仲通，经常得到他的资助，虽属一着闲棋，却是日后奇缘之关键。鲜于仲通名向，以字行，颇读书，有才智，剑南节度使章仇兼琼引为采访支使（联络参谋，结交面广应是此人特点），委以心腹。章仇兼琼曾经在不经意间对鲜于仲通说起自己的想法："今吾独为上所厚，苟无内援，必为李林甫所危。闻杨妃新得幸，人未敢附之。子能为我至长安与其家相结，吾无患矣。"要接上贵妃的关系自保，鲜于仲通灵光一现，想起一人，道："仲通蜀人，未尝游上国，恐败公事。今为公更求得一人。"就说了自己与杨钊的交往。章仇兼琼见到杨钊，仪观甚伟，言辞敏给，大喜，当即任命为府中推官（参谋）。

春节将至，章仇兼琼派遣杨钊作为剑南使者前往京师献春彩。将别之际，似乎不经意地说起："有少物在郫，以具一日之粮，子过，可取之。"杨钊经过郫县，等待他的"少物"是大批精美蜀货，价值万缗。穷书生杨钊大喜过望，昼夜兼行，赶到长安，把每个堂妹都拜访一遍，送上蜀货，说："此章仇公所赠也。"合该此人发达，与他有过旧情的二姐新寡，杨钊也就不住驿馆了，直接在她家住下，将一半的蜀货分给她作为礼物。

围绕在玄宗身旁枕边的杨氏姐妹叽叽喳喳，尽说章仇兼琼的好话；很快，剑南节度使章仇兼琼得兼户部尚书。当然，她们更没有忘记杨钊这个会办事且看起来突然发达的远房堂兄弟，以杨钊"善樗蒲（一种赌博游戏）"的理由，引荐给皇上，得随供奉官出入禁中。至此，杨钊由剑南节度使府中的一个参谋助理出任金吾兵曹参军，直接成为禁卫军将领。

突如其来的富贵埋下了轰然倒塌的伏笔。杨国忠的出将入相，本非正常。而他接手相位时，正值李林甫弄权十几年后矛盾集中爆发，他没有能力捂住这个盖子。朝廷内部，一无人才，二无法度；地方各道，群雄并起，军政权力集于节度使，宰相无力制约。何况，他并无宰相的能力和气度。

安史之乱终于爆发。失去章法的王朝左支右绌，长安不保，玄宗带领小股人马逃奔四川。这日傍晚，逃至马嵬驿，将士饥疲，愤懑无比。恰逢吐蕃使者二十余人拦住马背上的杨国忠，要求解决口粮问题，杨国忠还在嗫嚅不知所云，早有怨气的士兵越围越多，有人喊："国忠与胡虏谋反！"局面顿时乱成一团，有人放箭射中杨国忠马鞍，杨国忠慌乱逃窜中被乱刀砍杀，屠割肢体，首级被长枪挑挂在驿门。军士蜂拥至驿门，玄宗拄着拐杖亲自出来弹压，士兵不给面子，派高力士谈判。亲近太子的大臣陈玄礼提出："国忠谋反，贵妃不宜供奉，愿陛下割恩正法。"矛头指向贵妃。

玄宗转身入门，倚杖顿首而立，久久难以决断。京兆司录韦谔上前进言："今众怒难犯，安危在晷刻，愿陛下速决！"叩头流血。玄宗自我辩解："贵妃常居深宫，安知国忠反谋！"高力士明白当前局势，劝道："贵妃诚无罪，然将士已杀国忠，而贵妃在陛下左右，岂敢自安！愿陛下审思之，将士安，则陛下安矣。"确实，事已至此，势成骑虎。玄宗无奈，命高力士"引贵妃于佛堂，缢杀之。舆尸置驿庭，召陈玄礼等入视之"。陈玄礼等一众军士才免胄释甲，顿首请罪。玄宗强打精神，慰劳军士，通报三军，整顿乱军商议行程。

马嵬兵变，贵妃不得不死。年迈的玄宗倚杖顿首柴门，一边是自己经营半个世纪将倾的王朝，一边是自己晚年的感情寄托，他必须选，他没得选。东有安禄山大军，北有突厥，西有吐蕃，军中还有一向与杨国忠不和的太子势力，面前是不肯放下长枪的士兵，焦点集中到贵妃身上，赐死贵妃未尝不是一种代价最小的解决方案。

贵妃遭遇的这次缢杀，确实代时局承受了许多不能承受之重，以至于各种民间故事还在演绎这是一次假死事件。对唐王朝中期这一场大变故，民众把火力集中到了这么一个女子身上。一个尤物集中演绎了一段历史悲剧，有关她的一切纠结，正如无根之木，随波逐流。这是玄宗在长达半个世纪华丽舞台的谢幕，马嵬的炊烟中从此飘荡着丰腴而悲伤的气息。

过晋阳宫

李隆基

缅想封唐处，实惟建国初。俯察伊晋野，仰观乃参虚。

井邑龙斯跃，城池凤翔余。林塘犹沛泽，台榭宛旧居。

运革祚中否，时迁命兹符。顾循承丕构，怵惕多忧虞。

尚恐威不逮，复虑化未孚。岂徒劳辙迹，所期训戎车。

习俗问黎人，亲巡慰里闾。永言念成功，颂德临康衢。

长怀经纶日，叹息履庭隅。艰难安可忘，欲去良踟蹰。

第五章

人心惟危：王朝转弯变量

预见：变局之惑

《尚书·大禹谟》："人心惟危，道心惟微；惟精惟一，允执厥中。"据传，这十六个字源于尧舜禹禅让的故事，当尧把帝位传给舜以及舜把帝位传给禹的时候，所托付的是天下与百姓的重任。《荀子·解蔽篇》亦有类似的引注："故《道经》曰：'人心之危，道心之微。'危微之几，惟明君子而后能知之。故人心譬如槃水，正错而勿动，则湛浊在下，而清明在上，则足以见鬓眉而察理矣。微风过之，湛浊动乎下，清明乱于上，则不可以得大形之正也。心亦如是矣。"

公元626年，玄武门事件发生。玄武门厮杀之际，李世民安排尉迟敬德入宫保卫皇上并控制局面。正在湖中船上休闲的李渊似乎早有预感，看到铠甲长枪的尉迟敬德，只是问了一句："今日乱者谁邪？"乱象看似来得突然，矛盾的积累却是冰冻三尺非一日之寒，也许李渊潜意识里已经知道这件事必然发生。历史进程的转换是说时快那时慢，因为历史总是以标志性事件来记录，而事情的发生发展却是一个逐步蔓延和缓缓浸入的过程。形势的变化经常电光石火，格局的形成却需要水滴石穿。关于谁做太子，李渊在李建成和李世民之间的摇摆已经很长时间，历经多次反复波折。让老大上是世代相传的规矩，他选择了一个不那么操心的选择，足以平息议论，却不一定能说服自己和大家。他的选择是一种对

271

未来的逃避，内心的纠结其实早已卷成了麻花。

公元643年，唐太宗在两仪殿议事后，留下长孙无忌、房玄龄、李勣、褚遂良一起确定太子人选。这个时候，这个屋子里要装下王朝最大的政治焦点，屋子里的压力阀有随时爆表的风险。你感受过一屋子尴尬的气氛吗？走进一个屋子，发现空气是凝固的，弥漫着愤怒、悲伤，或者只是非同一般的寂静。你意识到，一点火星、一个动作，都可能引爆，这就是意见冲突，是意见擦出的火花。就在这样的氛围中，太宗突然说："我三子一弟，所为如是，我心诚无聊赖！"这是一句很不符合他个性的话，整个《资治通鉴》的记述中，唯有这么一句话和他的风格格格不入。废掉了太子李承乾，剩下的两个儿子又暗中较劲，经历过玄武门事变的太宗，此时心情的复杂程度恐怕绝非常人能够理解。此刻，唐太宗失去了立长的选择，立贤还没有成熟可靠的选拔机制，储君之位的定夺在权力持有者手中权衡反复，在无序斗争中显得混乱难堪。恐怕正是这种情形，让一代天骄唐太宗说出如此颓唐的话。

武则天的苦恼更是古今无二。在册立太子这件事上，她遇到的问题居然是婆家亲还是娘家亲。她曾经说起自己做过的一个梦："朕梦大鹦鹉两翅皆折，何也？"被狄仁杰毫无根据却充满政治智慧地解读成应该恢复她两个儿子的地位。

普通人家的长子往往会担起责任，因为他生下来就面临责任，父母还年轻，条件还不好，弟弟妹妹正隔三岔五地出生，他应该是父母天生的帮手。以前很多文学作品中，老大在家里任劳任怨、委曲求全，老二、老三读书求学经商在外闯荡开拓，这些不是想当然的文学构思，而是有深厚的生活底蕴。皇帝的长子多数生下来就是太子，不用努力，无须选择。立长，是让一个人生下来就担任储君这个重要职位，直接进入公众的视野，直接参与权力的分配，看起来公正，其实对王朝的未来风险极大。为什么历史上那么多长子都当不成皇上？理由太简单，因为他们当太子太早。这看起来很美的人生，其实要经受比普通人更大更残酷的人性挑战。他们要以小小的年纪与自己作战，与环境作战，甚至与父母兄弟作战。长子不争气，皇上该怪谁呢？老二、老三、老四，等等，又该让谁担起这千钧重担呢？

千年之前，谁在影响君王最重要的抉择，作出对未来的判断？是成见和意见。在确定太子时，意见会化身为各种形式的预见，影响甚至左右皇帝的选择。这个时候的皇帝，处在风暴的中心，恐怕偶尔都不敢信自己。天下是国，有时候又是家。每个皇帝自然明了，天下是自家的天下，也是大家的天下。在这个痛苦的过程中表现出来的智慧和愚昧，仁者见仁，智者见智。预见和人性两者最拧巴的部分是人性发乎情，那是从自己的角度出发思考解决问题；预见多数是别人的角度，包括敌人和朋友，包括熟人和路人，各种靠谱不靠谱的意见观点混合发酵，在看得见和看不见中隐约左右人的思想和选择。预见背后是各方力量的角逐，是实力的较量。

一 李渊立长的尴尬

咏烛二首

李世民

焰听风来动，花开不待春。镇下千行泪，非是为思人。

九龙蟠焰动，四照逐花生。即此流高殿，堪持待月明。

记得有一段时间，家长在一个单位退休时，可以安排一个孩子到本单位工作，俗称接班。那时候谁家里都是三四个孩子，个个都瞪着眼睛望着接班，多数不想自寻烦恼的家长会按照不成文的规矩，让老大接班，也有让条件最困难的孩子接班的做法，还有就是让自己偏爱的孩子接班的选择。很多家庭的孩子，在这个竞争中学会了讨父母欢心；有些家庭的孩子，为此闹个鸡飞狗跳，兄弟反目，家庭失和。一个王朝的接班，事情就大得多了。李渊迅速取得了战争的胜利，老大和老二谁接班？这个苦恼甚至在没有胜利之前就开始困扰他。是立长还是立贤，他在各种观点和倾向中摇摆游移。

皇帝左右为难

高祖李渊起兵晋阳，秦王李世民主谋。李渊曾对李世民说："若事成，则天下皆汝所致，当以汝为太子。"李世民拜辞。当是时，大家眼里脑中只有对成功的渴望，谁天天想着成功后的权力分配，就像创业公司如果刚开张就想着分钱一样，恐怕就没有成功可言。

　　成功比预计来得快，李渊称号唐王，将佐多请以世民为世子，李渊也准备说话算话，世民固辞，又止。当是时，家族的团结才是成功的基础，如果立老二为世子，老大怎么想，偏向老大建成的亲戚朋友怎么想，坏了潜规矩，大家怎么想，思想会不会乱，预期会不会稳，都是问题。再一、再二以至再三的拜辞，未必是世民的真心。李渊的半推半就和世民的无可奈何，在历史记录中似有似无地被忽略。相对世民没有显得那么优秀的老大建成，其实也是东征西战一场不落，得以按惯例成为世子，继而太子，这说明惯例形成的主流舆论有多强大。他们心里都清楚，谁要打破这个平衡，必然掀起轩然大波。

　　除力大无穷的李玄霸战死沙场外，李渊正室窦氏还生有三个儿子。太子建成，性宽简，喜酒色游畋；齐王元吉，多过失；两人在战事频仍时期，按部就班，皆无宠，亦无大过。老二世民功名日盛，每次数着世民的战绩，李渊常常思考这接班人的问题，有意以世民代替建成。这意思有了，就难免流露。建成当然能感觉到，内不自安，与元吉协谋，共倾世民，各引树党友。这样一来，各方力量盘旋集聚，泥沙俱下，围绕未来皇上的角色展开布局，明枪暗箭，合纵连横。

　　李渊陷入了各种辐辏进攻之中。

　　李渊一直没拿定主意，能商量这件事的人实在太不好找。他的矛盾心理从日常安排可窥一斑。太子建成居东宫；世民居承乾殿，元吉居武德殿后院，与上台、东宫昼夜通行，不设门卫。李渊和三个儿子的住处畅行无阻，说明皇宫、太子东宫并没有独立防卫体系，还是大户人家的格局。更出人意料的是，太子、二王出入上台，都是骑马带刀，呼啸来去，相遇如家人礼，并不行君臣大礼。这既是一个家族刚刚成功时的人之常情，也为玄武门之变埋下伏笔。

更不同寻常的是，"太子令，秦、齐王教与诏敕并行，有司莫知所从，唯据得之先后为定"。皇上签署的文件叫诏敕，太子发出的文书叫令，秦王、齐王发出的文书称教，李渊倒好，把自己放到和三个儿子一样的位置，各部门不管收到谁的命令，都得执行。如此一来，必然有公文打架的时候，也不明确谁大谁小，问题敏感，也没人试图搞清楚，那就看谁的命令先到，说来如此情景也是难得一见。大家也还搞不清皇上的真实意图，遭遇神仙打架各人找辙自安。武德前期，战争不断，没那些个繁文缛节，效率被放到第一位。

事实上，秦王的权威和声望都压过太子建成。焦点人物没在焦点位置，引起的舆论必然如暗流涌动。关于谁该做太子，不同的意见和主张背后，是各自的实力支撑和现实利益。当时，谁拉起的队伍，往往叫作某家军，秦王手下的几万人，就是这样由一支支的家族式部队组成，他们跟着秦王征战多年，自然希望秦王上位。不然的话，就算不被建成所属部队消灭，也会被收编当二等公民。此外，世民在各种征伐中，网罗大批人才，逐渐成为李氏王朝的骨干队伍，这些人，有秦王烙印，自然明里暗里说秦王的好话。如此种种局面之下，秦王虽然并无僭越之心，也是做了两手准备。比如，秦王府大将张亮前往东都洛阳任职，秘密联络山东将领，以备不虞。此事被建成察觉，找了个理由将张亮下狱，严刑拷问。张亮愣是一口咬定绝无此事，经秦王营救，得以再次回到洛阳。由此可见，明争暗斗不是没有，不过，建成占了平台之利，合理合法地壮大势力；世民拥有实力支撑，人才人心偏向秦王。

后宫飞短流长

有一股力量叫作后宫。后宫真正有权的时候不多，她们的主要武器就是枕边风和飞短流长。李渊晚年多内宠，把工作都交给几个儿子，自己乐得享受胜利成果，本来子女满堂了，年近半百当了皇上，就与众多妃嫔又来了一大拨生育潮，王子公主二三十人，达一个排的数量，年龄和建成、世民他们的孩子差不多。这些孩子虽然为王，但地位和嫡子们没法比，他们的生母竞相结交嫡子，为自己和孩子将来打个基础。可怜这些妃嫔的小王，后来几乎被武则天杀戮殆尽。

所谓嫡子，指建成、世民、元吉三兄弟。太子当然是嫔妃们第一结交对象，但不是谁都能攀上这门亲戚，多是来自大户人家的嫔妃才有机会，一般会从娘家亲戚关系入手，顺藤摸瓜，建立或明或暗的勾连。面对后宫这股力量，建成与元吉放下架子，曲意逢迎妃嫔，谄谀赂遗，无所不至，求媚于皇上，以至于闹出了丑闻。有传言说他们和张婕妤、尹德妃可能有染，宫禁深秘，也没有人能拿出确凿的证据，或者说也没有人会去深究这件事。事实是，太子后来出门征战日少，又有结交她们的需要，一拍即合，年龄相仿，以致在你来我往中闹出丑闻。当时，东宫、诸王公、妃主之家及后宫亲戚横行长安，恣为非法，有关部门不敢诘问，更不敢插手。这说明，他们结盟后，自以为是，胡作非为，造成的影响并不好。

李世民站在了另一边，"独不奉事诸妃嫔"，看来是不拿这些年轻的妃子当长辈，结果当然是诸妃嫔争着说建成、元吉好话，而有意无意踩踏一下世民。这股力量不可小视，有几件事，让世民处境颇为尴尬。

一是李世民平定洛阳时，李渊让贵妃等数人到了洛阳，名义是选阅隋朝宫人，以及收检府库珍物，实际上是给她们一个放松的机会，享受一次福利，看看、吃吃、拿拿。贵妃们不傻，都想把握这不多的机会，纷纷私下找世民求宝货及为亲属求官。没想到李世民一概不给面子，说："宝货皆已登记在册并奏明皇上，官当授贤才有功者。"这样一来激起了与他本来关系就不好的妃子们的怨气，日后自然随机从樱桃小嘴中将不满和委屈倒给李渊。

二是李世民因为叔叔淮安王李神通有功，奖励良田数十顷。没想到这些田地也被张婕好的父亲看中，让婕好求之于李渊。李渊喜欢赏赐，顺手写了个条子。更没想到李神通以教（李世民的条子）给在先为由，先行占下不给。张婕好找李渊告状："敕赐妾父田，秦王夺之以与神通。"李渊怒了，问责世民："我手敕不如汝教邪！"李世民当然不敢造次，但又不想让步，解释说李神通有大功于国家，还是自己的长辈，把本来也不算太较劲的皇帝老子给挡了回去。这件事虽然这样了了，但有一天李渊还是忍不住对他最好的朋友兼功臣、左仆射裴寂说："此儿久典兵在外，为书生所教，非复昔日子也。"背后的意思很明显，世民学坏了，想夺权，不再是原来的世民了。注意，此时普通书生的地位，和世家公族比起来，只能算是有本事的游民，地位远远没小说演义中表现那么高，由此也可以知道房玄龄、杜如晦等人此时根本没什么话语权。

三是尹德妃父阿鼠（见名如人）骄横跋扈，秦王府属杜如晦路过他家门口，阿鼠家童数人把杜如晦拉下马打了一顿，还折断一指，教训道："汝何人，敢过我门而不下马！"杜如晦何等人物，决然不会因为自己给秦王添麻烦，本想自己打脱牙和血吞了息事宁人。但鼠辈不这么想，阿鼠担心世民告诉皇上，先让德妃进奏（恶人先告状）："秦王左右陵暴妾家。"李渊又一次怒责世民："我妃嫔家犹为汝左右所陵，况小民乎！"

先是我的条子不如你的条子，现在是你身边人欺负我身边人，我这个皇帝还在你眼里吗？世民深自辩析，李渊始终不信，寻思这次可不能再被你小子糊弄，长此以往如何得了。足以得见，诽谤一旦触动当事人内心，后果很严重不说，所谓软刀子杀人就会成为现实。

四是世民每侍宴宫中，面对众多妃嫔，总是想起母亲太穆皇后早逝，不得见皇上有天下，时常唏嘘流涕。李世民的唏嘘流涕，算是高兴中带着遗憾的表达，是一种深深的思念，儿子对母亲的思念自然深过李渊对亡妻的留恋。李世民哭多了，李渊有些不高兴。妃嫔们在共同的敌人面前达成同盟，以此为由头密谮世民："海内幸无事，陛下春秋高，唯宜相娱乐，而秦王每独涕泣，正是憎疾妾等（何患无辞）。陛下万岁后，妾母子必不为秦王所容，无子遗矣！"因相与泣，顺理成章地说道："皇太子仁孝，陛下以妾母子属之，必能保全。"李渊被她们说得有点动容，为之怆然，内心算是认同了她们的意见。

这样一来，七嘴八舌的聒噪有了效果，"待世民浸疏，而建成、元吉日亲矣"，李渊也就没了把太子换成世民的意思。这是后宫力量说服了作为父亲的李渊。人从自己的利益出发考虑问题，发表言论，毫无问题。只从眼前利益出发考虑问题，发表言论，就会拘于床头桌尾。众多妃嫔们盯着利益，盘算着日子怎么过得更好，却未曾想到过随时可能出现的风云突变。

大臣选边站队

还有一种力量叫大臣，也就是文官武将。这些人有三种表达意见的方式，一是用实力表达，无须话语。二是用语言表达，作为意见领袖，既是皇宫信息向外扩散的第一层级，又是影响一类群体观点的源头。三是不表达。这是一种政治艺术，如后来有名的苏模棱（苏味道），以中庸的名义行和稀泥之道。不能简单把这一类人归于跟风者之中，他们中的很多人并不跟风倒，只是懂得沉默是金。

后来的贞观名臣魏徵等此时还在服务建成。太子中允王珪、洗马魏徵劝说太子："秦王功盖天下，中外归心；殿下但以年长位居东宫，无大功以镇服海内。今刘黑闼散亡之余，众不满万，资粮匮乏，以大军临之，势如拉朽，殿下宜自击之以取功名，因结纳山东豪杰，庶可自安。"这个意见提得磊落。太子建成也不是无能之辈，向皇上请令，亲征残寇，李渊当然批示同意。不日，诏令太子建成领兵讨伐刘黑闼，陕东道大行台及山东道行军元帅、河南、河北诸州并受建成指挥，得以便宜从事。这些势力，都算在了太子的麾下。此事可以看出魏徵他们这些人的见识。以立功取得名声，结纳山东豪杰，是太子建成此时此刻唯一正确的选择。这次行动为他和部分将军建立联系起到了重要作用，甚至秦王府的部分将领也被他拉拢。可惜此时的建成已不是当年在晋阳振臂呼喊的建成，作为太子，兵事难亲力亲为，得失心加重，征伐刘黑闼并不顺利。

元吉是个粗人，但野心不小，力挺建成，想通过当皇太弟的形式将来登上大位。起初，齐王元吉劝太子建成除秦王世民，说："当为兄手刃之！"一天，世民跟随李渊到元吉府中，元吉让护军宇文宝在内室埋伏，打算刺杀世民；李渊在场，如此冒险，建成有点意外，加上确实本性颇仁厚，悄悄阻止了行动。元吉很窝火："为兄计耳，于我何有！"建成并不是不想除掉世民，但大家都在犹豫和抉择，他还是有所顾忌，一是父皇在场，二是毕竟亲兄弟。他的格局，他的顾虑，其实和世民有点像，他在寻找一个可以解脱责任的时机。

面对建成、元吉的诽谤、暗算，分化、瓦解，秦府一众官员有些六神无主，不知道该怎么应对。看似文弱的行台考功郎中房玄龄找到比部郎中长孙无忌（看这两人的职务，将相本无种，还得有本事），说："今嫌隙已成，一旦祸机窃发，岂惟府朝涂地，乃实社稷之忧；莫若劝王行周公之事以安家国。存亡之机，间不容发，正在今日！"长孙无忌世家子弟，敢想敢干，一拍即合："吾怀此久矣，不敢发口；今吾子所言，正合吾心，谨当白之。"李世民的基本班底已经达成了一致意见，他们几个开始做李世民的工作。房玄龄知道李世民的顾虑，直奔要点，阐明危险与机遇并存，与府属杜如晦共劝世民诛建成、元吉："大王功盖天地，当承大业；今日忧危，乃天赞也，愿大王勿疑！"

与此同时，李世民的班底面临分化的风险。建成、元吉想到了秦府多骁将这一层，试图利诱分化。他们的第一个重点对象是尉迟敬德，认为他一介武夫，诱之以利，必然反水。元吉暗中以金银器一车赠左二副护军尉迟敬德，并附上劝降书："愿迂长者之眷，以敦布衣之交。"敬德的回复除极为坚决外，还显示了相当的文化功力："敬德，蓬户瓮牖之人，遭隋末乱离，久沦逆地，罪不容诛。秦王赐以更生之恩，今又策名藩邸，唯当杀身以为报；于殿下无功，不敢谬当重赐。若私交殿下，乃是贰心，徇利忘忠，殿下亦何所用！"建成认为这是敬德给脸不要，大怒，不再理他。敬德报告了前因后果，世民感慨："公心如山岳，虽积金至斗，知公不移。相遗但受，何所嫌也！且得以知其阴计，岂非良策！不然，祸将及公。"感慨之余，世民的担心体现了一名政治家的老到判断，果然，元吉派遣壮士夜刺敬德，敬德知道后，洞开重门，安卧不动（壮哉！何等气魄），刺客屡至其庭，终不敢入。刺杀不成，随之而来的是诬告。元吉向李渊告状，诬陷敬德，下诏狱讯治，将杀之。世民固请，得免一死。

发现世民身边人不好拉拢，就直接下手，调离，免职，各种招数无所不用。诬陷左一马军总管程知节（程咬金），出为康州刺史。程知节临行前对世民痛陈："大王股肱羽翼尽矣，身何能久！知节以死不去，愿早决计。"又以金帛诱右二护军段志玄反水，志玄不从。利诱拉拢威胁都没效果，实在烦躁，建成思前想后确定了工作重点："秦府智略之士，可惮者独房玄龄、杜如晦耳。"于是锁定目标，"谮之于上，逐之于外"。这两个秦府关键人物，也被外放小官，世民腹心只剩长孙无忌尚在府中。

长孙无忌和他舅舅雍州治中高士廉、左候车骑将军侯君集及尉迟敬德等，日夜劝世民诛建成、元吉。世民犹豫未决，"问于灵州大都督李靖，靖辞；问于行军总管李勣，勣辞；世民由是重二人"。此二人不表态，也是一种态度，可以解读为他们立身的价值观和方法论，是一种不好指责的持身之道。这种态度还是让人觉得冷漠了些。说起来这两人和秦王的关系，李靖是世民从李渊刀口救下的大将，李勣在成气候之前颇得世民之力。

曾经听说过不少开会需要表态时溜出去上厕所的故事，对焦点之争表明立场是极难之事。一只手举起来表态，就是一只脚踏进了旋涡。对于政治旋涡中的人物，他的表态可能是一个复杂的数学公式，也可能是一碗酒背后的意气用事，还可能是颇具哲学意味的人生观价值观世界观。前景扑朔迷离，方显忠义成色，尉迟敬德从铁匠到门神，与武艺高强有关，更与他坚如磐石的态度有关。攀附之人，获利虽多，却容易失去人生的防火墙。

兄弟剑拔弩张

建成开始布局。他擅自招募长安及四方骁勇两千余人为东宫卫士，分屯左、右长林，号称长林兵。又秘密安排右虞候率可达志找到燕王李艺，从幽州调来三百突厥骑兵，名义是补充东宫防卫，散布在东宫旁边的各教坊。私自组建警卫部队不是个小事，纸包不住火，为人所告。李渊召建成训斥一顿，流放可达志于嶲州。为太子背锅，多数时候回报会远远大于风险和付出，可达志也许还在翘首还朝的那一天。

李渊将巡幸仁智宫，命建成居守长安，世民、元吉随从巡幸。建成认为机会之窗显现，自己不在现场，既达到目的，又没有责任，计划让元吉择机除掉世民，说："安危之计，决在今岁！"并做出相关部署，派郎将尔朱焕、校尉桥公山给仁智宫所在地军事长官庆州都督杨文幹送去一套铠甲，暗示配合元吉行动。杨文幹曾是东宫卫队将领，是建成信得过的人，此前也参与组建警卫部队之事。

郎将尔朱焕、校尉桥公山二人带着铠甲来到豳乡，突然反水，告发太子指使杨文幹举兵，里应外合要谋反，同时有宁州人杜凤举也赶到仁智宫告发并做证。为何出现此种反转，定有背后故事，总之李渊大怒。假托有事，手诏令建成赶赴行在。建成意识到大事不妙，不敢动身。太子舍人徐师谟劝建成干脆据城举兵；詹事主簿赵弘智则劝他去掉太子顶戴，单骑前往行宫谢罪。思来想去，盘来算去，只有请罪才有机会逃过此劫。离皇上行宫六十里处，令随从就地待罪，建成带上十多个相关人员去见父皇，"叩头谢罪，奋身自掷，几至于绝"。李渊怒不可遏，当时把建成等十几人留置殿中看管起来，同时，派司农卿宇文颖驰召杨文幹。李渊认为仁智宫地处山中谷地，担心建成所属兵马突然进攻，当夜带领部队移宿山外，第二天才返回仁智宫。

这是一次太子换狸猫式的事变，本来针对李世民下手的部署，演变成指向皇上的行动，结果完全反映了建成在军中没有实力的现实。宇文颖至庆州，实情相告，杨文幹无路可走，举兵起事，可已经无济于事。杨文幹反叛，李渊召秦王世民商量，希望他亲自平叛。久经战火的李世民根本没把一个警卫出身的庆州都督放在眼里，认为自己府中派个人就能擒杀，不行的话再派个大将讨伐。李渊的位置让他考虑得更复杂些，他的意思还是想让世民亲征，说出了一番知心话："不然。文幹事连建成，恐应之者众。汝宜自行，还，立汝为太子。吾不能效隋文帝自诛其子，当封建成为蜀王。蜀兵脆弱，它日苟能事汝，汝宜全之；不能事汝，汝取之易耳！"这是一个父亲的方案，总之一个原则，谁上不是最重要的，能把儿子都保全才是第一位的。

李渊如能坚持如此安排，他便能保全家庭。可惜，李世民出兵后，元吉与妃嫔轮番为建成求情，封德彝代表大臣在朝中不停运作，居然又让李渊改变主意，让建成还京师居守。谁来担责呢？各打五十大板，痛斥兄弟不睦，主要是手下人不懂事，太子中允王珪、左卫率韦挺、天策兵曹参军杜淹流放嶲州。这次事件，就这么消弭于无形，根源还在李渊的犹豫。他的犹豫不决，让事情越走越远。杨文幹在秦王面前还算不上一员大将，所谓反，也是仓促自保的本能反应，很快被拿下。生活又恢复了平静。

兄弟之争继续，这次是造谣中伤。李渊校猎城南，太子、秦王、齐王随从。建成有匹未驯服的胡马，非得让世民骑。李世民上马后被摔下来三次，内心愤懑，对旁边的宇文士及发了句牢骚："彼欲以此见杀，死生有命，庸何伤乎！"这个宇文士及，把世民的话传给了建成，后来被

284

太宗给了个极为精当的评价：佞人。建成这次走后宫的路子，因令（此处用"令"，说明建成与皇上妃嫔间已经结成同盟，他们的关系也悄悄发生了些改变，建成显然已经在驾驭姨娘们的行为）妃嫔向李渊告状。当然，她们把内容进行了改编："秦王自言，我有天命，方为天下主，岂有浪死！"虽是恶意传讹，但流言说有多可怕就有多可怕。李渊大怒，训斥世民道："天子自有天命，非智力可求；汝求之一何急邪！"世民免冠顿首，有口难辩，提出请司法部门来审定。李渊怒不解。事情最后不了了之，只是不是来自司法部门的审查结果，而是来自外敌的入侵。此时，又有突厥进犯，李渊立即放下心中愤怒，准备让世民出征突厥。这李渊也真是难得糊涂，其实，司法部门审查出结果又如何？何况，对一段别有用心的谣言，审查就能得出真实的结果吗？能打仗才是硬道理。

"每有寇盗，皇上辄命世民讨之，事平之后，猜嫌益甚。"李渊在考虑自己的位置，太子的位置，王朝的未来，多种因素混合在一起，陷入一种不能自决的犹豫中。这个时候，只要有风吹草动，都可能影响到他内心努力维持的脆弱平衡。建成与妃嫔一起不断诋毁世民："突厥虽屡为边患，得赂则退。秦王外托御寇之名，内欲总兵权，成其篡夺之谋耳！"秦王御寇，被解读成坐贼做大的阴谋。这种事，在历史上不是没有，李渊开始动摇。局面对世民日渐不利。

建成在周边舆论的鼓动下，决定亲自出手。"夜召世民，饮酒而鸩之，世民暴心痛，吐血数升，淮安王神通扶之还西宫。"有野史传世民此番自愿上钩，应召饮酒，完全出于对建成一个妃子的感情，也就是后来高阳公主的生母。至于为什么没被毒死，无从得知。这件事超出了李渊作为一个父亲能容忍的底线，当晚来到西宫，安抚世民，敕令建成："秦王素不能饮，自今无得复夜饮！"李渊的敕令以禁止夜晚饮酒的形式，传达了对建成行动的否定。兄弟相残，毕竟不是一个父亲愿意看到的情景。如此行为，仅仅以喝酒来定性，可以看出李渊内心的天平其实已经偏向建成。

事情白热化。李渊无奈中给出了自己的解决方案，让世民远赴东都，分居洛阳。一番铺垫后，对世民说："首建大谋，削平海内，皆汝之功。吾欲立汝为嗣，汝固辞；且建成年长，为嗣日久，吾不忍夺也。观汝兄弟似不相容，同处京邑，必有纷竞，当遣汝还行台，居洛阳，自陕以东皆王之。仍命汝建天子旌旗，如汉梁孝王故事。"世民涕泣，辞以不欲远离膝下。李渊安慰："天下一家，东、西两都，道路甚迩。吾思汝即往，毋烦悲也。"

这东西分治不能不说是当前李渊最能接受的解决方案，对王朝的未来，却是最不可预料的一种方案，很可能在李渊身后又会发生一场战争。毕竟，秦王的实力摆在那里，一旦拉开架势，建成、元吉根本不是对手。在朝中有李渊，吹风、造谣等软实力能发挥作用。放虎归山，战场上见，明眼人都能看出结果。拥有王珪、魏徵等府属的太子集团，当然也看到了这种布局的危机。建成、元吉相与谋："秦王若至洛阳，有土地甲兵，不可复制；不如留之长安，则一匹夫耳，取之易矣。"必须阻止秦王离开，乃密令数人上封事，称"秦王左右闻往洛阳，无不喜跃，观其志趣，恐不复来"。又安排近幸之臣以利害说服皇上。李渊也在权衡这件事的后果，再一次反复。这个方案也黄了。

走不成，矛盾离爆发就不远了。建成、元吉还是老办法，与后宫日夜谮诉世民。李渊宁可信其有，选择了放弃世民的方案，准备找一个罪名处理掉世民。一直在李渊身边服务的老将陈叔达谏："秦王有大功于天下，不可黜也。且性刚烈，若加挫抑，恐不胜忧愤，或有不测之疾，陛下悔之何及！"李渊当然也犹豫，又止。元吉坐不住了，入宫密请杀秦王，面对冲动鲁莽的小儿子要杀哥哥，李渊并不吃惊，种种方案他都想过，建成、元吉的心思他更清楚，反问："彼有定天下之功，罪状未著，何以为辞！"元吉答："秦王初平东都，顾望不还，散钱帛以树私恩，又违敕命，非反而何！但应速杀，何患无辞！"李渊不应。这种说辞太显小儿科，高祖的内心，还不是这种见识能够触动的。

李渊、建成、世民、元吉，文官武将，后宫妃嫔，各种力量、利益交杂其间，捋顺了看，就是一个硬实力，一个软实力。这次太子之争和历史上多数太子之争都不同，因为这些人都参与了打天下的过程，以至于我小时候读《隋唐演义》，好长时间都以为唐朝是从贞观年间开始的。有一点可以明确，软实力并不是后宫妃嫔们的飞短流长，而是人心。这一点，老臣陈叔达看得很清楚，说得很清楚。事情的关键还在如何堵住天下悠悠众口。于建成而言，李渊出手解决世民是首选，其次是元吉出手，再次才是自己出手，毕竟自己的合法性摆在这里，只要没有了世民的威胁，一切都会顺理成章。于世民而言，要打的是防守反击战，作为一名常胜将军，他知道挑起战争的风险，一击致命还好，乱局有收拾的余地，一旦陷入僵局，自己就处于千夫所指的尴尬局面，他需要的是一个时点，在千钧一发中出手反击，掌控局面。

天象太白见秦分

此时，"突厥郁射设将数万骑屯河南，入塞，围乌城"。看着世民屡战屡捷，太子建成认为突厥也没那么可怕，为争取更多威望和资源，他推荐元吉代替世民率军北征。李渊批示同意，命元吉督右武卫大将军李艺、天纪将军张瑾等救乌城。元吉趁机调动尉迟敬德、程知节、段志玄及秦府右三统军秦叔宝等与之偕行，简阅秦王帐下精锐之士补充自己部队。此次出征前，建成、元吉已决心痛下杀手。

但他们的计划再次泄露。率更丞王晊密告世民："太子语齐王，'今汝得秦王骁将精兵，拥数万之众，吾与秦王饯汝于昆明池，使壮士拉杀之于幕下，奏云暴卒，主上宜无不信。吾当使人进说，令授吾国事。敬德等既入汝手，宜悉坑之，孰敢不服！'"世民把王晊的密言告诉了还留在身边的长孙无忌等人，无忌等劝世民先下手为强。世民叹："骨肉相残，古今大恶。吾诚知祸在朝夕，欲俟其发，然后以义讨之，不亦可乎！"深谙王道的秦王，始终在等，等那千钧一发的时刻，防守反击，以不失去道德高地。可是，他始终没有等到那一刻的出现。各方面信息汇总，已不得不扣动扳机。不然，整个队伍就散了。他必须在个人道德和团体利益面前作出选择。

各种力量博弈到了关键时刻。"己未，太白复经天。"太史令傅奕密奏："太白见秦分，秦王当有天下。"天象，是绕不过去的启示，李渊不敢大意，思索再三，把这个情况透露给世民。于是世民抓住机会密奏建成、元吉淫乱后宫，还爆出了一个出人意料的观点："臣于兄弟无丝毫负，今欲杀臣，似为世充、建德报仇。臣今枉死，永违君亲，魂归地下，实耻见诸贼！"李渊听后，也是愕然，一时间难以消化，只好说："明当鞠问，汝宜早参。"李世民终于出手。他说了一个难以考证的理由，建成、元吉要除掉自己，是要给王世充、窦建德报仇。李渊也有点摸不着头脑，只好说，明天早朝你奏上一本，我将审问此事。

其实，李世民出手前，经历了艰难的决策。面对自己的兄弟，就算有这个实力，能不能出手，怎么出手，何时出手，都让这一代天骄手足无措。这无疑是他绚烂丰富的一生中最艰难的决策之一。世民召集府僚商议一场生死攸关的抉择。敬德此人，粗中有细不说，大局观念极强，率先表态："人情谁不爱其死！今众人以死奉王，乃天授也。祸机垂发，而王犹晏然不以为忧，大王纵自轻，如宗庙社稷何！大王不用敬德之言，敬德将窜身草泽，不能留居大王左右，交手受戮也！"长孙无忌跟进："不从敬德之言，事今败矣。敬德等必不为王有，无忌亦当相随而去，不能复事大王矣！"世民："吾所言亦未可全弃，公更图之。"敬德："王今处事有疑，非智也；临难不决，非勇也。且大王素所畜养勇士八百余人，在外者今已入宫，擐甲执兵，事势已成，大王安得已乎！"其他人纷纷表态："齐王凶戾，终不肯事其兄。比闻护军薛实尝谓齐王：'大王之名，合之成"唐"字，大王终主唐祀。'齐王喜：'但除秦王，取东宫如反掌耳。'彼与太子谋乱未成，已有取太子之心。乱心无厌，何所不为！若使二人得志，恐天下非复唐有。以大王之贤，取二人如拾地芥耳，奈何徇匹夫之节，忘社稷之计乎！"世民犹未决，众将领急了："大王以舜为何如人？"世民："圣人也。"众将："使舜浚井不出，则为井中之泥；涂廪不下，则为廪上之灰，安能泽被天下，法施后世乎！是以小杖则受，大杖则走，盖所存者大故也。"世民内心痛苦且彷徨，求助占卜，恰好幕僚张公谨自外地赶回来，取龟投地，掷地有声道："卜以决疑；今事在不疑，尚何卜乎！卜而不吉，庸得已乎！"于是定计。张公谨此人，名声不大，但事事得当，后为一代名臣。

世民下决心了，令长孙无忌密召房玄龄等赶回秦府。没想到等来了这样的回答："敕旨不听复事王；今若私谒，必坐死，不敢奉教。"别人不分旨、教，自己人反倒以此搪塞。世民怒，对敬德说："玄龄、如晦岂叛我邪！"取所佩刀授敬德："公往观之，若无来心，可断其首以来。"其实，这是房玄龄等想要听到世民的决心，他们担心卷入是非后，主公没有带领大家冲出泥潭的魄力。敬德往，与无忌共谕之："王已决计，公宜速入共谋之。吾属四人，不可群行道中。"太阳落山后，房玄龄、杜如晦这两位中国历史上最著名的宰相，穿着道士服，悄悄进入秦王府，随后长孙无忌赶回，尉迟敬德改行远道也赶上了秦王府的晚饭。

朝廷大臣和地方将领选边站队，后宫妃嫔和王亲贵族各自依附，市井百姓和西戎东夷舆议纷纷，谁都无法预料事情将向何处去。在这个当时最大的焦点事件中，即使秦王府内部，也是观点碰撞不断，经历了焦躁、苦闷、坚守，甚至部分的分化，这一夜，秦王府文官武将把心聚到了一起。这一夜，该很漫长。

第二天一早，玄武门事件发生。玄武门厮杀未停，世民安排尉迟敬德入宫保卫皇上并控制局面。李渊方泛舟海池，见敬德擐甲持矛，直奔而来，大惊问："今日乱者谁邪？卿来此何为？"（这句话经典，后来武则天、睿宗都在类似的场景说过这句话。）尉迟敬德按口径回答："秦王以太子、齐王作乱，举兵诛之，恐惊动陛下，遣臣宿卫。"李渊倒也冷静，对裴寂等身边几个人说："不图今日乃见此事，当如之何？"经历过杨广弑兄的悲剧，李渊试图用各种方式解决接班人的问题，但都因为各种原因一直拖着，各方的意见交错缠绕，让李渊不知道怎么下决心，不知道怎样才是对的。该来的，还是来了。这样一句话，含义过于丰富。这是开国皇帝饱经沧桑后，享受成功的日子里最难的一件事。当如之何，该怎么办？他还是自问自答般说出了这句话。萧瑀、陈叔达劝谏："建成、元吉本不预义谋，又无功于天下，疾秦王功高望重，共为奸谋。今秦王已讨而诛之，秦王功盖宇宙，率土归心，陛下若处以元良，委之国务，无复事矣。"对李渊来说，左也考虑过，右也犹豫过，此时，不用自己出手，有人帮自己做了选择，就只有说："善！此吾之夙心也。"

当日，立世民为皇太子。又诏："自今军国庶事，无大小悉委太子处决，然后闻奏。"李渊交权，这件事，说法颇多。有部分史家认为，玄武门之变，包括了逼宫。其实，这是此次事变的必然结果，如果此时不进行权力交接，世民的行为将被拿到朝堂评判，甚至审判，那么，斗争会变得极为复杂。李渊主动也好，被动也罢，总之顺势而为，避免了再一次的血腥斗争。

李渊的固有观念里，当然还是立长。为维护立长，他付出了极大的努力。同时，战争和胜利的事实又在说服自己改变原有的成见，应该立"功"，毕竟，没有秦王，几乎就没有自己的天下。在立长与立功的摇摆中，后宫佳丽不断进行无理性说服，就是为了自己生下的王子有个好的未来。而就是这么具体而卑微的理由，却能在国家大事面前起到巨大的作用。为什么？因为皇上能听到的意见有限，而这些意见和情感可触可感。而大臣们提出的建议，情感的冲击力是很少的，何况明哲保身的大臣一定占据大多数。

各方的意见如何才能真正影响到决策者，一个触动人心的信息比一大堆数据更有说服力，一个有说服力的数据又比一大段滔滔不绝的文辞更有实际效果。

二 李世民立贤的挣扎

七夕宴悬圃二首

李治

羽盖飞天汉，凤驾越层峦。俱叹三秋阻，共叙一宵欢。

璜亏夜月落，靥碎晓星残。谁能重操杼，纤手濯清澜。

霓裳转云路，凤驾俨天潢。亏星凋夜靥，残月落朝璜。

促欢今夕促，长离别后长。轻梭聊驻织，掩泪独悲伤。

打江山，坐江山，李世民拈弓搭箭、守正出奇，俱显宏伟气魄。他一生遭遇最大的敌人，一直只是他自己。玄武门事变后，对他而言最难的事是谁可以让贞观王朝继续光大。

李承乾从懂事起就是太子，他要承接的是历史上留下浓墨重彩的贞观王朝。这个任务，就算是一个久经考验的人，也未必能够完成，上天让他成为太宗的长子，并不是简单的恩赐，而是千钧的重担。除了太宗，不会有人这么想，大家都只有羡慕嫉妒恨。李承乾更不会认识到，他面对的就是"或以勇力，或以辩口，或以谄谀，或以奸诈，或以嗜欲，辐辏攻之，各求自售，以取宠禄"的考验。

德薄位尊入歧途

一天，太宗明知故问："当今国家何事最急？"谏议大夫褚遂良进奏："今四方无虞，唯太子、诸王宜有定分最急。"明明已经确定太子，何来此言？此时，太子承乾失德，魏王李泰有宠，群臣日有疑议。褚遂良是地道的知识分子，敢讲话，认为定分止争，明确接班人的问题是当务之急。虽然大家对太子承乾是否堪以托付王朝大任议论纷纷，但此时，太宗还没有下另立太子的决心。对他来说，经历玄武门之变，五味杂陈，一定会在内心波澜不止。暂时拿不定主意的太宗，对各种议论发自本能地反感。

舆情汹涌，群臣议论不绝，太宗决定打消这些议论。但他不得不承认，褚遂良能这么说，说明这件事已经摆到了台面上，必须有个态度。所以，他颔首道："此言是也。"太宗话里有话，他不想让这件事酿成难以收拾的局面，决定任命魏徵为太子太师，对侍臣说："方今群臣，忠直无逾魏徵，我遣傅太子，用绝天下之疑。"这是公开回应了朝野的舆议，明确了太子的地位，表明了自己的立场。

魏徵一段时间以来，一直在生病，得到这道意味深长的任命，无如之何。官场摸爬滚打几十年，老到如魏徵，当然明白这个太子老师还是能不当就不当，况且身体也实在不行了。这天，终于感觉可以起床了，魏徵赶紧带着书面奏表到朝中辞任。太宗其实也知道他的病不轻，但决心已下，直接写下一道手谕："周幽、晋献，废嫡立庶，危国亡家。汉高祖几废太子，赖四皓然后安。我今赖公，即其义也。知公疾病，可卧护之。"明明白白说让你当老师也就是安定人心，借你魏徵的牌子用用，以此平息朝野舆议。魏徵无奈受诏。

声色犬马就已经让承乾成了典型的两面人。让一个成长发育阶段的青少年抵御声色犬马，这是外界和皇上对太子的要求，却是对人性的残酷考验。太子承乾喜声色及畋猎，所为奢靡。为了掩人耳目，对外常论忠孝，以至于涕泣，退归宫中，则与群小相亵狎，夜夜笙歌。宫臣（东宫官员，虽是太子身边的人，但可能是皇上派来督促或教导的官员）有想进谏劝说的，太子先揣知其意，主动迎拜入宫，敛容危坐，引咎自责，言辞辩给，让本来要给他做工作的人拜答不暇，再不能说些什么大道理。如此这番做作后，外人莫知实情，所以起初大家对他的评价都是贤良方正等。承乾知道自己是要当皇帝的，必须懂得权术，这种做法就是他理解的权术运用，以为轻易就把这些人和外界舆论搞定了。

德不配位，在不能管控自己之前拥有太大的权力，就容易放飞内心的妄想，妖魔鬼怪也会主动上门。据传，承乾太子私幸太常乐童称心，与同卧起。道士秦英、韦灵符挟左道，得幸太子。太宗知道后，大怒，把称心等一干人等直接处斩，连坐死者数人，狠狠责骂太子一顿。承乾面对的是太宗，越是此等人物，在怒子不争上的感受一定超越常人数倍。太宗已经将心中暗含压抑许久的失望忍无可忍地表达了出来。这是一个重要的信息释放，足以让很多大臣改变自己的选择。

太子承乾没有意识到危机有多深，认定是自己弟弟、父亲偏爱的魏王李泰告的密，怨怒逾甚。同时，思念称心不已，于宫中立像，朝夕奠祭，徘徊流涕。这可能是感情，也可能是宣泄，后果却是政治。无疑，他的作为表现还是传到太宗耳中。太宗更加失望。太子并非没有意识到危机，却失去分寸不能自控，动辄数月称病不朝。阴养刺客纥干承基等及壮士百余人，谋划刺杀魏王李泰。他认为魏王是一切问题的罪魁祸首。因为魏王多艺能，有宠于父皇。

事实上，魏王李泰的确是他的最大威胁。他见太子有足疾，潜有夺嫡之志，折节下士以求声誉。太宗对李泰本来就偏爱，为他破了王子不开府置属的先例，先命黄门侍郎韦挺、后命工部尚书杜楚客管理李泰王府事项。此二人从太宗的安排中，嗅到了某些隐秘的暗示，私下代表李泰结交朝中大臣士子。杜楚客甚至带着黄金赂权贵，四处宣言魏王聪明，他才是承继大统的栋梁之材；文武之臣，各有附托，潜为朋党。朝中弥漫出暧昧的气息，逐渐形成关于太子废立的议论。

本来就神经紧绷的承乾太子被这种氛围逼得透不过气来了，混乱中慌乱出招，试图诬告。派人用魏王李泰府中上奏的纸张，写了封告状信，把李泰描述得罪大恶极。敕令捕捉上访告状的人，没有结果。找不到写信的人，也就无法证明信件的真实性，诬告只好先放到一边，不了了之。其实，一封匿名信不能轻易迷惑太宗，反倒可能引起他的警惕。

蠢蠢欲动的太子承乾迎来了"勇力"表白，实际上，是"勇力"的考验。吏部尚书侯君集的女婿贺兰楚石时任东宫千牛（东宫卫队长官），算是身边人，太子从他这里获知凌烟阁功臣侯君集怨望，不满自己的地位。于是，多次让贺兰楚石请侯君集入东宫，请教怎么保住位置。侯君集知道太子的斤两，承乾的分量根本就不入这位开国功臣的法眼，借势劝太子起事，就算一步闲棋。他的算盘是，如果太子突然发难夺得大位，几乎是上天帮自己创造一步登天的机会。侯君集虚与委蛇，信誓旦旦，举起手对太子说："此好手，当为殿下用之。"这是最具隐蔽性的诱惑，有想法和野心的人很难抗拒。这也是最有效的预期引导，太子自以为长缨在手。侯君集还推心置腹地抬出一个长者的经验之谈："魏王为上所爱，恐殿下有庶人勇之祸（杨广之兄杨勇，以太子身份废为庶人，爬上院中大树喊冤亦无用），若有敕召，宜密为之备。"太子如遇知音，连声称是。

太子承乾逐渐笼络了一批骨干力量。除侯君集外，另一个能够在朝中接触太宗、打探消息的是左屯卫中郎将李安俨。李安俨此人，曾经是隐太子（李建成）的护卫，隐太子败，安俨为之力战，太宗以为忠贞，以此重用，得典宿卫。大概这李安俨认为上位的办法就是投资太子吧，深自托于太子承乾。可惜，他风险投资的眼光不怎么样，这一次，又做了错误的选择，而且后果不是那么乐观。

汉王元昌（太宗同父异母弟）也劝太子谋反，太宗当年因为不亲近李渊的那些嫔妃，自然和他的这一干小弟弟关系都一般。汉王要加入这起事的行列，他的理由倒也符合他的身份，堪为笑谈："比见上侧有美人，善弹琵琶，事成，愿以垂赐。"太子想，这个必须同意。其他还有：洋州刺史开化公赵节，长广公主之子；驸马都尉杜荷，杜如晦之子，娶城阳公主。这几位都与太子亲近，或多或少地参与进来。"凡同谋者皆割臂，以帛拭血，烧灰和酒饮之，誓同生死，潜谋引兵入西宫。"所谓反叛，开始主要是针对魏王李泰，后来逐渐发展为针对太宗，意欲一步到位，承继大统。所以杜荷对太子说："天文有变，当速发以应之，殿下但称暴疾危笃，主上必亲临视，因兹可以得志。"

此时，齐王李祐在齐州谋反的消息传来，太子认为齐王太莽撞了，对纥干承基等人说："我宫西墙，去大内正可二十步耳，与卿为大事，岂比齐王乎！"意思是成事还得看我们。但他手下这群人，本来就和齐王有往来，太子的思想动员还没做完，朝廷处置齐王李祐谋反，牵连出纥干承基，下大理寺狱，按律当斩。没经过太多的拷问，这位太子高薪伺养的死士纥干承基变节，告发太子谋反。

经长孙无忌、房玄龄、萧瑀、李勣与大理、中书、门下调查审问，结论是反形已具，事情属实。太宗无奈对侍臣们说："将何以处承乾？"群臣莫敢对，通事舍人来济越级进言："陛下不失为慈父，太子得尽天年，则善矣！"太宗心情极为复杂地批示同意。这可能是此时这位父亲最想听到的话，但敢说出这句话的人，需有极大胆识，毕竟，这是对谋反者的处置，尚有许多倾向魏王李泰一方的势力就在现场。当承乾谋反事查实时，太宗的内心应该充满了凄凉吧。这一事件的第一当事人，并不是承乾，而是太宗本人，来济的进奏其实是站在太宗的角度说了句体己话。强大的太宗在不争气的儿子面前，处于一个弱者的位置，家国天下，他此时在家的层面是一个输家。可是，大部分人一定会庆祝，及时发现了承乾的阴谋，为国除害。

人表达意见时，总会带着情绪，无一例外，并无绝对客观可言。意见的集合形成舆论时，还带着情绪和偏见吗？我的答案是肯定的。多方意见的集合逐渐形成理性意见永远是一个过程，一个不断丰富完善的过程。

心机算尽误性命

公元643年，太子承乾获罪，魏王李泰每日入朝侍奉，太宗曾当面许诺立他为太子。这似乎是顺理成章的事情了，也是不用编排的最好情节。不争气的太子蹊跷地昏招迭出，终于把自己装了进去，太宗偏爱的魏王李泰，适时出现在太宗的面前和公众的视野。做过魏王李泰老师的岑文本、刘洎也游说太宗，是时候了，魏王上位，此乃天意。

但皇子不止魏王一个，为什么是他？需要给大家一个说法。太宗开始造势，对身边的侍臣说："昨青雀（魏王李泰）投我怀云：'臣今日始得为陛下子，乃更生之日也。臣有一子，臣死之日，当为陛下杀之，传位晋王。'人谁不爱其子，朕见其如此，甚怜之。"李泰的表白非常直接，即我为了让父皇不为难，将来宁愿杀死自己的儿子，也要在死后将皇位传给弟弟。这一点，确实也打动了要保全所有儿子的太宗。承乾被废后，李泰成为舆议的焦点。此时此刻的魏王李泰是不是该出招，如何出招，或者结果和他出招是否有关系，抬举他的势力如岑文本等，是振臂高呼有利还是静立一旁更好，值得思考。

一剑刺出，破绽立现。重击李泰破绽的是表面持第三方立场的谏议大夫褚遂良，他热情洋溢且忠心耿耿，直接反驳太宗："陛下言大失。愿审思，勿误也！安有陛下万岁后，魏王据天下，肯杀其爱子，传位晋王者乎！"他实际上只是说了一个常识，映衬的是太宗的内心动摇。太宗的话语倾向明显，李泰的表白漏洞百出，正给了长孙无忌一派制造说辞的立足点。褚遂良接着分析："陛下此前既立承乾为太子，复宠魏王，礼秩过于承乾，以成今日之祸。前事不远，足以为鉴。陛下今立魏王，愿先措置晋王，始得安全耳。"褚遂良的话听起来出于至诚，忠心可鉴，所以很有分量。其实他当然是倾向于册立晋王李治为太子，却在立论中将李治摆到最低位置，提出太宗作为一个父亲必将面对的艰难局面，如何处理晋王，请皇上考虑。而这一点，直接击中太宗作为父亲的软肋。太宗流涕："我不能尔！"起身退朝。褚遂良此时尚未入相，受长孙无忌提携，得太宗青睐，有书生的立场和抱负，但难说意见完全没有私心。

在斗争白热化的时候，纤毫之举都会影响决策者的选择。急于上位的魏王李泰直接向皇帝父亲表白后，再出昏招。因为担心皇上偏向晋王李治，决定对自己的弟弟晋王展开心理攻势，找机会对李治说："汝与元昌善，元昌今败，得无忧乎？"汉王元昌是皇上的弟弟，与自己的叔叔关系好，本来也没有什么。但在这种关键时刻，谁敢和这个叔叔有一星半点关系，那就是说不清的污点。李泰认为此举一石三鸟，搅乱李治，影响周边舆论，传到皇上那里影响皇上决策。

李治年纪本幼，十几岁的人难以自解，忧形于色被太宗感受到。太宗觉得奇怪，屡问其故，李治才据实相告，并承认自己确实和汉王关系不错。太宗怃然，立即后悔自己公开宣称要立李泰为太子的那番话语，觉得是自己的那番话导致了又一次兄弟相残的局面。太宗是一个伟大的皇帝，也是一个父亲。所谓清官难断家务事，在纷纷扰扰的家务纠纷中，不说话偏弱势的一方多会受到家长的照顾，因为家长需要平衡，手心手背都是肉。如果没有家长，诉诸法律，很可能是能言善辩的一方获利较多，在外人判断，理大于情。在家里，有理不在声高倒是经常现象。

封建王朝，一个强势的皇帝都会面临接班人的困惑。表面看，这是作为皇帝和作为父亲的身份矛盾带来的困惑。作为皇帝，理大于情，总想选择最能干的儿子承继大位，延续王朝辉煌；作为父亲，要照顾各种需求和情感，要求全于礼法家规，要顾及内亲外戚各股势力。比如，太宗作为父亲，并没有放弃承乾，通事舍人来济甚至因为在太宗需要人为承乾说句话时，满朝文武只有他说出了太宗需要的观点，后来得到超常拔擢。这件事，即使皇帝再强势，也不是皇帝个人的事，满朝文武，前途大半与此有关。

太宗在犹豫之际，见了废太子承乾一面。此时的承乾，有点清醒了，说出一段足以影响太宗后来决断的话："臣为太子，复何所求！但为泰所图，时与朝臣谋自安之术，不逞之人遂教臣为不轨耳。今若泰为太子，所谓落其度内。"此时仅仅作为儿子而不是太子的承乾，以似乎无可辩驳的判断影响了作为皇帝而不是作为父亲的李世民的判断，给了李泰致命一击。

长孙无忌坚持册立晋王李治。只是他的工作做得更隐蔽一些，甚至他的观点看起来是出于更长远的考虑，出于政治上的远见卓识，出于对局势的判断。要解释的是，为什么他坚定于李治，他胜算几何？太宗的倾向应该朝臣尽知，他凭什么坚持？长孙无忌不是个简单的人，他对太子的废立应该有自己的独特见解。当然也不排除李治更依附于他这个舅舅，而李泰则因为才高名大，过早地展现了自己的雄心和手腕。

终于到了要做决定的时刻，此时此刻太宗面对的将是主要利益集团的代表，也是意见发酵过后，观点的直接碰撞。这日，皇上在两仪殿议事，群臣离开后，留下长孙无忌、房玄龄、李勣、褚遂良，说："我三子一弟，所为如是，我心诚无聊赖！"太宗说话，很少如此颓唐。其实现场还留了一个人——晋王李治，但这话不是对他说的。长孙无忌、褚遂良态度明确；李勣在这种事面前，从前和以后都不表态，包括当年世民夺位建成，他也不说话，甚至因此被太宗倚重，此后李治立武氏为后，他态度极为暧昧，甚至是纵容，难称忠贞，却不无智慧；房玄龄此时抱病，奄奄一息，已经无力出谋划策，他善谋，不喜断，而善断的杜如晦已经故去。

这样一个决策班底，不由得让人怀念张公谨，世民当年犹豫是否主动对建成和元吉发难，打算投龟占卜时，风尘仆仆的张公谨进屋即投龟于地，反问，如果占卜不利，当如何？一语点醒局中人，决绝果断，振聋发聩。其实，他不过做了个大家必须做的抉择，结果已经明了。此时的太宗，又需要一个台阶。只是，这个台阶是什么，他不甚清楚，不愿清楚。甚至，对自己的决定，不太明白，不愿明白。他做出了《资治通鉴》记载中少有的，他的人生中最出人意料的、完全超出想象的举动。"自投于床（撞向龙床柱），无忌等争前扶抱；太宗又抽佩刀欲自刺，遂良夺刀以授晋王治。"一代天骄，在王朝、亲情、权力交织纠缠中，居然以头撞床，抽刀自刺，可见困扰之深。

长孙无忌等也不好再坚持，做出的姿态是，皇上您想怎样就怎样，我们都支持您。此时此景，太宗突然说："我欲立晋王。"长孙无忌立即反应："谨奉诏；有异议者，臣请斩之！"太宗却对儿子李治说："汝舅许汝矣，宜拜谢。"让李治马上拜谢舅舅。这个话有些深意，既有些郁闷，又给了长孙天大的面子，实际上是一种托付，即你要对你这个外甥负责。李治一拜，暴露了他还是年轻。他此时应拜的，是他这位可敬的父亲。虽然是按要求拜下，已弱弱地透露了王朝将迎来一个没有坚定意志和主见的当家人。

太宗对长孙无忌等四人说："公等已同我意，未知外议何如？"长孙无忌早有准备："晋王仁孝，天下属心久矣，乞陛下试召问百官，有不同者，臣负陛下万死。"升朝于太极殿，召文武六品以上官员进殿，宣布："承乾悖逆，泰亦凶险，皆不可立。朕欲选诸子为嗣，谁可者？卿辈明言之。"群臣一愣，很快听出道道来了，众皆欢呼："晋王仁孝，当为嗣。"这就是意见在权威和群体之间的关系，这就是沉默的螺旋。看起来，多数人属意晋王。这种欢呼声，在朝堂之上无数次响起，其间包含了对传统价值观的认同，包含了利益集团的胜利，包含了隐藏观点的附和，这样的欢呼，意味着一次新的权力平衡架构产生。

太宗内心的感受到底如何，难以揣知。"诏立晋王治为皇太子，御承天门楼，赦天下，酺（赐宴饮酒）三日。"太宗对侍臣们说："我若立泰，则是太子之位可经营而得。自今太子失道，藩王窥伺者，皆两弃之，传诸子孙，永为后法。且泰立，则承乾与治皆不全；治立，则承乾与泰皆无恙矣。"太宗以皇帝的身份给自己找到了一个父亲的理由，也是给大家找了个理由。但试图把这种情况立成规矩，虽然此后并没有一个人据此规矩办过。当天，在李泰带领百余骑随从进入永安门时，守门卫队扣留所有随从，将李泰"请"入肃章门，幽禁于北苑。

承乾被废后，有唐一朝长子继位的概念淡化，机会之门为排行靠后的皇子打开。这时候，立长、立贤、立德、立能，都可以拿来说事。上位是一场战斗，这种战斗是取攻势有利还是取守势得分，运筹的人其实不是皇子，而是皇子背后的大臣，李泰背后的岑文本、刘洎，李治背后的长孙无忌、于志宁，本有高下之分，后来刘洎因为擅解上意致死，就知道李泰的几个昏招恐怕来自他。这件事，据理力争没用，因为没有一个公理存在。换位思考是关键，决策的人在想什么，谁能解开他心中的难题，谁才会有机会获胜。

无如之何作《帝范》

围绕太子人选的故事并没有结束。

一天，太宗于两仪殿主持朝议，皇太子李治侍立一侧。太宗对群臣发问："太子性行，外人亦闻之乎？"当着皇太子的面问群臣，想象不出大家会如何面面相觑。但皇上提出这个问题，道出了他一直以来的矛盾和担忧，自己的选择对吗？知子莫若父，李治的谨慎文弱已经让太宗对王朝的未来有些担忧。司徒长孙无忌必须站出来说话："太子虽不出宫门，天下无不钦仰圣德。"太宗还是把遗憾和担忧当众表达了出来："吾如治年时，颇不能御常度（不按常理出牌）。治自幼宽厚，谚曰：'生子如狼，犹恐如羊。'冀其稍壮，自不同耳。"长孙无忌对这个问题早有准备："陛下神武，乃拨乱之才，太子仁恕，实守文之德；趣尚虽异，各当其分，此乃皇天所以祚大唐而福苍生者也。"一问一答，严丝合缝。只有长孙无忌，也必须是他，出面维护太子。他是太子的舅舅，是太宗发妻的哥哥，是当朝权力最实的司徒。如此身份，说话其实已经没有客观可言，却最有分量。

可是，太宗想得更多一些，父子亲情和权力平衡，一直在搅动他的思绪。太宗还是担心太子仁弱，私下和长孙无忌商量："公劝我立雉奴，雉奴懦，恐不能守社稷，奈何！吴王恪英果类我，我欲立之，何如？"长孙无忌固争，以为不可。太宗急了："公以恪非己之甥邪？"长孙无忌虽然已经位极人臣，却清醒地知道自己扶持的太子对自己的权位有多重要，在这件事上真是无比冷静决绝："太子仁厚，真守文良主；储副至重，岂可数易？愿陛下熟思之。"太宗知道这件事的分量，停止了讨论。

太子及其老师们当然把日子过得小心翼翼。太宗下令遴选一些良家女充实东宫，本意为提高下一代妃嫔素质。太子理解成这是父皇的试探，即遣左庶子于志宁辞谢，意思志不在美色，请皇上放心。太宗的考虑更远一点："吾不欲使子孙生于微贱耳。今既致辞，当从其意。"太宗的意思，希望媳妇都是出身好的，子孙的血统也好一些。可见，太宗为了这未来的皇上，如何呕心沥血。另外，这个举动，是不是意味着太宗对太子此时和武氏的来往有所察觉？对太宗而言，一个才人，就算赏给太子又如何。何况记载中并没有任何太宗宠爱武才人的记录，倒是后来武曌自己说到制悍马，鞭子不行就匕首杵之，得到太宗的赏识，应该也就是一句首肯而已。如果太子提出来求赏赐，应该没有问题。可是，太子的个性、身份、格局，都决定了他不可能为了一个女人，损害到大局。也许他还被舅舅长孙无忌教训过，被老师于志宁规劝过。所以，即使太宗打算给他从根本上解决好后宫的问题，太子的团队也会理性地决定，回绝皇上的好意。八卦一下，李治的拒绝里面是否藏有武才人的意思，从后来李治与武氏的关系看，一开始就是武氏在主导双方之间的决策，武才人此时出现在李治的生活中也是符合逻辑的。要不，何来后来感业寺中执手相看泪眼（杂史传言，武氏在感业寺见到李治，其间也包含武氏相当多的主动设计）。

实在不愿意一个又一个地失去自己的儿子，太宗决定不再折腾。于是，他语重心长地对自己晚年偏爱的吴王李恪说出了自保的道理："父子虽至亲，及其有罪，则天下之法不可私也。汉已立昭帝，燕王旦不服，阴图不轨，霍光折简诛之。为人臣子，不可不戒！"这是爱护，更是警示；这是父亲，也是父皇。

　　晚年，让一代天可汗最为操心的事，就是王朝的未来。他亲作《帝范》赐太子，包括《君体》《建亲》《求贤》《审官》《纳谏》《去谗》《戒盈》《崇俭》《赏罚》《务农》《阅武》《崇文》共十二篇，强调："修身治国，备在其中。一旦不讳，更无所言矣。"又谆谆告诫："汝当更求古之哲王以为师，如吾，不足法也。夫取法于上，仅得其中；取法于中，不免为下。吾居位已来，不善多矣，锦绣珠玉不绝于前，宫室台榭屡有兴作，犬马鹰隼无远不致，行游四方，供顿烦劳，此皆吾之深过，勿以为是而法之。顾我弘济苍生，其益多；肇造区夏，其功大。益多损少，故人不怨；功大过微，故业不堕；然比之尽美尽善，固多愧矣。汝无我之功或而承我之富贵，竭力为善，则国家仅安；骄惰奢纵，则一身不保。且成迟败速者，国也；失易得难者，位也；可不惜哉！可不惜哉！"

　　除给李治的《帝范》外，太宗还撰写了《诫吴王恪书》《诫皇属》，其中尤其提到"逆吾者是吾师，顺吾者是吾贼"，告诫皇属谦虚谨慎，善于听取不同意见。在作《帝范》之后一年，太宗逝世，他的这些作品有一个重要的理念是克己服人，从对自己的要求出发来齐家治国平天下。

　　唐太宗的不朽影响力，来自他的理想。他做了他该做、能做的一切，担得起他的名声，对得起自己和这个世界。可是，事物的发展不以某个人的意志为转移，也许就是他屈从于规矩和外界的压力，没有让李恪代替李治，才有了武氏一节。或者说，真如袁天罡所言，证候已成，顺其自然吧。他们谁都没有想到，不久之后，是这一段特殊的感情改写了唐朝历史。

三 武则天立嗣的宿命

黄台瓜辞

李贤

种瓜黄台下，瓜熟子离离。

一摘使瓜好，再摘使瓜稀。

三摘犹自可，摘绝抱蔓归。

武则天晚年，对后宫男宠还是那么任性。对政事则平和多了，换句话说，各种势力已成长壮大，掣肘力量强大了，已经不再是武后想杀就杀的时候。历史学家对武则天有极为复杂的评价，各家说法都有一定道理，没有出现一边倒的情况，尤其是没有完全将她打入反面形象群，就是因为她在面对前所未有的抉择压力时，同时做过让人唾骂和让人颔首的决定。

狄仁杰解梦

就中国封建的制度设计而言，武则天的出现，让这一时期每一步大的政治举动都显得尴尬。女人当政，面对男权社会的制度设计，权力更替来临时，她所面对的舆论压力，或明或暗，交织着武力和阴谋，表面山呼海应，背后千钧一发，简直就是在舆论的狂澜中舞蹈。她居然在左支右绌中，找到了风暴中心的平衡点，没有让自己被漩涡吞没，为自己在正统的历史记载中赢得了一席之地。

武承嗣、武三思营求为太子。这个话不好自己说，只能通过各种说得上话的人找太后做工作，理由是："自古天子未有以异姓为嗣者。"此事对武承嗣和武三思而言，简直就是天上掉下的馅饼，如果接住了，何其美妙。

太后没说可以，也没说不可以，欲言又止，犹豫未决。原因可能是武承嗣、武三思实在太不争气；也可能是她还不想分享权力；还可能是她隐隐觉得此事不那么简单。两个儿子和两个侄儿，谁更亲？自己说不清，可能也不是自己能说了算。

对李显和李旦而言，每一个争取上位的举动都有复辟的嫌疑，可能致命，只能被动等待天命的选择。好在，有很多人愿意用性命帮他们说话。比如，这个阶段最能说得上话的人——狄仁杰。他的政治智慧和政治手腕堪称大家，甚至在一定意义上是他把住了大唐王朝被扭转的车头。他跟太后很少拐弯抹角，多次直接明了地说："文皇帝栉风沐雨，亲冒锋镝，以定天下，传之子孙。太帝以二子托陛下。陛下今乃欲移之他族，无乃非天意乎！且姑侄之与母子孰亲？陛下立子，则千秋万岁后，配食太庙，承继无穷；立侄，则未闻侄为天子而祔姑于庙者也。"

这是一个当时非常主流的观点，理性的大臣们都会这么分析，因为这是挽救大唐成本最低的一种方式。太后并不买账："此朕家事，卿勿预知。"狄仁杰的翅膀已经比较硬朗了，他敢于分辩："王者以四海为家，四海之内，孰非臣妾，何者不为陛下家事！君为元首，臣为股肱，义同一体，况臣备位宰相，岂得不预知乎！"这是狄仁杰对武氏关于国事家事的重新定义。一直以来，武氏都以家事为由，反对大臣们参与皇室事务，未登大位前，她需要将家事办成国事，登上大位之后，她试图把国事办成家事。不过，对狄仁杰直白的劝说进谏，她已经很久没有强势反驳。实际上，她执政后期，算是一个比较听得进意见的君主。

一日，太后对狄仁杰说："朕梦大鹦鹉两翅皆折，何也？"这种梦，可能是真的，所谓日有所思夜有所梦，也有可能是某某术士的托词。狄仁杰抓住机会解梦："武者，陛下之姓，两翼，二子也。陛下起二子，则两翼振矣。"亦真亦假，真真假假，狄相趁机劝太后召还庐陵王。以学问著称的宰相王方庆、以忠直著称的"驱驴宰相"王及善也如此这般地解梦，太后的观念逐步改变，至少，立武承嗣、武三思为太子的念头基本打消。

狄仁杰等宰相解决了立太子作为一个王朝政事的一面，作为家事的一面，还需要家里人来解决。此时，谁算是武曌的家里人呢？枕边的张易之、张昌宗兄弟。这其间需要一个中间人出面，吉顼是个合适人选。吉顼与张易之、张昌宗兄弟曾经作为控鹤监供奉共事，与张易之兄弟交情不浅。要说服一个身居高位的人，需要从他或她的角度分析形势，确定立场，形成联盟，制定策略。在当时的体制下，这种人很难成为一个职业。当然，朋友是最好的身份，吉顼就是这么一个人。他有一定地位，有抱负，有谋略。更重要的是，他和张易之、张昌宗这两个人有私交。和这两人有私交不容易，有能力交往的大臣可能不愿交往，没有能力交往的臣子则求门无路。

吉顼"从容"说服二人，从容二字极妙，妙在此等大事，必须在喝酒吃肉的闲谈中说起，否则，效果会打对折。吉顼道："公兄弟贵宠如此，非以德业取之也，天下侧目切齿多矣。不有大功于天下，何以自全？窃为公忧之！"这话地道，是兄弟说的话，二人不傻，听出一身冷汗，面对为自己考虑的老兄弟，不再装腔作势，涕泣问计。吉顼早有准备："天下士庶未忘唐德，咸复思庐陵王。主上春秋高，大业须有所付；武氏诸王非所属意。公何不从容劝主上立庐陵王以系苍生之望！如此，岂徒免祸，亦可以长保富贵矣。"兄弟二人觉得的确是这么回事，于是得空就跟太后灌输此等道理。太后知道张家两兄弟的境界，一问知道是吉顼的观点，召见吉顼。本来就有些辩才的吉顼抓住这难得的机会，把这件事的利害前前后后分析得倒也透彻。据记载，太后的决心是听完吉顼的陈述后下的。这籍籍无名之臣，在关键的历史节点上起到了关键作用，其中关节，确实难以预料。

吉顼成为影响决策的"最后一公里"。决策和意见本是共生共存的关系，决策往往脱胎于意见。太宗善于纳谏，实际上是开通了一个意见影响决策的个性化路径。可很大程度也依赖魏徵个人的作用，即使有机制，到了褚遂良时期，很多谏言也就不再有那么重的分量。

现在很多决策都表明是参考大数据做出的，似乎如此这般就是科学决策。可是认真探寻很多决策背后的原因，感性因素的作用往往并不输于理性的数据。当一份大数据呈送到决策者那里时，它的说服力会比昨晚老同学的一番陈述更大吗？还真不好说。

可汗女当嫁天子儿

当然，外围也有声音传来。在狄仁杰、吉顼他们费尽心思展开说服和游说时，外界的舆论，已经直指武氏政权的不合法性。

武氏家族多人得封王，作为王子公主，需要承担一项重大外交使命，即和亲。但武姓王子并非皇子，不能追根溯源，一旦较真，就没法将游戏进行下去。比如，武延秀拟代表朝廷以王子身份与突厥女儿成婚，朝廷迎亲团代表到达黑沙南庭（今内蒙古西部，当时突厥驻地），突厥首领默啜对代表团负责人阎知微等说："我欲以女嫁李氏，安用武氏儿邪！此岂天子之子乎！我突厥世受李氏恩，闻李氏尽灭，唯两儿在，我今将兵辅立之。"一番话说下来，不知让这位风姿俊秀的武延秀作何感想，虽然他后来还是因为风姿被安乐公主相中，可此时此刻的尴尬，应非语言能够形容。他遭受的是身份的质疑，是血统的轻视，是赤裸裸的挑衅。

不管是借题发挥还是知恩图报，默啜的宣示极具影响力。他的态度代表了许多人的选择，这就是太宗积累下的势，或者叫作人心。当我们说一件事情原因很复杂时，往往就是在说这种形势中的舆论。舆论简直就是所有事情集合后的综合反映，是足以影响时势的因素。

默啜拘押了武延秀等人，并任命此次迎亲代表团团长阎知微做南面可汗，声称让他管理已经占领的唐朝边界地域，宣布发兵进袭静难、平狄、清夷。偏偏静难军使慕容玄崓又不争气，带领五千精兵投降默啜。默啜气势大振，继续进击妫、檀等州。借机造势的默啜移书数落朝廷："与我蒸谷种，种之不生，一也。金银器皆行滥，非真物，二也。我与使者绯紫皆夺之，三也。缯帛皆疏恶，四也。我可汗女当嫁天子儿，武氏小姓，门户不敌，罔冒为昏，五也。我为此起兵，欲取河北耳。"除第五条外，几乎都是鸡零狗碎。战争宣言虽然直白而琐碎，但战争是真的。一场战事由此发端。

同时，武德年间归附的契丹大贺氏部落首领孙万荣也发兵围困幽州，移檄朝廷，宣称："何不归我庐陵王？"

谁当太子，成为朝野和属国的关注焦点。属国的声音虽然遥远，分量却比朝中大臣重得多了。内事已经演变为外事，家事已经成为国事、天下事。

终于，朝廷"托言庐陵王有疾，遣职方员外郎徐彦伯召庐陵王及其妃、诸子诣太后行在疗疾"。李显以治病的名义，回到了神都洛阳。睿宗（此时名武旦）当时担了个皇嗣的虚名，固请逊位于庐陵王，太后批示同意。这件事背后一定有些意思，毕竟，一个真正的皇位已经触手可及了，李旦却如此决绝地放手，应该不止性情淡泊如此简单。旋即，立庐陵王"武哲"为皇太子，复名李显。

太子甫定，人心一振。命太子李显为河北道元帅讨伐突厥，此前一个多月征兵不满千人，太子挂帅，一时间应募者云集，没几天工夫，人数超过五万。李显露面，已经把突厥出兵的理由一笔抹去，突厥兵势瞬间消弭殆半，这也算是朝廷不战而屈人之兵的举动。这事和太子的能力大小、功业作为关系不大，全国上下需要的是正统回归。如果把这一段拍成电影，就是大片：人心归来。

无可奈何花落去

武邑人苏安恒，《周礼》《春秋左氏传》研究者，博学敢言，学界意见领袖，上疏谏言："陛下钦先圣之顾托，受嗣子之推让，敬天顺人，二十年矣。岂不闻帝舜褰裳，周公复辟！舜之于禹，事只族亲；旦与成王，不离叔父。族亲何如子之爱，叔父何如母之恩？今太子孝敬是崇，春秋既壮，若使统临宸极，何异陛下之身！陛下年德既尊，宝位将倦，机务繁重，浩荡心神，何不禅位东宫，自怡圣体！自昔理天下者，不见二姓而俱王也，当今梁、定、河内、建昌诸王，承陛下之荫覆，并得封王。臣谓千秋万岁之后，于事非便。臣请黜为公侯，任以闲简。臣又闻陛下有二十余孙，今无尺寸之封，此非长久之计也。臣请分土而王之，择立师傅，教其孝敬之道，以夹辅周室，屏藩皇家，斯为美矣。"

这无异于给太后下了一道战书，几乎就是逼宫的节奏。道理讲得很透，但不重要了。三个直接要求，让人不禁额头冒汗：一是立庐陵王为太子，不够，最好马上返政。你年纪大了，何不禅位东宫，让位太子李显。二是从古至今，不见二姓俱王，要知一山不容二虎，怎么可能李氏返政后还让他们称王呢，请黜武氏诸王为公侯，这是处理武氏家族的最理想选择。三是李家二十几位后人，应该恢复皇室身份，分封土地，准备承继大统。

让人意外的是，太后居然召见苏安恒，赐食，慰谕，礼遣。这个信号一出，各种涌动于水下的返政声音泪泪而出。苏安恒借机再次上疏："臣闻天下者，神尧、文武之天下也。陛下虽居正统，实因唐氏旧基。当今太子追回，年德俱盛，陛下贪其宝位而忘母子深恩，将何圣颜以见唐家宗庙，将何诰命以谒大帝坟陵？陛下何故日夜积忧，不知钟鸣漏尽！臣愚以为天意人事，还归李家。陛下虽安天位，殊不知物极则反，器满则倾。臣何惜一朝之命，而不安万乘之国哉！"

苏安恒的两次进谏，不会无缘无故发生。实际说明了大周大势已去，李家王朝的力量已经左右人心舆论。太后已经处在一个内外舆论的包围圈中，她没有找到突破口，换一个人也找不到。政治文化的传承是一种框架，她已经顶出了一个窟窿，顶出了一片天，她没有能力建立起一个新的框架，时代也没有赋予她这个使命。她只有说服自己，顺应潮流。这是一个统治者的责任担当，没有一个统治者愿意将毕生的事业随手交出，这可不是继承一份家产。在风声鹤唳中，她明白将政权交给武氏家族的巨大风险。外有强敌以为攻击托词，内有儒生坚守唐室正统，她能扛得住，武三思等一定扛不住。

公元700年，正月，内史武三思罢为特进、太子少保；天官侍郎、

312

平章事吉顼贬为安固尉。作为事件的焦点人物，武三思削权，情理之中；吉顼贬为安固尉，出乎所有人的意料。为什么太子不保他，而且之后也没有重用他？在这个重大事件面前，吉顼顾及了面子，没有照顾到里子，或者说他想到了前头，没有想到后头。太后顺应舆论人心，立庐陵王为太子。作为一个权力的操弄者，她并非不知道舆论所指的另一方的处境。经此一役，武氏一族无疑气焰骤降，说是气急败坏并不夸张。太后是朝廷的主宰，也是武氏利益集团的首脑。她总要给武氏家族找回些场子。

事情是这样的，本来，这件事让太后觉得吉顼有干略，委以心腹。但，吉顼有些得意忘形，以为自己有大功于朝廷，居然与武懿宗在太后面前争功。吉顼此人相貌堂堂，能言善辩，正有功于国家，志得意满。而武懿宗五短身材，形神伛偻。吉顼看着因裙带关系而得登朝堂的懿宗，没放在眼里，声气凌厉，简直就在上演忠臣与奸臣的戏曲现场版本。这个场景刺激了太后，激发了她揾在心底的情绪，毕竟我还姓武，这次立的太子姓李，不意味着武氏将衰。看到吉顼和武懿宗争功，看到吉顼的态度，看到吉顼的身后还有那么多可能欺负武氏的李家朝臣，由是不悦，说："顼在朕前，犹卑我诸武，况异时讵可倚邪！"

吉顼有短处，毕竟有才，也算有识。贬官出京之日，向太后辞行，得召见，涕泣道："臣今远离阙庭，永无再见之期，愿陈一言。"太后命他坐下说话（可见此时太后心态）。吉顼说："合水土为泥，有争乎？"太后："无之。"又："分半为佛，半为天尊，有争乎？"太后："有争矣。"顼顿首："宗室、外戚各当其分，则天下安。今太子已立而外戚犹为王，此陛下驱之使他日必争，两不得安也。"太后："朕亦知之。然业已如是，不可何如。"恐怕这也是吉顼得以不死的原因之一。如果时光倒流十年，他必死无疑。

公元705年二月二十日，张柬之、桓彦范与左威卫将军薛思行等，率领左右羽林兵五百余人至玄武门，准备逼宫。派遣李多祚、李湛以及内直郎、驸马都尉王同皎赴东宫迎太子。太子李显还在怀疑这事的真假，死活不敢出门。从中宗到庐陵王，再当太子，近二十年来已经草木皆兵，李显哪敢相信这逆天的事实。王同皎急了，喊道："先帝以神器付殿下，横遭幽废，人神同愤，二十三年矣！今天诱其衷，北门、南牙，同心协力，以今日诛凶竖，复李氏社稷，愿殿下暂至玄武门，以副众望。"太子推搪道："凶竖诚当夷灭，然上体不安，得无惊怛！诸公更为后图。"李湛再劝说："诸将相不顾家族以徇社稷，殿下奈何欲纳之鼎镬乎！请殿下自出止之。"此时李显浑身毂觫，无力上马，王同皎扶抱太子上马，拥至玄武门，斩关而入。

张柬之等将赶赴宫内求太后保护的张易之、张昌宗兄弟堵在门廊，斩于庑下。这是关键一举，所谓先斩后奏，如果此时未能得手，再斩就不是那么容易了。当然，张柬之等马上带人以护驾的名义，进至太后所寝长生殿，环绕侍卫，实际控制了皇宫。太后惊起，问："乱者谁邪？"（又见此语，如果历史往后延伸，唐朝后期，这句话就出现得更加频繁。）桓彦范对："张易之、昌宗谋反，臣等奉太子令诛之，恐有漏泄，故不敢以闻。称兵宫禁，罪当万死！"太后见太子，有些惊讶，想不到李显有如此胆量，道："乃汝邪？小子既诛，可还东宫！"桓彦范进言："太子安得更归！昔天皇以爱子托陛下，今年齿已长，久居东宫，天意人心，久思李氏。群臣不忘太宗、天皇之德，故奉太子诛贼臣。愿陛下传位太子，以顺天人之望！"

太后一时无语，见李义府之子李湛手按剑柄侍卫一旁，心中凉意顿生，说："汝亦为诛易之将军邪？我于汝父子不薄，乃有今日！"李湛惭愧不能对。太后又对旁边的崔玄说："他人皆因人以进，惟卿朕所自擢，亦在此邪？"崔玄回答："此乃所以报陛下之大德。"太后从此无语。这是她不想看到却可能早就想到过的结局。历史的车轮向前或退后，总有一个势，强行杀马，除了让马车乱套，并无益于坐在车上的任何一方，所以她也不再抵抗这眼前的事实。人生长恨水长东，是水，终将向海。

李显被王同皎抱上马是一个重要的意象，说明这个朝廷需要李显，而不是李显需要这个朝廷。一件事情如果必然要发生，个人的意愿、能力、胆识就显得不是那么关键和重要了。这是很多事情的规律，这是人心舆论的选择。这件事的总导演是谁？我想是武则天。是她让一场非同一般的权力交接没有在战火中进行。她面临的是一场没有惯例可循的权力转移，犹如针尖上的舞蹈。用现代语言体系描述，就是她用最小的成本被动完成了一场盛大的闭幕。造势不易，顺势更难，武则天生生捻熄了自己点燃的熊熊火焰，让一个王朝顺应人心大势，不容易，不简单。